Jane R. Hirschmann und Carol H. Munter arbeiten als Psychotherapeutinnen in New York City und gehören beide als Dozentinnen der New School for Social Research an. Carol Munter initiierte 1970 die erste Anti-Diät-Gruppe für Frauen, die unter Eßsucht leiden.

Dieses Buch wurde auf chlor- und säurefreiem Papier gedruckt.

Vollständige Taschenbuchausgabe Mai 1992
Droemersche Verlagsanstalt Th. Knaur Nachf., München
© 1988 Jane R. Hirschmann und Carol H. Munter
© 1989 für die deutschsprachige Ausgabe
Ernst Kabel Verlag GmbH, Hamburg
Titel der Originalausgabe »Overcoming Overeating
Aus dem Amerikanischen von Anni Pott
Originalverlag Addison-Wesley Publishing Company, Inc.
Umschlaggestaltung Manfred Waller, Reinbek
Umschlagfoto G + J Fotoservice/Peter Pfander
Druck und Bindung brodard & taupin
Printed in France
ISBN 3-426-07846-5

2 4 5 3 1

Jane R. Hirschmann
Carol H. Munter

Schluß mit den Diätkuren

*So überwinden Sie die Eßsucht
in einer Welt des Überflusses*

Zur Erinnerung an Murry Weiss
C. H. M.
Für Edith Schwartz
J. R. H.

Für all jene, die Mut hatten, den Status quo herauszufordern,
um eine bedeutsame Veränderung herbeizuführen.
Und in der Hoffnung, daß noch viele andere das gleiche tun werden.

Inhaltsverzeichnis

Vorwort 8
Einleitung 14

1. Eßsucht heilen 21
2. Der Teufelskreis von Diätkuren/Eßanfällen 35
3. Ein neues Leben 47
4. Eine neue Perspektive 66

Phase 1
Die Selbst-Befreiung

5. Ich bin, was ich bin 78
6. In der Gegenwart leben 91
7. Diätkuren abschütteln 103
8. Frei leben in einer Welt des Überflusses 115

Phase 2
Die Selbst-Ernährung

9. Essen nach Bedarf 134
10. Wann essen? 153
11. Was essen? 163
12. Wieviel essen? 176
13. Bedarfsorientierte Ernährung im Alltag 186

Phase 3
Die Selbst-Findung

14. Der zwanghafte Griff nach Essen 206
15. Worum geht es bei all den Selbstvorwürfen? 221
16. Wenn Sie versuchen, den Teufelskreis zu durchbrechen 232
17. Dick, dünn und dazwischen 241

Nachwort 261
Literatur zum Thema 263
Adressen 264
Fragebogen 265
Stichwortverzeichnis 280

Dank

Unsere tiefste Anerkennung gilt Karen Levine, deren Kompetenz, geduldige Führung, Humor und Freundschaft das Entstehen dieses Buches ermöglichte und zu einer freudigen Erfahrung werden ließ.

Aufrichtig danken möchten wir auch Richard A. Levy und Bert Wainer für ihre ideenreichen Beiträge zum Manuskript und ihre liebevolle Unterstützung.

Unseren Dank sprechen wir auch all jenen aus, die das Manuskript gelesen und die Arbeit durch hilfreiche Kommentare unterstützt haben — Frances Wells Burck, Alan Gelb, Jan Goodman, Laura Kleinerman, Carol Mager, Michelle Neumann, John Reilly, Judith R. Smith, Dr. Lucille Spira, Joan Stein und nicht zuletzt Linda Nagle für ihre Hilfe beim Entwurf der Fragebogen.

Besonders danken möchten wir unserer Agentin, Ellen Levine, für ihre fachliche Unterstützung und ihren Beistand sowie unserem Lektor, William Patrick, für seine Beharrlichkeit, aus diesem Buch das Beste zu machen.

Nicht vergessen möchten wir auch Martin S. Bergmann, Ernst und Gertrud Hirschmann, Janice La Rouche, Dr. Ruth Lax, Naomi Munter und den inzwischen verstorbenen Harold Munter sowie Annemarie Rosenthal, denen wir soviel zu verdanken haben. Unser Dank gilt auch Susan Gillespie, die sich um Heim und Herd kümmerte, und ebenso den Kindern — Kate, Nell, Leta, Noah und Nathaniel — für die vielen willkommenen (und manchmal auch nicht so willkommenen) Unterbrechungen bei unserer Arbeit.

Vorwort

Ungeachtet der in unserer Kultur so festverankerten »Diätmentalität« wurden im letzten Jahrzehnt die Anfänge einer gegenläufigen Revolution des Denkens im Hinblick auf Essen, Gewicht und Diätkuren sichtbar. In diesem Buch präsentieren Jane Hirschmann und Carol Munter die Grundzüge eines Programms, das sie anhand ihrer ausgedehnten klinischen Erfahrungen entwickelt haben. Dieses Programm entspricht glücklicherweise in vielerlei Hinsicht jenen Schlußfolgerungen, die Grundlagenforscher wie wir zum Problemthema »Eßsucht, und wie diese überwunden werden kann«, gezogen haben.

Inwiefern ist dieses Buch revolutionär? Der Leser und die Leserinnen dieses Buches mögen den leichten Zynismus an dieser Stelle entschuldigen, da sie schon so viele andere Bücher gelesen haben, die sämtlich auf »revolutionären« Grundeinsichten beruhten und sämtlich mit dem Versprechen aufwarteten, ihnen beim Umgang und der Bewältigung mit ihrem Gewichts- und Eßproblem zu helfen. Jedes dieser Diätbücher erhebt für sich den Anspruch, »revolutionär« zu sein, und zwar in dem Sinne, daß ein schmerzloser, binnen kürzester Zeit leicht erreichbarer Gewichtsverlust offeriert wird, der auf irgendwelchen »geheimnisvollen« Ernährungsgrundsätzen oder Eßverhaltensweisen basiert, die es nunmehr ermöglichen sollen, all jene Hindernisse zu überwinden, die alle früheren Diätanstrengungen sabotiert haben. Wenngleich die »Geheimnisse« dieser Ernährungsprinzipien, je nach Modeerscheinung, variieren, gehen sie doch insgesamt alle vom gleichen Grundgedanken aus: Sie müssen einen Weg finden, um eine negative Energiebilanz zu erzielen, das heißt, Sie müssen mehr Kalorien verbrauchen als Sie aufnehmen, um Gewicht zu verlieren.

Jene »Geheimnisse« erfolgreicher Diät- und Schlankheitskuren sind nicht revolutionär; es handelt sich dabei bestenfalls um clevere Taktiken, die wir, unterschiedslos ohne Erfolg, im Zuge unserer Rebellion gegen unser Gewicht und unsere Eßgewohnheiten anwenden können. »*Schluß mit den Diätkuren*« ist demgegenüber revolutionär, da es nicht die Taktiken, sondern exakt jene diesem Kampf zugrundeliegenden Ideen herausfordert.

Hirschmann und Munter setzen in ihrem Konzept bei dem Grundgedanken an, daß das Problem Eßsucht oder Überernährung und nicht Übergewicht ist. Dies ist in mancherlei Hinsicht eine gewaltige Abkehr von herkömmlichen Denkansätzen. Es bedeutet zum einen, daß wir unser Problem in unserem Verhalten und nicht in unserem Aussehen erkennen. Der springende Punkt für Hirschmann und Munter wie auch deren Patienten und Patientinnen ist das zwanghafte Eßverhalten, dem, ungeachtet unserer besten Vorsätze, so viele von uns verfallen sind. Sie konzentrieren sich schwerpunktmäßig auf unser Besessensein von Essen, unsere Unzufriedenheit mit unseren eigenen Eßgewohnheiten — wir sind unzufrieden, wenn wir essen, und gleichsam unzufrieden, wenn wir nicht essen —, unsere Schuldgefühle und das Gefühl mangelnder Selbstkontrolle, unter dem wir leiden. Es ist ihr Ziel, daß wir uns besser, selbstzufriedener fühlen, daß wir uns von unseren zwanghaften Eßmustern befreien und ein gewisses Maß an Harmonie mit unserem Körper erreichen — und nicht nur einfach Gewicht verlieren, ganz gleich, um welchen Preis.

Zum zweiten beinhaltet die Losung »Eßsucht überwinden« vom Kernansatz her, daß wir von Plänen Abstand nehmen, die eine erfolgreiche *Unter*ernährung (oder eine negative Energiebilanz) sicherstellen. Statt dessen gilt es, die Überernährung — Essen, das über die natürlichen Anforderungen unseres Körpers hinausgeht — auszuschalten. Dann werden wir das Problem gelöst haben. Das Problem heißt nicht Übergewicht, sondern übermäßiges Essen.

Was ist aber dann mit dem Übergewicht? Dieses »Problem« kann man auf verschiedene Art und Weise angehen. Zum einen ist es eine Tatsache, daß bei den meisten Diät-Enthusiasten und Fastenden von Übergewicht kaum die Rede sein kann. Die Schlankheitsdiät ist so sehr zu einem integralen Bestandteil unserer Kultur geworden, daß Frauen, völlig ungeachtet ihres tatsächlichen Gewichts, dazu übergegangen sind, Diät zu leben oder zu hungern. Sie gehen schlicht von der Annahme aus, daß, ganz gleich wieviel sie wiegen, es besser wäre, weniger zu wiegen. Zum zweiten lassen

Erkenntnisse zunehmend die Schlußfolgerung zu, daß die vermeintlichen mit Übergewicht verbundenen Gesundheitsrisiken mindestens im gleichen Maße eine Frage von rapiden Gewichtsveränderungen wie von Übergewicht per se sind. Rapider Gewichtsverlust ist ein Gesundheitsrisiko, aber ebenso eine rapide Gewichtszunahme, und die mit dem Übergewicht selbst verbundenen Gefahren sind für die Gesundheitsforscher nicht mehr so klar, wie sie es früher einmal waren. Schließlich, und dies ist wohl der wichtigste Aspekt, führen Diät- und Schlankheitskuren zu übermäßigem Essen, zur Eßsucht. Das ist die wahrscheinlich revolutionäre These, die sich während des letzten Jahrzehnts in der Forschungsliteratur herauskristallisiert hat. Parallel dazu sind Klinikerinnen wie Hirschmann und Munter aufgrund ihres praktischen Umgangs mit eßgestörten Patienten und Patientinnen zu der gleichen Schlußfolgerung gelangt. Bei dem »zwanghaften Essen«, unter dem ihre Patienten und Patientinnen leiden, handelt es sich um ein Eßverhalten, bei dem der Kontakt zu den natürlichen Bedürfnissen des Körpers verlorengegangen ist; ein Eßverhalten, bei dem die Motive auf der ganzen Linie nicht stimmen. Und wie entsteht nun ein derart zwanghaftes Essen — das im übrigen häufiger, als daß dem nicht so wäre, zu der so sehr gefürchteten positiven Energiebilanz führt? Fast unterschiedslos ist es ein Ergebnis von Diät- und Fastenkuren.

Nach der derzeit gängigen Definition heißt Diät leben, die Essensaufnahme beschränken. Dies kann sich entweder auf bestimmte Nahrungsmittelkategorien oder auch nur auf die Gesamtkalorienzahl beziehen. Mal sind die Einschränkungen gravierend — bis hin zu proteinergänzten Diätkuren — ein andermal sind nur leichte Entbehrungen angesagt. Jenseits irgendwelcher Besonderheiten haben alle Schlankheitskuren allerdings eines gemein, nämlich, daß der oder die Betreffende lernt, dem Erlaubnisspielraum der Diätvorschriften den Vorrang vor den Anforderungen des Körpers einzuräumen. (Würde der Körper nämlich nur das verlangen, was die Diätvorschriften erlauben, gäbe es keinen Grund, Diät zu leben.) Das entscheidende Problem bei allen restriktiven Diätkuren besteht darin, daß diese einen Keil zwischen das Individuum und seinen Körper treiben; eine zwiespältige Auseinandersetzung, ein Kampf ist die Folge, und im allgemeinen verschlimmert sich die Situation.

Ist dieser Kampf dann erst einmal voll im Gange, hat der mit oder ohne Erfolg Diäthaltende die natürliche Verbindung zwischen Essen und den natürlichen Signalen des Körpers verschüttet, da es ebenjene Signale sind, die mit der Diätkur überwunden werden sollen.

Anstatt auf der Grundlage von natürlichem Hunger und einem Sättigungsgefühl zu essen, richten wir unsere Nahrungsaufnahme auf Kalorienrechnungen oder abstruse Nahrungskombinationen aus. Aber noch verhängnisvoller ist wohl, daß wir uns in Situationen wiederfinden, in denen wir auf der Grundlage von Ereignissen essen, die in unseren Diätplänen nicht erwähnt sind. Emotionale Schwankungen aller Art scheinen katastrophale Freßanfälle, bei denen wir alles nur noch so in uns hineinschlingen, geradezu zu beschleunigen, und aus irgendwelchen Gründen scheinen emotionale Schwankungen, sowohl was Häufigkeit als auch Intensität angeht, zuzunehmen, wenn wir Diät leben und hungern. Haben wir mit unserem Schlemmen erst einmal angefangen, ob nun von unserer Diät erlaubt oder nicht, ist es uns fast unmöglich, damit wieder aufzuhören. Mehr und mehr scheint unser Essen von Ereignissen oder Stimuli, bar jeden Maßstabs, kontrolliert zu werden, und am Ende scheint es unserer Kontrolle gänzlich entglitten zu sein. Der Eßsüchtige ißt auf der Grundlage von Zwängen, einem mysteriösen Drang zum Essen, der weder etwas mit dem ursprünglichen Hunger (oder speziellen appetitbezogenen Gelüsten, die vollkommen natürlich sind) noch mit der Diät zu tun hat, der wir uns als Ersatz für natürliches Essen unterworfen haben.

Zwanghaftes Essen ruiniert unsere Eßstrukturen; in den meisten Fällen endet es damit, daß wir Gewicht zunehmen und daß unausweichlich auch unser Selbstkontroll- und Selbstwertgefühl untergraben wird. Wie können wir diesen heimtückischen Prozeß stoppen? Als erstes müssen wir Diätkuren in der Form, wie wir sie kennen, aufgeben; selbst ein »vernünftiges Hungern« ist ein Widerspruch in sich. Mit der Diät schlicht aufhören reicht jedoch nicht, besonders dann nicht, wenn man als Ergebnis extensiven Diätlebens den Kontakt zum eigenen Körper verloren hat. *Schluß mit den Diätkuren* ist all jenen Menschen eine *praktische* Hilfe zur Selbsthilfe, die es leid sind, sich wegen ihrer Eßgewohnheiten und ihrer selbst schlecht zu fühlen. Das ist keine geringe Leistung.

Obwohl sich auf seiten der Forscher allmählich die Tendenz durchsetzt, daß man sich der zerstörerischen und demoralisierenden Effekte von Diät- und Schlankheitskuren bewußt wird, standen Betroffenen, die willens waren, diesen Teufelskreis zu durchbrechen, bislang doch sehr wenig hilfreiche Anleitungen zur Verfügung. In unserem eigenen Buch, *Breaking the Diet Habit*, haben wir zwar alle Gründe angeführt, die für ein solches Durchbrechen sprechen; einen umfassenden Plan, wie dies zu bewerkstelligen sei, blieben wir darin allerdings schuldig. Hirschmann und Munter, die seit langer Zeit mit vielen Patienten und Patientinnen arbeiten, die unter dem Eßsucht-Syndrom leiden, haben ein Konzept leicht verständlicher und leicht realisierbarer praktischer Übungen entwickelt. Vom Grundansatz her konzentrieren sie sich darauf, dem Essen wieder seinen natürlichen Platz in unserem Leben einzuräumen, es wieder zu etwas werden zu lassen, das man genießen kann und nicht fürchten muß, und das eigene Selbstverständnis dergestalt zu verbessern, daß man sich den eigenen Problemen direkt stellt und damit umgeht, statt sie durch Eßsucht zu übertünchen und zu verdrängen, so daß sie sich mit fortschreitender Zeit zu einem zunehmend schwieriger handhabbaren Knäuel verdichten.

Wir möchten an dieser Stelle nicht ihren Methoden vorgreifen, die überzeugende Logik und der gesunde Menschenverstand, der diesem Buch zugrunde liegt, verdient es jedoch, eigens hervorgehoben zu werden. Wahrlich bemerkenswert an Hirschmann und Munters Ansatz ist ihr Eingehen auf die eigentlichen Probleme, mit denen Eßsüchtige konfrontiert sind, einschließlich jener Probleme, die quasi eigendynamisch aus der Eßsucht erwachsen. Dieses Buch ist voll von echten praktischen Ratschlägen; Hirschmann und Munter beschränken sich jedoch nicht darauf, Dutzende sinnvoller Vorschläge zu unterbreiten, sie *integrieren* diese Vorschläge in einem Gesamtpaket, dessen Inhalt sowohl darauf abzielt, daß man wieder lernt, auf angemessene Art und Weise zu essen, als auch, daß man lernt, dem Essen neuerlich den ihm angemessenen Stellenwert im eigenen Leben zu geben. Sie machen aber nicht nur wertvolle Vorschläge, sie stellen sich auch den »Ja gut, aber was, wenn...?«-Fragen, die wohl zwangsläufig bei jenen Lesern und Leserinnen dieses Buches auftauchen, die sich ernstlich mit den in diesem Programm aufgeworfenen radikalen Lebensveränderungen auseinandersetzen.

Zwanghaftes Essen, so bitter es im einzelnen für den Betroffenen auch sein mag, ist letzten Endes eine — wenngleich mehr als mangelhafte — Form, Lebensprobleme zu bewältigen. Wir brauchen die Gewißheit, daß wir diese Bewältigungsstrukturen gegen etwas Besseres austauschen können, oder wir landen am Ende da, wo wir in der Tat außerstande sind, mit unseren Problemen überhaupt noch umgehen zu können. Hirschmann und Munter liefern diese Gewißheit und bieten eine Alternative zu jener Diätmentalität, die unserem Eßverhalten und unserem Leben einen solch hohen Tribut abverlangt.

Janet Polivy, Dr. phil.
C. Peter Herman, Dr. phil.
University of Toronto

Einleitung

Wenn Sie sich selbst zu jenen Menschen zählen, die unter dem Zwang stehen, essen zu müssen, obwohl Sie überhaupt nicht hungrig sind, dann ist dieses Buch für Sie. Es bietet eine radikale Alternative zu chronischen Diät- und Schlankheitskuren, ein Konzept, das weit über das reine Kontrollieren Ihres zwanghaften Verlangens nach Essen hinausgeht, und das den Ansatz bietet, dieses Verlangen zu überwinden, zu heilen.

»Kontrolle« bedeutet, das zu essen, was andere vorschreiben, ihren Regeln und Vorschriften zu entsprechen — also das, was Sie praktizieren, wenn Sie eine Diätkur anfangen. »Heilen« heißt, daß Regeln und Vorschriften und Eßbeschränkungen nicht mehr erforderlich sind. Es bedeutet eine Herausforderung für viele Ihrer zutiefst verinnerlichten Überzeugungen und schließlich auch, auf etwas ein-, mit etwas umzugehen, was weitaus grundlegenderer Natur ist. Heilen heißt, Frieden schließen mit dem Essen, Frieden schließen mit sich selbst und auf das Gewicht zurückkommen, das für Sie angemessen ist. Dieses Heilen ist Gegenstand dieses Buches.

Vielleicht gehören Sie zu den Menschen, die den Fernseher anstellen, sich daran erinnern, daß da noch Torte in der Küche steht, und diese dann, noch ehe das Programm zu Ende ist, hinunterschlingen, und das nur, weil »sie halt da ist«. Möglicherweise zählen Sie aber auch zu jenen, die die Torte gerne essen würden, den ganzen Abend daran denken, sich den Schritt zum Kühlschrank aber verkneifen. In dem einen wie in dem anderen Fall haben Sie das Gefühl, in einer »Sei schlank oder stirb«-Welt zu leben, und Sie sind verzweifelt. So hungern Sie zunächst, um dann übermäßig alles Mögliche in sich hineinzuschlingen, ungeachtet dessen, was zahllose Untersuchungen erbracht haben: Daß Diätkuren nicht funktionieren, und daß der Jo-Jo-Effekt des Diät/Eßanfall-Kreislaufs letztlich nur dazu dient, eine weitere Gewichtszunahme unausweichlich zu machen.

Wir wissen, daß Sie, als jemand, der zwanghaft ißt oder chronisch Diät lebt, das Essen als Ihr Problem betrachten. Wir sind der Auffassung, daß Sie lernen müssen, Ihr Verlangen nach Essen zu zügeln und weniger zu essen. Seit achtzehn Jahren arbeiten wir als Therapeutinnen mit Eßsüchtigen, und bei unserer Arbeit konnten wir feststellen, daß das Essen mitnichten das wirkliche Problem ist. Essen ist etwas Delikates und Nahrhaftes, und niemand sollte jemals das Gefühl haben, den Genuß des Essens entbehren zu müssen. Als jemand, der unter zwanghaftem Essen leidet, besteht Ihr eigentliches Problem darin, daß Sie bewußt oder unbewußt Essen benutzen, um mit Ihrer Angst fertig zu werden, sich zu beruhigen, wenn Sie sich gestreßt fühlen, und sich zu trösten, wenn Sie sich einsam, traurig oder von Sorgen geplagt fühlen.

Da Sie ständig hin- und hergerissen sind, auf der einen Seite Essen als Trost und zur Beruhigung benutzen und auf der anderen Seite verzweifelt bemüht sind, die Nahrungsaufnahme zu begrenzen, ist der eigentliche Sinn des Essens bei Ihnen in Vergessenheit geraten. Für Sie hat Essen nichts mehr mit physiologischem Hunger zu tun. Die meisten zwanghaften Esser nehmen physiologischen Hunger in der Tat kaum noch wahr. Die Signale, die Ihr Essen auslösen, kommen von überallher, nur nicht von Ihrem Magen.

Unsere Methode zum Überwinden von Eßsucht und Übergewicht zielt darauf ab, der Nahrungsaufnahme wieder den ihr gebührenden Stellenwert zurückzugeben. Wir werden Ihnen helfen, Nahrungsmittel zu »legalisieren«, aus Ihrem Drang nach Essen etwas über sich selbst zu lernen und sich aus Ihrem Eßproblem im wahrsten Sinne des Wortes herauszuessen. Wir werden Ihnen zeigen, wie Sie Gewicht verlieren können, indem Sie lernen, wie man ißt. Am Ende dieses Prozesses werden Sie wissen, wie Sie sich selbst bedarfsorientiert ernähren können — wann, was und wieviel Sie benötigen.

Die bedarfsorientierte Ernährung ist der Schlüssel zur Heilung Ihrer Sucht und Abhängigkeit vom Essen — das Gefühl, gegessen zu haben, satt zu sein. Sie werden entdecken, daß der simple Akt des Essens, des Sich-Ernährens aufgrund von Hunger, einen weitreichenden psychologischen Effekt hat. Unsere Patienten und Patientinnen berichten häufig, daß sie sich stärker und allgemein weniger ängstlich und unruhig fühlen, wenn sie sich bedarfsgerecht ernähren. Viele sagen, daß die von uns empfohlene Eßmethode ihnen zu einem gesteigerten Selbstbehauptungs- und Selbstwertgefühl und darüber hinaus dazu verholfen habe, sich auch in anderer Hinsicht »selbst zu nähren«.

Im Zuge unserer Arbeit als Therapeutinnen und Lehrerinnen konnten wir feststellen, daß der Punkt des Sich-ernährt-Fühlens gleichzeitig den Übergang dazu schafft, daß Sie dann auch in der Lage sind, jene emotionalen Probleme in Angriff zu nehmen, die ursächlich Ihren Mißbrauch des Essens herbeiführten. Sobald Sie diesen Punkt des Sich-ernährt-Fühlens erreicht haben, verfügen Sie über das Bewußtsein und die erforderliche Energie, sich den eigentlichen, unter Ihrem »Eßproblem« verborgenen Problemen zuzuwenden und sich diesen zu stellen.

Unser Ansatz zum Überwinden der Eßsucht wird es Ihnen ermöglichen,
— Diätkuren ein für allemal aufzugeben und zu entdecken, daß Sie ohne den Druck von Entbehrungen und Beschränkungen wesentlich weniger essen;
— zu lernen, nach wirklichem physiologischen Hunger zu essen und vielleicht zum ersten Mal die außerordentliche Befriedigung zu genießen, tatsächlichen Hunger mit der Nahrung zu stillen, die Sie am liebsten mögen;
— übermäßiges Essen zu beenden und Gewicht zu verlieren, das sich als Folgeprodukt der Überernährung eingestellt hat;
— Ihr zwanghaftes und negatives Beschäftigt- und Besetztsein mit Essen und Gewicht zu überwinden und zu einem erfüllteren Leben zu finden.

Sind Sie jemand, der chronisch Diätkuren ausprobiert, dann werden diese Zielsetzungen Ihnen wahrscheinlich als utopisch und unerreichbar erscheinen, und Ihre Skepsis ist durchaus verständlich. Sie sind ja letztlich Teil einer entsetzlich ausgebeuteten Gruppe. Gestützt auf Ihre mißlichen Anstrengungen wächst und gedeiht alleine in den USA eine 20 Milliarden Dollar schwere Diätindustrie. Und auch in der Bundesrepublik geben mehr als 3 Millionen Bundesbürger jährlich rund 2,6 Milliarden Mark für den Traum der »guten Figur« aus (natur 4/1985). Zahllose Versprechungen mit Erfolgs-Garantie, die auf x-beliebigen Varianten aufbauten, wurden Ihnen offeriert, keine funktionierte, und jetzt kommen wir und behaupten, daß Ihre Erwartungen über das hinausgehen dürfen, was Sie jemals zu träumen wagten, daß Sie Ihr übermäßiges Essen und Ihr Übergewicht stoppen, alle Entbehrungen und Beschränkungen über Bord werfen und frei essen können.

Aus langjährigen Erfahrungen wissen wir, daß unser Vorschlag, Eßbeschränkungen aufzugeben, sowohl Schrecken als auch Ungläubigkeit auslösen kann. Fast ausnahmslos glauben Eßsüchtige, daß ein Aufgeben von Diät und Kontrolle unweigerlich dazu führen wird, daß sie überhaupt nicht mehr mit Essen aufhören können. Das ist nicht der Fall, wir erwarten aber nicht, daß Sie uns das glauben. Sie werden unsere Argumente, Erkenntnisse und Beweise, die wir in diesem Buch vortragen, selbst sorgfältig und kritisch bewerten müssen. Und Sie werden ein beachtliches Maß an Entschlossenheit aufbringen müssen, um etwas so Neues und Andersartiges, wie wir es anbieten, auszuprobieren. Wir gehen davon aus, daß auch Sie unsere Analyse zwingend finden und daß sich Ihre Ängste und Sorgen verflüchtigen werden, wenn Sie erst einmal mit einigen Schritten begonnen haben, die Ihr Leben verändern können.

Im Laufe der Jahre dürften es schätzungsweise achthundert Patienten und Patientinnen gewesen sein, mit denen wir einzeln oder in kleinen Gruppen gearbeitet haben, und als Lehrerinnen und über Vorlesungen dürften wir darüber hinaus wohl Tausende erreicht haben. Wir sind Therapeutinnen, nicht Statistikerinnen, und wir waren niemals in der Lage, jene strengen, doppelten Blindstudien durchzuführen, die Wissenschaftlern die Aussage erlauben, daß etwas als »erwiesen« gilt. Nichtsdestoweniger hat unsere langjährige Erfahrung mit Patienten und Patientinnen gezeigt, daß 25 Prozent letzten Endes wohl vor einer solchen radikalen Veränderung zurückschrecken und aufgeben, noch ehe das Programm die gewünschten Resultate erzielen konnte, die Erfahrungen bei den übrigen 75 Prozent jedoch beachtlich sind. Sie schaffen es, ihre Eßsucht in den Griff zu bekommen und damit ihr Leben zu verändern. Die durchgehend in diesem Buch angeführten Beispiele stammen aus unserer praktischen Arbeit mit Menschen, die mit Ihnen sehr viel gemein haben.

Wenn Sie aufhören, sich wegen Ihrer Eßgewohnheiten und Ihres Gewichts Vorwürfe zu machen, wenn Sie sich selbst das Versprechen geben — und es wirklich ernst meinen —, nie wieder eine Diät anzufangen, dann garantieren wir Ihnen, daß Sie mit unserer Methode Ihre Eßanfälle und Gewichtszunahmen beenden können. Viele von Ihnen werden es schaffen, sich zu geschickten und geübten, auf ihren Körper abgestimmten »bedarfsorientierten Essern« zu entwickeln und zu ihrem natürlichen, niedrigeren Gewicht zurückzukehren. Von noch größerer Bedeutung ist, daß Sie ein radikal andersartiges Selbst- und Lebensgefühl erhalten werden.

Ein Wort als Warnung: Wenngleich Sie vielleicht versucht sind, einige unserer Empfehlungen zu befolgen, aber jene, die Sie am meisten erschrecken und einschüchtern, auszulassen, so müssen Sie sich vor Augen halten, daß es sich bei dem Überwinden einer Eßsucht nicht um etwas handelt, das sich mit einem halben Ansatz erfolgreich bewerkstelligen ließe. Jene, denen es gelingt, all ihren Mut zusammenzunehmen, werden binnen kürzester Zeit den größten Erfolg verbuchen.

— Stellen Sie sich vor, Sie sind in der Lage, an den Schrank zu gehen und festzustellen, daß die meisten Plätzchen in der Dose, die Sie vor mehreren Tagen angebrochen hatten, noch immer da sind.
— Stellen Sie sich vor, daß Sie eine schreckliche Woche durchleben, in der alles schiefgeht und Sie sich niedergeschlagen fühlen, aber dennoch nicht an Essen denken, außer, wenn Sie hungrig sind.
— Und stellen Sie sich vor, daß Sie nicht hungern und nicht Diät leben, dennoch weniger essen und Ihrer Gewichtszunahme einen Riegel vorgeschoben haben. Es ist nicht nur so, daß Ihr Gewicht ohne Ihre Kontrolle gleichbleibt, Sie werden auch feststellen, wie Sie tatsächlich Gewicht verlieren, sobald Sie den Dreh gefunden haben, sich »von innen her« zu ernähren.

Der Ehrlichkeit halber möchten wir Ihnen gestehen, daß diese Ideen ursprünglich infolge unserer eigenen Probleme mit zwanghaftem Essen entwickelt wurden. 1970 entschloß sich Carol Munter, mit einer Alternative zu Diät- und Hungerkuren aufzuwarten, und initiierte eine Gruppe für Eßsüchtige, die sich im Zuge des neuen Bewußtseins der Frauenbewegung formierte. Susie Orbach, Autorin des *Anti-Diätbuches*, war Mitglied dieser Gruppe. Viele von Ihnen haben wahrscheinlich etwas über den radikalen neuen

Ansatz gelesen oder gehört, der dort seinen Anfang nahm und in ihren Büchern ausführlich beschrieben wurde. In der Folge erschienen mehrere Bücher, in denen die Notwendigkeit behandelt wurde, daß Frauen ihr von Unterdrückung gekennzeichnetes Verhältnis zu Essen und ihrem Körper neu überdenken müssen. Kim Chernin, Geneen Roth, Nancy Roberts, Marion Bilich und Carol Bloom haben unter anderem führend an der Entwicklung dieser Idee mitgewirkt.

1982 brachten Jane R. Hirschmann und Lela Zaphiropoulos diese Ideen einen Schritt weiter voran. Sie entwickelten ein umfassendes Konzept für die Ernährung von Kindern, von der Geburt bis hin zum Erwachsenenalter, ein Ansatz, der darauf abzielte, sowohl bei bestehenden Eßstörungen Abhilfe zu schaffen als auch Eß- und Gewichtsproblemen bei Kindern vorzubeugen. Ihre Ideen wurden in dem Buch *Are You Hungry?* veröffentlicht.

Schluß mit den Diätkuren ist der letzte Stand jener Arbeit, die 1970 begann, und die wir beide im Laufe der Jahre ausgebaut haben. Diesem Ansatz liegt unsere unorthodoxe Sicht der Eßsucht zugrunde, die mit einem tiefgehenden psychologischen Verständnis der zugrundeliegenden Eigendynamiken kombiniert wurde. Wir bieten Männern und Frauen eine praktische, schrittweise aufbauende Hilfe zur Lösung ihrer Eßprobleme.

Unser Konzept präsentieren wir in diesem Buch auf ähnliche Weise, wie wir dies in unseren Vorträgen und bei unserer praktischen Arbeit tun. Wir plädieren für eine neue Sicht des zwanghaften Essens und erläutern in der Folge systematisch den Ansatz, der sich aus unseren Ideen ergibt. Bei jedem von Ihnen ist unser Ziel das gleiche wie bei allen Menschen, mit denen wir zusammenarbeiten. Wir glauben, daß es auch Ihnen möglich ist, mit Ihrem suchtartigen Verhältnis zum Essen zu brechen und ein freies Leben, unbeschwert und unbehindert durch ein »Eßproblem«, zu leben. Erst im Gebrauch zeigt sich der Wert!

Am Schluß dieses Buches finden Sie zwei Fragebogen, die Ihnen helfen sollen, Ihre Eßgewohnheiten schwerpunktmäßig aus einer neuen Perspektive zu sehen und es Ihnen ermöglichen sollen, Ihre Fortschritte jeweils selbst zu bewerten. Darüber hinaus werden die uns mit diesen Fragebogen verfügbar gemachten Daten uns in die Lage versetzen, unser Konzept möglicherweise noch effektiver zu gestalten. Wir bitten Sie dringend, das erste Formular auf Seite 266 auszufüllen, ehe Sie weiterlesen, und möchten Ihnen bereits im voraus für Ihre Zusammenarbeit danken, falls Sie diesen und auch den nachfolgenden Fragebogen an uns einsenden.

Kapitel 1
Eßsucht heilen

Eßsucht erkennen

Stellen Sie sich folgendes vor. Sie gehen die Straße hinunter. Sie denken, daß Sie sich soweit ganz gut fühlen. Kurz zuvor haben Sie erst etwas gegessen, aber plötzlich überkommt es Sie, Sie beginnen, an Kuchen zu denken, und überlegen, wo die nächste Bäckerei ist. Oder Sie sitzen bequem in einem Sessel, lesen etwas, sind kein bißchen hungrig, und finden sich plötzlich am Kühlschrank auf der Suche nach etwas Eßbarem wieder. Oder Sie waren essen, hatten einen angenehmen Abend, sind schön innerhalb der Auflagen Ihres Diätfahrplans geblieben und kommen nun, durchaus zufrieden mit sich selbst, nach Hause. Noch ehe Sie sich jedoch umsehen, haben Sie einen Kuchen direkt aus dem Gefrierschrank verputzt. Nach jeder derartigen Episode beschimpfen und verachten Sie sich selbst wegen Ihrer Esserei und enden damit, daß Sie sich »fett fühlen«.

Bei jedem dieser Beispiele griff Ihre Hand in einer Situation nach Essen, in der Sie überhaupt nicht hungrig waren. Wenn Sie einmal von einem wertneutralen Standpunkt aus darüber nachdenken, macht dieses Verhalten doch wohl kaum einen Sinn. Ob es nun gut oder schlecht ist, es ist in jedem Fall höchst seltsam. Warum also essen, wenn Sie nicht hungrig sind? Der grundlegende Sinn und Zweck von Nahrung liegt doch letzten Endes darin, physiologischen Hunger zu befriedigen.

Leider haben die meisten von uns die Fähigkeit verloren, unser Handausstrecken nach Eßbarem noch mit irgendeiner Form der Objektivität sehen zu können. Obwohl Essen eigentlich dazu da ist, unseren Körper mit Brennstoff zu versorgen, verspüren dennoch Millionen von Menschen den Drang, auch dann zu essen, wenn sie nicht im geringsten hungrig sind, und diesen Drang akzeptieren sie als eine ihrer »schlechten« Seiten, die stets unter Kontrolle gehalten werden muß. Für sie scheint es die natürlichste Sache der Welt, daß sie ihre Nahrungsaufnahme auf immer »beobachten« müssen. Sie kommen gar nicht auf die Idee zu hinterfragen, warum es eigentlich erforderlich sein sollte, ein derart natürliches Phänomen wie Essen derart strikt überwachen und kontrollieren zu müssen.

Wenn Ihre Hand nach Essen greift — oder Ihre Gedanken in diese Richtung gehen —, wenn Sie nicht im mindesten hungrig sind, dann leiden Sie nach unserer Definition unter zwanghaftem Essen, unter Eßsucht. Sie sehen sich dem Zwang ausgesetzt, an Essen zu denken oder daran, wie Ihr Körper aussieht, in Situationen, in denen solche Gedanken nach logischen Maßstäben keinen Platz haben. Wir verwenden das Wort *Zwang*, da wir wissen, daß Sie keine Kontrolle über diese Gedanken haben. Sie tauchen einfach in Ihrem Kopf auf und verdichten sich. Während Sie auf der Straße stehen und mit einem Freund sprechen, überfällt Sie plötzlich der Drang, irgend etwas zu essen. Oder bei einer Besprechung registrieren Sie mit einem Mal, daß Sie den Faden des Gesprächs verloren haben. Derweil Ihre Kollegen und Kolleginnen die Tagesordnung Punkt für Punkt abhaken, sitzen Sie da und sind völlig von schmerzlichen, negativen Gedanken über Ihren Bauchumfang in Beschlag genommen.

Wenn Sie eßsüchtig sind, verbringen Sie Ihre Tage damit, gegen Ihr Eßverlangen anzukämpfen. An manchen Tagen geben Sie diesem Verlangen nach mit dem Ergebnis, daß Sie sich anschließend für Ihre mangelnde Willenskraft lauthals selbst anklagen. An anderen Tagen widerstehen Sie dem Drang und empfinden Ihre Standhaftigkeit als lobenswert. Ihre Psyche und Ihre Energie sind an jedem dieser Tage jedoch völlig durch Ihre Gedanken an Ihr Essen, Ihr Gewicht und Ihre Pläne, beides zu kontrollieren, besetzt. Wahrscheinlich kreisen Ihre Gedanken seit vielen Jahren kontinuierlich um diese Themen. Für andere mag es so aussehen, als ob Sie ein recht alltägliches, eintöniges Durchschnittsleben führen, sie können nicht hinter die Fassade Ihrer Aktivitäten und Auseinandersetzungen im Alltag blicken. Bei allem Schein, den Sie nach außen hin abgeben mögen, Sie wissen und Ihnen ist bewußt, wie sehr Sie permanent mit quälenden Gedanken über Ihren Körper beschäftigt sind. Diese Gedanken nehmen Sie völlig gefangen, da zwanghaftes Essen wesentlich mehr als nur eine Beschäftigung ist — es ist ein allumfassender Geisteszustand, der für nichts anderes mehr Platz läßt.

Manche von Ihnen betrachten sich vielleicht als zwanghafte Esser; andere nicht. Manche von Ihnen glauben möglicherweise, daß zwanghaftes Essen stets mit Dicksein gleichzusetzen ist, mit fehlender Kontrolle und einer fatalen Abhängigkeit vom Essen infolge tiefsitzender emotionaler Probleme. Die Realität sieht in Wahrheit so aus, daß Eßsüchtige — Männer und Frauen gleichermaßen — mit den verschiedensten Figuren und Körpergrößen daherkommen und ein Gefühlsleben unterschiedlichster Prägung haben. Was sie miteinander teilen, ist ihr Besessensein von Essen und Gewicht. Diese dualorientierte vorrangige Beschäftigung mit ihrem Essen und ihrer Figur ist das Erkennungszeichen der Eßsucht. Manche zwanghaften Esser unterwerfen sich ihrem Eßdrang und essen. Andere kontrollieren ihr Verlangen nach Essen und hungern. In beiden Fällen ist es die Abhängigkeit vom Essen, die das Leben des Eßsüchtigen beherrscht.

Die vorrangige Beschäftigung mit Essen und dem Aussehen unseres Körpers hat in den letzten Jahren an kultureller Akzeptanz gewonnen. Es gilt als chic, nicht als problematisch, wenn Sie Ihren Nahrungsmittelkonsum kontrollieren und immer weiter drosseln, bis es irgendwo »brennt«. Belegt wird diese Aussage durch die Tatsache, daß in den Vereinigten Staaten zu jedem x-beliebigen Zeitpunkt allein 80 Millionen Erwachsene Diät leben, das heißt, sich bemühen, ihr Verlangen nach Essen zu kontrollieren. In der Bundesrepublik flüchten alljährlich mehr als 3 Millionen Bundesbürger in regelmäßigen Abständen in eine Diätkur (natur 4/1985). Und drei Viertel aller erwachsenen Bundesbürger, etwa 30 Millionen, haben mindestens einmal ihr wirkliches oder eingebildetes Übergewicht mit einer Schlankheitsdiät bekämpft (Der Spiegel 15/1985). Nicht zuletzt mag auch diese kulturell sanktionierte Schlankheitsphobie dazu beigetragen haben, Ihr persönliches Eßsuchtproblem zu verdecken und unbedeutend erscheinen zu lassen. Wie wir noch im nächsten Kapitel veranschaulichen werden, sind es exakt eben diese Diätkuren, die den Grundstein zur Eßsucht und zu Gewichtsproblemen legen und beides verschlimmern.

Es sind in der Tat Diät- und Schlankheitskuren, die die meisten von uns zu Essens-Junkies, zu Opfern der »Droge Essen« gemacht haben.

Achten Sie einmal darauf, wenn Sie das nächste Mal mit Freunden zusammen essen. Hat irgendwer, als Sie mit dem Essen fertig waren, einen Rest auf seinem Teller zurückgelassen? Daran kann man einen nicht zwanghaften Esser erkennen, eine fürwahr seltene Erscheinung in der heutigen Welt. Der Essenrest auf seinem Teller ist dort, weil er weiß, wann er genug hat. Natürlich ißt auch er manchmal »zuviel«, und mitunter ißt er auch einfach nur deshalb, weil etwas gut aussieht. Die meiste Zeit ißt er jedoch, weil sein Körper es entsprechend von ihm verlangt. Er ißt, mit anderen Worten, weil er hungrig ist. Er mag Essen, er ist aber nicht besetzt davon. Mit diesem Buch möchten wir Ihnen helfen, Ihr diesbezügliches Besetztsein abzulegen. »Ich bin hungrig« und »ich habe genug«, Feststellungen, die Ihnen heute fremd sind, können natürliche und mühelose Bestandteile Ihres aktiven Vokabulars werden.

Das äußere Erscheinungsbild: Eßsüchtige kommen, wie gesagt, mit allen Figuren und Körpergrößen daher und sind nicht notwendigerweise dick, ebenso sind nicht alle dicken Menschen eßsüchtig. In dem gleichen Maße, wie wir uns daran gewöhnt haben, Dicksein mit Völlerei und Gefräßigkeit gleichzusetzen, weisen aktuelle Forschungsergebnisse darauf hin, daß die äußere Erscheinungsform eines Körpers nicht notwendigerweise ein zuverlässiger Indikator für die tatsächliche Beziehung der betreffenden Person zu Essen ist.

Diesen Untersuchungen zufolge sind Dicksein oder Dünnsein durch viele Faktoren, vorrangig auch genetischer Natur, bedingt. Manche von Ihnen sind von den genetischen Voraussetzungen her kräftig. Bei Ihnen hat Ihr Gewicht nicht mehr mit Essen zu tun als Ihre Körpergröße. Tragisch ist nur, daß Sie sich möglicherweise dazu haben verleiten lassen, die Maße Ihres Körpers als unnatürlich zu empfinden und sogar als Ergebnis von »Gefräßigkeit« oder »mangelnder Willenskraft« einzustufen. Sollte diese Art der Indoktrination Sie dazu gebracht haben, in den Teufelskreis von Diätkuren/Eßanfällen einzusteigen, dann sind Sie in der Tat wahrscheinlich kräftiger, als Sie »konzeptionell« sein sollten.

Wiederum andere mögen unter Eßsucht leiden, deren Eßdrang sich nicht in ihrem Körperumfang widerspiegelt. Sie sind dünn geblieben, weil ihr Stoffwechsel entweder so funktioniert, daß sie nicht zunehmen, oder es gelingt ihnen, zwischen ihren Heißhunger- und Kontrollphasen simpel die Waage zu halten. Von »dünnen« Menschen, die in unsere Workshops kommen, hören wir häufig: »Niemand glaubt mir, wenn ich sage, daß ich ein Eßproblem habe. An jedem Tag in meinem Leben kämpfe ich mit dem Essen. Ich weiß, daß ich so aussehe, als ob es nicht so wäre, aber in Wahrheit bin ich besessen von meinem Gewicht.« Hilde Bruch, Autorin von *Der goldene Käfig*, bezeichnet solche Eßsüchtigen als »dünn-dicke Menschen«.

Bei den meisten von Ihnen, die unter zwanghaftem Essen leiden, ist der Eßdrang allerdings auch äußerlich unverkennbar. Ihr Gewicht liegt oberhalb Ihres Normalgewichts, weil Sie zuviel essen — Sie essen mehr als Ihr Körper braucht. Sie greifen nach Essen, wenn Sie physiologisch gar nicht hungrig sind, und wenn Sie wirklich einmal aufgrund von Hunger anfangen zu essen, dann essen Sie über den Punkt der physiologischen Sättigung hinaus.

Wir definieren *Übergewicht* als das Gewicht, das die Tatsache sichtbar werden läßt, daß Sie über die Bedürfnisse Ihres Körpers hinaus essen. Bei unserer Definition von Übergewicht verzichten wir bewußt auf jedwede Relation zu statistischen Normvorstellungen hinsichtlich der Frage von Übergewicht, wie sie sich etwa in Tabellen finden, wo es um das Verhältnis von Körpergröße/Knochenstruktur/Gewicht geht. Bei diesen Tabellen handelt es sich um statistische Durchschnittswerte, die nichts damit zu tun haben, ob Ihre Körperfülle ein Ergebnis von übermäßigem Essen ist. Normalgewicht definieren wir als das natürliche Gewicht, auf das Sie zurückkommen werden, wenn Sie von Ihrer Eßsucht geheilt sind.

Niemand kann Eßsucht auf der Grundlage von Körpermaßen diagnostizieren. Nur Sie allein wissen, ob Sie unter einem Eßzwang stehen oder das Gefühl haben, Ihr Essen kontrollieren zu müssen. Nur Sie allein wissen, ob Sie eßsüchtig sind.

Selbstporträt: Eßsüchtige teilen nicht nur ihren zwanghaften Drang nach Essen, sondern auch die Sichtweise ihres Problems. Alle Eßsüchtigen charakterisieren sich selbst als Personen mit mangelnder Disziplin und Willensstärke — mit dem Hang, sich gehen zu lassen, als gefräßig, infantil, zügellos, unbeherrscht, schwach, sie finden sich abscheulich und, natürlich, allüberragend, *dick*.

Ob nun dick, mager oder ein Mittelding, alle Eßsüchtigen *empfinden sich als dick*. Wenn sie sagen, daß sie sich »dick fühlen«, sagen sie damit in Wahrheit, daß sie »schlecht« sind. Die Verwendung des Wortes *dick* mit der Aussage »schlecht« ist zu einem wesentlicheren Teil ein Zeichen unserer gesellschaftlich bedingten Schlankheitsphobie, als daß es für die Beschreibung von Körpermaßen im eigentlichen Sinne stünde. *Dicksein* ist in unserer Gesellschaft ein Stigma.

Zwanghafte Esser sehen sich selbst als dick oder schlecht, weil sie sich am Maßstab zweier nicht in Frage gestellter kultureller Ideale messen und nach eigener Beurteilung diesen nicht gerecht werden. Erstens akzeptieren sie die Vorstellung, daß es den »idealen« Körper gibt, und kommen zu dem Schluß, daß der ihrige weit davon entfernt ist, sich damit messen zu können; zweitens glauben sie, daß Essen etwas ist, das »kontrolliert« werden muß. Diese und weitere kulturelle Klischeevorstellungen werden wir in Kapitel 3 noch näher untersuchen. Wichtig ist jedoch die Erkenntnis, daß Ihre Meinung über sich selbst, als jemand, der unter zwanghaftem Essen leidet, letzten Endes perfekt mit der in unserer Kultur allgemein verhafteten Sichtweise des Körpers und Essens übereinstimmt. Wenn Sie Ihren Körper mit Abscheu betrachten, sich wegen des Essens beschimpfen und sich selbst beteuern, daß der Hang zum Essen etwas Verwerfliches ist, dann sind Ihnen Beifall und Zustimmung unserer Kultur gewiß.

Es interessiert diese Gesellschaft nicht, warum Millionen Menschen sich vom Essen gegeißelt fühlen. Man sieht sich vielmehr dem Druck ausgesetzt, jeglichen sichtbaren Beweis für den Drang nach Essen zu vermeiden oder wieder loszuwerden, sprich, diesen Drang zu kontrollieren und abzunehmen.

Zwanghafte Esser kommen ratsuchend zu uns, weil sie »versagt« haben, diese von der Kultur gesetzten Ziele zu erreichen. Hunderte Male haben sie eine Diät angefangen und wieder abgebrochen. »Ich bin außer mir«, sind die Worte, die wir wieder und wieder hören. »Ich habe jedes nur denkbare Diätprogramm gemacht und habe im Laufe meines Lebens Hunderte von Pfunden verloren.

Ich fühle mich wie in einer Falle. Wenn ich mich am Morgen entschließe, Diät zu halten, dann wüte ich beim Abendessen nur noch. Ich fühle mich so hoffnungslos.«

Eine neue Perspektive für den zwanghaften Esser

Wir sehen Sie, den zwanghaften Esser oder die zwanghafte Esserin, ganz anders als Sie sich selbst sehen. Unserer Ansicht nach haben Sie nicht versagt, sind nicht gescheitert. Vielmehr haben die Ihnen angebotenen Lösungen versagt, die von einem falschen konzeptionellen Verständnis der Natur des zwanghaften Essens ausgehen.

Obwohl Sie sich selbst als willensschwach sehen, mit dem Hang, sich gehen zu lassen und mit mangelnder Selbstdisziplin, so ist in Wirklichkeit nichts weiter von der Wahrheit entfernt. Niemals hat sich jemand eifriger bemüht, ein Problem zu lösen, als der chronische Diäthalter. Sie haben jedweden Ratschlag befolgt, der Ihnen zu dem, was Sie als Ihr Problem betrachten, gegeben wurde. Endlos haben Sie Diät gehalten, gehungert und auf Essen verzichtet. Sie haben es mit Ärzten versucht, mit Therapeuten, Gruppen, Hypnose, Gymnastik und Sport, Meditation, Ketten am Kühlschrank, Abstinenz, Fasten und so weiter und so fort. Sie haben weder Energie, Zeit, Kosten noch Mühen gescheut bei Ihrer Suche nach einer Antwort.

Leider beruhen aber die Antworten, die Sie fanden, auf der Idee, daß Sie entweder eine bessere Kontrolle über Ihr Eßverhalten entwickeln oder Ihre eigenen Impulse zugunsten spezifischer Diätvorschriften aufgeben müssen. Ihnen wurde in der Tat beigebracht, Ihre Eßgewohnheiten zu verdammen und einzuschränken, selbst wenn die Gewichtskontrolle in Wirklichkeit nicht einmal das eigentliche Problem ist.

Das Problem der Kontrolle: Es ist kein Wunder, daß Sie sich als zwanghafter Esser in einer hoffnungslosen Situation sehen. Die Methode, nach der Sie mit Ihrem Problem umgehen sollen — per Kontrolle — konfrontiert Sie mit einem unlösbaren Dilemma. Ihnen wurde gesagt, exakt das *nicht zu tun*, wonach es Sie *drängt*, was

Sie *tun müssen*. Wenn Sie eßsüchtig sind, fühlen Sie sich bei jedem auftauchenden Problem *gezwungen*, nach Essen zu greifen. Kein Maß an Kontrolle, kein Maß an Verzicht oder neuerlernter »guter« Eßgewohnheiten wird Ihren Drang zu essen ändern.

Wie jedes menschliche Verhalten hat auch die Eßsucht eine tieferliegende Bedeutung. Der Versuch, eine Verhaltensweise wie Essen kontrollieren zu wollen, heißt schlicht, ihm Einhalt zu gebieten. Sie sagen damit: »Es ist schlecht; laß es sein«, anstatt etwas gegen die Ihrem Zwang zugrundeliegenden Ursachen zu unternehmen. Die Diät sagt: »Essen Sie nicht«, und das ist der Grund, warum sie nicht funktioniert. Sie ignoriert fortwährend Ihren Drang zu essen.

Von vielen Menschen hören wir: »Ich dachte, ich hätte das Problem geschafft. Im letzten Jahr hatte ich eine ganze Menge abgenommen, und ich war mir sicher, daß ich diesmal mein Gewicht unten halten könnte. Vor ein paar Monaten habe ich wieder angefangen zu essen, und jetzt habe ich wieder alles, was ich abgenommen hatte, zugenommen.«

Sie nennen es Versagen, wenn Sie nicht in der Lage sind, die Auflagen einer Diät einzuhalten. Wir nennen Ihr Versagen, die Diät durchzuhalten, eine Reaktion des »Zurückschlagens«. Sagt man Menschen, daß sie mit etwas aufhören sollen, was sie tun müssen, dann hören sie nicht damit auf. Sie schlagen zurück.

Die These dieses Buches lautet, daß Sie nicht den Rest Ihres Lebens in dem Bemühen zubringen müssen, Ihren Wunsch nach Essen zu kontrollieren. Für ein Überwinden Ihrer Eßsucht ist es als erstes jedoch erforderlich, daß Sie Ihre Reaktion des Zurückschlagens bei Diätkuren einmal sehr genau überprüfen. Mit anderen Worten, die Tatsache, daß Sie, selbst wenn Sie nicht hungrig sind — trotz aller Selbstkontrollbemühungen —, nach Essen greifen, müssen Sie als sicheres Zeichen dafür nehmen, daß diesem Verhalten ein tieferliegendes Bedürfnis zugrundeliegt, das es zu erkennen und anzugehen gilt.

Von welchen Gefühlen Sie dabei auch immer beherrscht werden, wir sehen den Umstand, daß Sie auch dann essen, wenn Sie keinen Hunger haben, nicht als ein Zeichen Ihres Starrsinns oder Selbstzerstörungsdranges. Sie essen in diesen Momenten, weil Sie es müssen. Denken Sie darüber nach, werden Sie wahrscheinlich sagen, daß Ihnen das Essen auf irgendeine »verrückte« Art und Weise das Gefühl gibt, Ihnen zu »helfen«. Und Sie haben recht damit. Viele Jahre war das zwanghafte Essen für Sie ein wichtiger Bewältigungsmechanismus.

Selbsthilfe: Wir sind der Meinung, daß Sie jedesmal, wenn Sie nach Essen greifen, obwohl Sie nicht hungrig sind, damit versuchen, sich selbst aus einem schwierigen Moment herauszuhelfen. Dabei braucht der Moment, in dem Sie essen, letztlich überhaupt nicht schwierig oder problematisch auszusehen. Sie merken nur, daß Sie das Bedürfnis haben zu essen.

In unseren Augen ist Ihr Drang, in diesen Augenblicken zu essen, ein Zeichen dafür, daß irgend etwas Ihnen Angst macht oder Ihnen Unbehagen einflößt. Jedesmal, wenn Sie zwanghaft essen, handeln Sie aus einem unspezifischen Unwohlsein heraus, das Sie in der Folge aufs Essen verlagern, um sich dann in Selbstbezichtigungen zu ergehen, daß Sie gegessen haben und außerdem viel zu dick sind. Dieser Prozeß des zwanghaften Essens lenkt Sie von der eigentlichen Spur, was Sie in Wirklichkeit bekümmert, ab. Und, um alles nur noch schlimmer zu machen, mit der Zeit sind Sie fest davon überzeugt, daß das Problem Ihr Essen und Ihr Gewicht ist.

Wie jeder andere Mensch tragen auch Sie als jemand, der unter zwanghaftem Essen leidet, ungelöste emotionale Konflikte mit sich herum, die Angst verursachen. Ihr unmittelbares Problem ist jedoch die Schwierigkeit, sich mit Ihrer Angst auseinanderzusetzen, ohne auf die Hilfe von Essen zurückzugreifen. Was Sie haben, ist ein »Beruhigungs«-Problem, nicht ein Eßproblem. Leider haben viele von Ihnen Jahre in dem verzweifelten Bemühen zugebracht, das falsche Problem lösen zu wollen. Weder Eßkontrolle noch Gewichtsabnahme werden jemals Ihr Bedürfnis, sich mit Essen zu beruhigen oder zu trösten, lösen können.

Viele zwanghafte Esser sind sich der Tatsache bewußt, daß Ihr Essen lediglich ein Symptom für andere Probleme ist, und viele von Ihnen haben wahrscheinlich schon alle erdenklichen Anstrengungen unternommen, um zu verstehen, was Sie zum Essen treibt. Die Erkenntnis der Ursachen Ihrer Angst ist jedoch nicht gleichbedeutend mit der Lösung Ihres Problems; demgegenüber steht die Tatsache, daß die einzige Methode, die Sie kennen, um mit eben jener Angst umzugehen und fertigzuwerden, im Essen liegt. »Ich bin verärgert... Ich bin einsam... Ich bin depressiv«, sind die Erklärungen, die Sie sich geben, derweil Sie verzweifelt den Rest der Torte in sich hineinstopfen. Aber selbst die Lösung Ihrer tiefer liegenden Konflikte ist nicht notwendigerweise gleichbedeutend damit, daß Sie nun nicht mehr als Beruhigungsmittel nach Essen greifen.

Nancy hatte das Gefühl, in ihrem Leben eine ganze Reihe schwerwiegender Probleme gelöst zu haben. Sie hatte eine unbefriedigende Beziehung beendet, war kürzlich an ihrem Arbeitsplatz befördert worden und trug sich nunmehr mit dem Gedanken, ein Haus zu kaufen. Sie meinte, daß sie sich besser und zufriedener mit sich selbst fühlte als je zuvor. Es war ihr somit ein Rätsel, warum ihr Gewicht nach wie vor auf und ab ging, wo sie sich doch so viel sicherer fühlte.

Erst als Nancy begonnen hatte, sich auf der Grundlage neuer Strukturen zu ernähren, erkannte sie, warum die Lösung ihrer Probleme nicht automatisch auch ein anderes Eßverhalten bewirkt hatte. Ihr wurde bewußt, daß sie nach jahrelangem Diätleben völlig den Kontakt zu ihrem natürlichen Eßbedürfnis verloren hatte. Nancy lernte, so wie Sie es im Zuge dieses Buches tun werden, daß Eßprobleme auf ganz besondere Weise gelöst werden müssen.

Zwanghafte Esser sind ein buntgemischter Haufen. Sie tragen die unterschiedlichsten Probleme mit sich herum und haben unterschiedlichste Auffassungen darüber, was als psychisch gesund zu betrachten sei. Aber so verschieden sie auch sein mögen, es gibt ganz bestimmte Faktoren, die ihnen allen gemein sind. Zum einen teilen sie ein spezielles Verhaltensmuster im Umgang mit Angst — sie flüchten sich zum Essen. Zum anderen teilen sie auch die Konsequenzen, die diese Art des Umgangs mit der Angst mit sich bringt. Nach Jahren zwanghafter Eßpraktiken und chronischen Diätlebens haben sie alle den Kontakt zwischen der Eßerfahrung einerseits und der Hungererfahrung andererseits verloren. Unserer Auffassung nach liegt der Kern des Problems darin, daß zwanghaften Essern die grundlegende Erfahrung fehlt, hungrig zu werden und sich gesättigt zu fühlen. Darin aber genau liegt die Lösung.

Die Heilung —
die Verbindung zwischen Hunger und Essen

Wir schlagen vor, daß Eßsüchtige mit ihrer Heilung da ansetzen, daß sie zunächst den Schaden reparieren, den ihre Abhängigkeit vom Essen angerichtet hat; sie müssen die Verbindung zwischen Essen und Hunger wiederherstellen. Ist das gelungen, hat dies gleichzeitig ganz erhebliche Auswirkungen auf ihr eigentliches Beruhigungsproblem, und als Ergebnis davon nimmt ihr Bedürfnis und ihr Drang ab, Essen als Beruhigungsmittel im Umgang mit ihrer Angst zu benutzen. Gelingt es Eßsüchtigen, ihre Abhängigkeit vom Essen zu durchbrechen, verlieren sie auch Gewicht. Und so funktioniert es:

Wir werden geboren und wissen, wie wir zu essen haben. Wir werden hungrig, schreien und werden gefüttert. Durch die endlose Aufeinanderfolge von Hungrig- und Ernährtwerden kommen wir in Kontakt mit dieser Welt und lernen, daß sie unsere Bedürfnisse zuverlässig befriedigt. In den Frühphasen unseres Lebens sind Nahrung und Beruhigung untrennbar miteinander verknüpft. Hungrige Kinder geraten in Panik, und wenn die Welt auf ihre Panik mit Nahrung reagiert, beruhigen sie sich. Die Nahrungserfahrung ist der Dreh- und Angelpunkt zahlloser Interaktionen und Gefühle, die sämtlich zu unserem Gefühl der Sicherheit beitragen.

Wenn wir uns als Reaktion auf Hunger selbst ernähren, führen wir uns damit zeit unseres Lebens sowohl physisch als auch psychisch Nahrung zu. Nichtzwanghafte Esser ernähren sich mehrmals am Tag, wenn sie hungrig sind. Und jedesmal, bewußt oder unbewußt, werden dabei Erinnerungen an die gute, sorgsame Fürsorge und Pflege in frühester Kindheit wachgerufen und verstärkt. Sie demonstrieren sich selbst, auf diese recht banale Weise, daß sie auf ihre eigenen Bedürfnisse abgestimmt und mit diesen in Einklang sind.

Demgegenüber ist die Situation von Eßsüchtigen eine ganz andere. Sie machen nicht täglich die Erfahrung, sich selbst mit Essen zu versorgen, wenn sie hungrig sind. Ihr Problem — Essen zur Angstbeschwichtigung zu benutzen — hat sie veranlaßt, den Eßvorgang aus seinem ursprünglichen Kontext, der Nahrungsaufnahme, herauszureißen. Ihre Lösung — Diät leben und Hungern — hat noch ein übriges dazu getan, sie noch weiter von ihrem natürlichen Eßbedürfnis zu entfernen. Sie benutzen Essen als Symbol für jene sorgsame Fürsorge und Pflege, die sie in ihrer Kindheit erfuhren, in der Hoffnung, daß es sie nunmehr auch als Erwachsene beruhigen wird.

Zwanghafte Esser benutzen Nahrung als Medizin oder Balsam für ihre Wunden, statt in ihr den Brennstoff zu sehen, den der Körper braucht. Essen ist bei ihnen die allzeit griffbereite Lösung für jedes nur denkbare Problem, mit Ausnahme desjenigen, für das Essen naturgemäß als Lösung bestimmt ist, nämlich Hunger zu stillen. Essen als Symbol für Wohlbefinden ist unwirksam; es ist kein Gegenmittel zur Angst. Demgegenüber ist Essen als Brennstoff, als Reaktion auf Hunger, jedoch höchst wirksam.

Eine Heilung des zwanghaften Essens setzt voraus, daß Sie dem Essen wieder seinen angestammten Stellenwert geben, ein Vorgang, den wir als »bedarfsorientierte Ernährung für Erwachsene« bezeichnen. Hierzu ist es erforderlich, daß Sie noch einmal an die Anfänge Ihres Eßlebens zurückgehen und von dort aus anfangen, jene Verbindung zwischen Essen und Hunger, die vor vielen Jahren verschüttet wurde, wieder neu herzustellen.

Das Kernstück unseres Plans besteht darin, so oft wie möglich als Antwort auf physiologischen Hunger zu essen. Je häufiger Sie aufgrund von Hunger essen, desto mehr werden Sie zu Ihrem eigenen, auf Ihren Körper abgestimmten Selbstversorger, und desto weniger werden Sie den Drang verspüren, sich bei Angstgefühlen in Essen zu flüchten. Am Ende, wenn die Bedürfnisse Ihres Körpers entscheidend dafür werden, wann, was und wieviel Sie essen, werden Sie auch wieder zu Ihrem natürlichen Gewicht zurückfinden.

Es ist jedoch wichtig, daß Sie die enorme Bedeutung dessen verstehen, daß Sie sich selbst beibringen, anders zu essen. Wenn Sie sich jeweils nach Bedarf ernähren, so geht dies an die Wurzel Ihres eigentlichen Beruhigungsproblems. Dies ist der einfachste und grundlegendste Weg, sich selbst zu versorgen. Je häufiger Sie dies tun, desto sicherer werden Sie sich fühlen. Und wenn Sie sich besser versorgt fühlen, werden Sie auch besser in der Lage sein, Ihre Sorgen und Probleme zu überdenken, anstatt sie zu über-essen.

Die bedarfsorientierte Ernährung wird mitnichten all Ihre Probleme lösen, noch wird sie Ihre Angst beseitigen. Das ist auch gar nicht erforderlich. Erforderlich ist vielmehr, daß Sie in die Lage versetzt werden, mit Ihrer Angst leben und Ihren Problemen konkrete Namen geben zu können. Die bedarfsorientierte Ernährung wird es Ihnen ermöglichen, Ihre suchtartige Beziehung zum Essen zu durchbrechen, und Ihnen den Freiraum geben, den Sie benötigen, um sich Ihren realen Sorgen zuwenden zu können.

Jetzt, in diesem Augenblick, glauben Sie, daß Sie ein Problem mit dem Essen und ein Problem mit Ihrem Gewicht haben. Wir gehen davon aus, daß Sie, wenn Sie dieses Buch zu Ende gelesen haben, die Situation und damit sich selbst anders sehen, nämlich als jemanden, der auf Essen zurückgriff, wenn er in Schwierigkeiten war, und der seine Schwierigkeiten dann »Essen« nannte. Es ist unser Ziel, Ihnen, wie auch jenen, mit denen wir zusammenarbeiten, zu helfen, von Ihrem Besessensein von Essen und Gewicht loszukommen und frei zu werden für die Freuden und Mühsale des wirklichen Lebens.

Der Plan

Zur Überwindung der Eßsucht haben wir einen Drei-Phasen-Plan entworfen. Phase 1 bezeichnen wir als »Selbst-Befreiung«. Ehe Sie beginnen können, anders zu essen, müssen Sie zuerst Ihre Unabhängigkeit von der vorherrschenden kulturellen Meinung über Körper und Essen erklären. Es gibt eine ganze Reihe von Möglichkeiten, die Ihnen helfen, daß Sie sich mit Ihrer neuen, verständnisvollen Sichtweise Ihres Ich und Ihrer Eßsucht durchsetzen und behaupten können.

Phase 2 trägt die Überschrift »Selbst-Ernährung«. Hierin wird erklärt, wie Sie feststellen können, wann, was und wieviel Ihr Körper an Nahrung braucht. Wir erläutern den Unterschied zwischen physiologischem und psychologischem Hunger und zeigen Ihnen, wie Sie sich allmählich in Richtung bedarfsorientierter Ernährung bewegen können.

Phase 3 wird als »Selbst-Findung« bezeichnet. Der Teufelskreis der Sucht wird eingehend beschrieben. In dieser Phase veranschaulichen wir, wie Sie etwas, das Sie einmal als Negativ-Posten erachteten, in einen Positiv-Posten verkehren können: die Verwendung jenes Signals, das wir als Appetit bezeichnen, um Ihr Gefühlsleben verstehen lernen zu können.

Unser Plan funktioniert aber nur dann, wenn Sie von Diät leben und Hungern wirklich genug haben. Aus diesem Grund möchten wir damit beginnen, daß wir unser Verständnis von Diät- und Hungerkuren und den bei Ihnen festverankerten Widerstand, diese aufzugeben, eingehend erläutern.

Kapitel 2
Der Teufelskreis von Diätkuren/Eßanfällen

Jeder, der dieses Buch liest, ist mit dem Teufelskreis von Diätkuren/Eßanfällen wohl vertraut. Die Art und Weise, wie Sie jedoch in diesen Teufelskreis hineingerieten, mag unterschiedliche Ursachen haben. Vielleicht wurde Ihnen als Kind gesagt, daß Sie zu dick seien, und Sie wurden auf Diät gesetzt. Vielleicht war es Ihr sich im Teenageralter entwickelnder Körper, der Sie irritierte und aufschreckte, so daß Sie sich entschlossen, diesen zu verändern. Vielleicht aber ertappten Sie sich auch als Erwachsene bei dem Versuch, mittels Essen über eine Krise hinwegzukommen, und um weitere Gewichtszunahmen zu verhindern, fingen Sie dann eine Diät an. Oder aber es gab in Ihrem Leben irgendeinen Moment, in dem Sie einfach das Bedürfnis hatten, sich durch ein paar Pfunde weniger »besser zu fühlen«. Wahrscheinlich haben Sie gar nicht einmal sehr viel darüber nachgedacht, als Sie eine Diät anfingen. Diät- und Hungerkuren sind ja nichts Außergewöhnliches.

Obwohl Diätkuren mitunter unerläßlich erscheinen mögen, sind sie dennoch nicht harmlos. Eine Diät ist fürwahr ein schwerwiegender Schritt, weil in diesem Zusammenhang kaum bedacht wird, daß jedem Diätvorsatz Negativgefühle über das eigene Ich vorausgehen — Gefühle, die von Mißbilligen bis zu Mißfallen reichen, von Häßlich-Finden bis zu Abscheu, von Verachtung bis zu Selbst-Haß. Die Diätkur ist, wie wir noch sehen werden, die eigentliche Triebfeder der Eßanfälle. Diese Eßanfälle haben wiederum noch intensivere Negativgefühle über das eigene Ich zur Folge, womit sich der Kreislauf schließt und alles wieder von vorne beginnt.

Diät/Eßanfall/Selbstverachtung. Diät/Eßanfall/Selbstverachtung. Die Spirale kann sich, und oft tut sie das, ein Leben lang drehen.

Sie alle haben »erfolgreich« gehungert und es geschafft, Gewicht zu verlieren. Die meisten von Ihnen haben jedoch auch das, was Sie an Gewicht verloren hatten, wieder zugenommen. Aktuelle Forschungsergebnisse weisen darauf hin, daß 98 Prozent derjenigen, die mit Erfolg eine Diät durchgeführt haben, das verlorene Gewicht plus einiges mehr wieder zunehmen. Diese Rückkehr zu Ihrem Ausgangsgewicht vollzieht sich meistens in der Tat binnen wesentlich kürzerer Zeit, als Sie brauchten, um von diesen Pfunden herunterzukommen. Mit einem Wort, nach den Entbehrungen der Diät geben Sie sich Eßanfällen hin.

Warum scheitern wir unweigerlich an der Aufgabe, einen Gewichtsverlust langfristig zu halten? Jeder von uns glaubt, daß dieses Versagen persönliche Ursachen hat, daß es uns an Selbstkontrolle und Disziplin fehlt. Schließlich sind es ja unsere Hände, die vom Hüttenkäse zu Plätzchen überwechseln. Wie viele Male die Lösung — die Diät — bei uns auch immer fehlgeschlagen haben mag, wir halten an dem Glauben fest, daß der Fehler *bei uns* liegt.

Die Annahme, daß es jenen 80 Millionen Amerikanern oder 3 Millionen Bundesbürgern, die derzeit Diät leben, an hinreichender Selbstkontrolle oder Disziplin mangelt, um das zu erreichen, was zu erreichen ihnen sehr am Herzen liegt, macht doch keinen Sinn, ganz besonders dann nicht, wenn viele von ihnen auf anderen Gebieten durchaus erfolgreich die selbstgesteckten Ziele in ihrem Leben erreichen. Folglich muß doch jede Diät- oder Hungerkur etwas an sich haben, das deren ultimatives Scheitern vorprogrammiert.

Die Reaktion des Zurückschlagens

Dr. Janet Polivy und Dr. Peter Herman haben an der University of Toronto ausgedehnte Forschungsreihen unternommen, um zu demonstrieren, daß der bei einer Diät selbstauferlegte Verzicht zu Eßanfällen führt, und zwar ungeachtet der Persönlichkeit, des Charakters oder dem Ausgangsgewicht des Diätlebenden. Die Jahre unserer klinischen Praxis haben uns zu dem Schluß kommen lassen, daß ein Mensch, der Diät lebt, einer festgespannten Feder gleicht — je strenger und entbehrungsreicher der Eßverzicht, desto höher die Spannkraft der Feder. Ist die Hungerzeit vorbei, oder wird die Diät abgebrochen, löst sich die Feder. Je fester die Feder gespannt war, desto kraftvoller löst sie sich. Je verzichtreicher die Diät, desto größer die Eßanfälle.

Jede Diätkur — ganz gleich, wie lange das entsprechende Buch auf der Bestseller-Liste gestanden haben mag, ganz gleich, ob sie dazu anhält, Kalorien oder Gramm zu zählen, ganz gleich, ob sie Ihnen vorschreibt, Grapefruit oder Bohnensprossen zu essen — stellt eine Feder dar, die sich auf den Moment vorbereitet, in dem sie sich lösen kann.

In ihrem Buch *Vom Sinn und Unsinn der Diätkuren* weisen Dr. William Bennett und Joel Gurin darauf hin, daß der Körper auf eine Diätkur so reagiert, als ob eine Hungersnot ausgebrochen wäre. Bei jeder Diät verlangsamt sich der Stoffwechsel Ihres Körpers, um Fett zu speichern. Je weniger Sie essen, um so langsamer ist Ihr Stoffwechsel, und mit jeder weiteren erfolgreich bestrittenen Diätaktion wird es zunehmend schwieriger, wenn nicht gar unmöglich, Gewicht zu verlieren.

Neueste Untersuchungen bestätigen die These, daß Essensverzicht letztlich zu einer erhöhten Fettspeicherung führt. Dr. Kelley Brownell von der University of Pennsylvania stellte fest, daß wiederholte Diätkuren die Aktivität eines bestimmten Enzyms beschleunigt, welches die Speicherung von Fett fördert. Die Zwangsspirale von Gewichtsabnahme und -zunahme erhöht nachweislich den Fettgehalt des Körpers und damit das Dicksein.

Betrachtet man das Ganze vom Standpunkt der Evolution, so ist es denkbar, daß das Überleben der Spezies Mensch in unmittelbarem Zusammenhang mit der Fähigkeit unseres Körpers steht, in Zeiten des Überflusses Fett zu speichern, das dann in Zeiten von Hungersnöten verbraucht werden kann. In ihrem Buch, *Fat and Thin: A Natural History of Obesity* geht Anne Scott Beller auf diesen Aspekt ein. Sie weist darauf hin, daß, ähnlich den Tieren, die in Vorausschau auf den Winterschlaf einiges an Gewicht zunehmen, ursprünglich auch die Menschen in den nördlichen Klimazonen, im Vergleich zu jenen in südlichen Regionen eine schwerere und kräftigere Statur hatten. Ihr Leben hing davon ab.

Dieser biologische Vorgang, Entzugsphasen durch Rückgriff auf Vorräte zu überstehen, hat auch ein psychologisches Pendant.

Wir alle bewundern Menschen, die gegen Widrigkeiten ankämpfen, es allem zum Trotz schaffen zu überleben. In ihnen erkennen wir eine Lebenskraft, die, ungeachtet aller Hindernisse, darum kämpft, an dem, was gut und angenehm ist, festhalten zu können.

Die meisten Menschen reagieren angesichts von drohenden Verzichts- oder Entbehrungsphasen jeglicher Art — einschließlich eines selbstauferlegten Eßverzichts — in der Form, daß sie darum kämpfen, das zu erhalten, zu konservieren, was sie haben. Der zwanghafte Esser entschließt sich, läßt sich darauf ein, sich Nahrung selbst vorzuenthalten — Diät zu leben —, indem er dies tut, »täuscht« er sich jedoch unweigerlich selbst. Er nennt es täuschen, da es sich seiner Einsicht entzieht, daß ebenjenes Brechen mit der Diät sein Versuch ist, Vorräte zu konservieren und damit die Versorgung sicherzustellen. Er erkennt nicht, daß seine Eßanfälle der gleiche Abwehrmechanismus gegenüber Entbehrungen sind, ein Automatismus, den er in einem anderen Zusammenhang als erster bewundern würde. Unserer Ansicht nach ist dieser Kampfreflex, an etwas Wichtigem — der Nahrung — festzuhalten, das eigentliche Kernstück des Teufelskreises von Diätkuren und Eßanfällen.

Diätkuren verursachen eher zwanghaftes Essen als daß sie es heilen. Daß sie uns darüber hinaus auch dick machen, ist eine schwierige, aber ganz wesentliche Schlußfolgerung, zu der jeder Eßsüchtige kommen muß. Die Vorstellung, Diät- und Hungerkuren aufzugeben, erfüllt uns mit Angst, mit Hoffnungslosigkeit. Kein chronischer Diätanhänger wird jemals diesen Schritt tun können, ohne vorbehaltlos davon überzeugt zu sein, daß Diätkuren eher schaden als helfen. Vor dem Hintergrund dieser Aussage möchten wir den Diät/Eßanfall-Kreislauf noch eingehender untersuchen.

Der Drang zur Diät

Was bringt Sie auf die Idee, eine Diät zu machen? Woher kommt Ihr Drang, abnehmen zu wollen? Die Idee als solche liegt buchstäblich in der Luft. In einer Gesellschaft, die von einem Eß- und Gewichtskontrollkult besessen ist, können Sie dieser gar nicht ausweichen. Sie steigen in das Karussell von Diätkuren/Eßanfällen ein, weil Sie entweder mit Ihrem Körper unzufrieden sind oder sich besorgt fragen, was geschehen könnte, wenn es Ihnen nicht gelingt, Ihr Essen unter Kontrolle zu bringen.

Die nachfolgenden drei Geschichten von Teilnehmern an unseren Workshops sind recht typisch.

Es war Anfang Januar und Sarah war gerade von ihrer engsten Freundin seit Kindheitstagen, Elaine, gebeten worden, bei ihrer Hochzeit im Juni Brautjungfer zu sein. Sarahs Gedanken überschlugen sich. Was soll ich machen? Ich habe im letzten Jahr zwanzig Pfund zugenommen, und davor hatte ich auch schon 20 Pfund zuviel. Ich war noch nie so dick wie jetzt. Ich muß etwas unternehmen. Der Gedanke, so, wie ich jetzt aussehe, durch die Kirche zu gehen, ist mir schier unerträglich. Laß mich mal überlegen. Wann, hat Elaine gesagt, wollte sie mein Kleid aussuchen? In zwei Monaten? Wenn ich pro Woche drei Pfund abnehme und das insgesamt acht Wochen lang, werde ich bis dahin mindestens zwanzig Pfund weniger haben. Ich schätze, daß ich für die ersten zwanzig Pfund die Diät nehmen kann, die ich letztes Jahr gemacht habe, um dann allerdings die nächsten zwanzig bis Juni herunterzubekommen, muß ich irgend etwas Neues finden. Wenn ich mich sehr strikt daran halte — und wenn ich es schaffe, mich überdies zu einem Gymnastikpensum und etwas Sport durchzuringen —, dann denke ich, wird das zu bewerkstelligen sein.

Vor fünf Jahren startete John sein eigenes Public-Relations-Unternehmen. Es war ihm in diesen Jahren gelungen, sich innerhalb der Branche eine gewisse Reputation zu verschaffen. Im Umgang mit seinen Kunden konnte er sich jedoch des Eindrucks nicht erwehren, daß sich diese von ihm abgestoßen fühlten. Schließlich kam ein internationales Public-Relations-Unternehmen mit einem Fusionsangebot auf ihn zu. Dieser Zusammenschluß, sollte er sich realisieren, würde für John ein enorm lohnendes Geschäft sein, sowohl in finanzieller wie in kreativer Hinsicht. Er stimmte zu, sich in zwei Wochen mit den Vertretern des Unternehmens zu treffen, um die näheren Konditionen zu besprechen. Es braucht wohl nicht eigens erwähnt zu werden, daß John Angst vor dem Treffen hatte. Auf seinem Weg zur nahe gelegenen Pizzeria kam er an einem Spiegel vorbei und stellte fest, daß er sich einen ziemlichen Bauch zugelegt hatte. Wann, zum Teufel, ist das passiert?

fragte er sich. Ich sehe schrecklich aus. Ich muß wirklich etwas für meine Figur tun. Wie konnte ich mich in den letzten Monaten nur so gehen lassen? Es sind mindestens zwanzig Pfund, die ich wieder zugenommen habe. Ich muß besser aussehen. Nun, ich habe es früher geschafft, und ich werde es wieder schaffen. Gleich morgen werde ich damit anfangen, die Mittagsmahlzeiten ausfallen zu lassen und wieder Kalorien zu zählen. Vielleicht beginne ich auch mit dem Jogging.

Seit jeher war Alice stolz auf ihr Aussehen. Sie arbeitete hart an sich, um schlank zu bleiben, achtete auf jeden Krümel, den sie aß. Wurde sie zu einer Dinnerparty eingeladen, dann war sie bereit, sich an dem Abend »gehen zu lassen«, aber am nächsten Tag fielen dafür ihr Frühstück und ihr Mittagessen aus. Es war ihr stets relativ leichtgefallen, »ihr Gewicht zu beobachten«. Sie sagte tatsächlich, daß es ihr Spaß mache. Es ist wie Zähneputzen. Wenn sie am Morgen aufsteht, überschlägt sie rasch den Essenskonsum des Vortages. Wie eine Rechenmaschine ist sie in der Lage, schnell die gestrigen Sünden wieder wettzumachen, indem sie ihr Essen für den neuen Tag plant. Als sie einen einwöchigen Urlaub beim Club Méditerranée buchte, hungerte sie als Vorbereitung darauf und nahm zehn Pfund ab. Das gab ihr den nötigen Spielraum, so daß sie ihren Urlaubseßgelüsten freien Lauf lassen konnte. Als sie aus dem Urlaub zurückkam und auf ihre Badezimmerwaage stieg, offenbarte diese, daß sie im Laufe der Woche, die sie in der Sonne zugebracht hatte, nicht nur ihre alten zehn Pfund, sondern auch noch drei zusätzliche zugenommen hatte. Ihr fielen die Kinnladen herunter, als sie den Zeiger der Waage sah. Wütend über sich selbst, machte sie sich daran, die Kleidung anzuprobieren, die sie sich vor ihrem Urlaub gekauft hatte. Ich hätte nie in Urlaub fahren sollen, sagte sie sich. Wenn ich mein Essen nicht ganz strikt überwache, sehe ich im Handumdrehen wie eine Tonne aus. Ich werde Wochen brauchen, um meine normale Figur wieder zu erreichen.

Sarah, John und Alice, deren Beispiele ganz typisch für die meisten von uns sind, waren davon überzeugt, daß ihr Körper das Problem wäre. Sie alle wollten das Problem mittels einer Diät lösen, eine Lösung, die allerdings in einem starken Gefühl der Angst und des Sich-Scheußlich-Findens ihren Ursprung hatte. Infolgedessen war ihr Scheitern vorprogrammiert.

Das Scheußlich-Syndrom: So unglaublich es klingen mag, Millionen Menschen stehen jeden Morgen auf, schauen in den Spiegel und sagen »scheußlich«. Das ist mehr als beunruhigend. Hierdurch offenbart sich nicht nur, daß so viele von uns den eigenen Körper unattraktiv finden, »scheußlich« zu sagen hat darüber hinaus ernstzunehmende Konsequenzen. Mit Selbstvorwürfen, von denen so viele annehmen, daß sie Veränderungen herbeiführen, läßt sich kaum mehr als ein fades Gefühl der Niederlage bewirken. Je inakzeptabler Sie sich fühlen, desto weniger sind Sie in der Lage, etwas zu verändern.

Jeder, der einmal mit Kindern zu tun hatte, weiß, daß in der positiven Verstärkung der Schlüssel zu Veränderungen liegt, und daß Vorwürfe und Beschuldigungen zu nichts weiter als entweder einer dummen Unterwerfung oder aber einer unverblümten Rebellion führen. »Ich habe noch niemanden gesehen, der ein Zimmer schneller saubermacht als du letzte Woche«, führt in jedem Fall eher zum Ziel als: »Sieh dir nur dein Zimmer an. Du bist ein Ferkel. Rein da, ehe du irgend etwas anderes tust, machst du den Schweinestall erst mal sauber.« Es steht außer Frage, daß Kinder sich wesentlich bereitwilliger einen Ruck geben und an sich arbeiten, wenn sie das Gefühl haben, geliebt und unterstützt zu werden, als wenn sie sich bedroht fühlen oder verängstigt sind.

Erwachsene sind in diesem Punkt gar nicht anders. Auch wir müssen uns gutfühlen, um etwas zu verändern. Wenn Sie sich gutfühlen, zufrieden mit sich selbst sind, sind Sie auch offen, neue Menschen zu treffen und neue Dinge zu unternehmen. Fühlen Sie sich demgegenüber scheußlich, ist die Wahrscheinlichkeit entsprechend größer, daß Sie sich in Ihrer Wohnung verkriechen und sich einigeln. Wenn Sie sich des Wohlwollens und der Wertschätzung Ihres Chefs sicher sind, werden Sie wahrscheinlich gute Arbeit leisten. Fühlen Sie sich durch Ihre »Vorgesetzten« herabgesetzt, werden Sie weitaus weniger bereit sein, Ihre Meinung einzubringen. Dieser so einfache Grundgedanke — daß ein Sich-Gutfühlen die Voraussetzung für Veränderung ist — ist das Kernstück unseres Ansatzes zum Überwinden der Eßsucht.

Die Diät

»Kein Mittagessen mehr.« »Keine Süßigkeiten mehr.« »Nicht mehr als 1000 Kalorien am Tag.« »Vormittags keine Proteine mehr.«

Dreh- und Angelpunkt jeder Diätkur ist das immer wiederkehrende Echo »kein(e) ... mehr«. Wie bereits gesagt, besteht bei Fastenden der Fortschritt darin, daß sie sich zunächst schlecht fühlen und in der Folge zu dem Gefühl übergehen, daß sie ihre Nahrungsaufnahme einschränken sollten. Die jeweilige Methode, die sie ihrer Diätaktion zugrundelegen, spielt in diesem Zusammenhang keine Rolle. Allenthalben stehen Dutzende von Wahlmöglichkeiten zur Verfügung: flüssiges Protein, die Einhaltung einer bestimmten Reihenfolge bei der Aufnahme von Nahrungsmitteln, ballaststoffreich, fettarm, fettreich, proteinarm, proteinreich, kohlenhydratarm, und so weiter und so fort. Für welche Diätvariante Sie sich auch immer entscheiden, in jedem Fall beinhaltet Ihre Entscheidung, daß Sie Ihre Wahlmöglichkeiten hinsichtlich des Nahrungsmittelangebotes einschränken. In einem gewissen Sinne geben Sie damit die Kontrolle über das, was Sie essen, aus der Hand.

Natürlich sind vielen Menschen die Regeln und Vorschriften einer Diät willkommen. Sie lieben feste Strukturen. Sie fühlen sich erleichtert, wenn ihnen die Entscheidungen abgenommen werden, wann, was und wieviel sie essen sollen. Sie finden es leichter zu sagen, »das darf ich nicht«, statt sich selbst mit ihren eigenen Bedürfnissen und Gelüsten auseinanderzusetzen. Es gibt ihnen ein Gefühl von Zucht und Ordnung und steigert ihr Selbstwertgefühl. Nicht zuletzt leben wir ja in einer Gesellschaft, in der Kontrolle »in« ist.

Oberflächlich betrachtet, ist die Entscheidung, die Nahrungsaufnahme einzuschränken, durchaus einleuchtend und erscheint vernünftig. Ein derartiger Nahrungsverzicht als Antwort auf das Gefühl, scheußlich auszusehen, kann jedoch mitnichten positiv gesehen werden. Wenn Sie Ihre Nahrungsaufnahme einschränken, weil Sie sich häßlich finden — oder vor möglichen Konsequenzen zurückschrecken, wenn Sie diese *nicht* einschränken —, bestrafen Sie sich im Prinzip selbst. Sie sagen damit, daß Sie zuviel essen, daß Sie schlecht sind wegen Ihres Essens, und daß Sie kontrolliert werden müssen. Die Diätkur ist somit die Strafe für Ihr »außer Kontrolle geratenes« Verhalten.

Sobald Sie verstanden haben, daß Hungerkuren Selbstbestrafungen für schlechtes und ungebührliches Verhalten sind, können Sie verstehen, warum deren Scheitern vorprogrammiert ist. Essen — übermäßig essen, zu wenig essen, jede Form zu essen — ist kein Verbrechen, bestrafen Sie sich aber selbst mit einer Hungerkur, verurteilen Sie sich, als ob dem doch so wäre. Sie hinterfragen nicht, warum Sie eigentlich essen oder was Sie dagegen tun können. Sie sagen nur einfach »halt«.

Diätkuren sind von ihrer Grundkonzeption her Selbstbestrafungen, die mit Gefängnissen sehr viel gemeinsam haben, und Diätlebende wie Gefangene verbüßen ihre Zeit, weil sie etwas falsch gemacht haben. Alle Gefangenen haben den gleichen Traum — die Rebellion. Wie bereitwillig und freiwillig sich auch immer jemand in die Schranken einer Diätkur begeben haben mag, nach einer gewissen Zeit hat er die Nase voll davon, reagiert mürrisch und gereizt und fängt an, über ein Aus- und Abbrechen nachzudenken. Zuchthäusler träumen von dem sprichwörtlichen Kuchen mit der versteckten Feile. Fastende kommen ganz gut ohne die Feile aus — sie träumen nur vom Kuchen.

Der Eßanfall

Vor dem Hintergrund des bisher Gelernten ist es logisch, daß Diätlebende davon träumen, die Strukturen und Gefängnismauern von Hungerkuren zu durchbrechen, sich von Diäten zu befreien. Schließlich ändert eine Schlankheitskur nicht das mindeste an Ihrem Bedürfnis, zu essen. Sie ist ein Kontrollmechanismus. Erinnern Sie sich noch an den Vergleich mit der festgespannten Feder?

Kommen wir noch einmal auf Sarah zurück, die hungerte, um bei der Hochzeit ihrer besten Freundin akzeptabel auszusehen.

Sarahs Schlankheitskur war ein enormer Erfolg. Bis zur Hochzeit hatte sie dreißig Pfund heruntergehungert. Strikt hielt sie sich monatelang an einen rigiden Diätplan und absolvierte außerdem ein Fitneßprogramm. Mit dem Kauf ihres Kleides wartete sie bis zum letzten Moment, um wirklich optimal schlank zu sein. Wie hätte es anders sein können, sie fand ihr Traumkleid — eine Extravaganz, zu der sie bei ihrem »früheren« Körper nie und nimmer den Mut gehabt hätte. Der näherrückende Hochzeitstag ließ Sarah zusehends nervöser werden. Sie wußte nicht genau warum, aber sie hatte das Gefühl, zunehmend hungriger zu werden.

Bei der Hochzeit wurde Sarah mit einem wahren Sperrfeuer von Komplimenten begrüßt. »Du siehst fabelhaft aus. Ich hätte dich fast nicht wiedererkannt.« »Wie hast du das geschafft?« Und so weiter. Sie ging durch das Kirchenschiff nach vorne und drehte sich um, um zusehen zu können, wie Elaine die Kirche betrat. Ihre Augen füllten sich mit Tränen. Sie freute sich für Elaine, mit der sie stundenlange, endlose Gespräche über Wünsche und Träume von einer eigenen Familie geführt hatte. Elaine hatte dieses Stück des Weges nun geschafft. Sarah war hungrig.

Beim Empfang machte eine Kellnerin mit einem Tablett bunter Spießchen und Häppchen die Runde. Sarah entdeckte ihre Lieblingskanapees, Kaviar und Ei, die sie, versteckt zwischen den anderen, anlachten: »Iß mich. Iß mich.« Mein Gott, dachte sie, ich liebe diese Dinge. Aber ich kann es mir nicht erlauben. Ich habe zu hart arbeiten müssen, um dieses Gewicht zu verlieren. Sie wandte sich ab und ging woanders hin, aber es schien ganz so, als ob die Kellnerin sie verfolgte. Sieh doch nur, sagte sie zu sich selbst, wobei ihr beim Anblick des Tabletts im wahrsten Sinne des Wortes das Wasser im Mund zusammenlief. Welchen Unterschied macht es schon, wenn ich mich heute abend ein bißchen verwöhne? Ich war so lange so *gut*. Dieses eine Mal darf ich einmal *schlecht* sein.

Und Sarah aß, nicht nur ein Kanapee, sondern mehrere. Und auch den Kuchen und die Plätzchen, die anschließend serviert wurden. Während es nach außen hin so aussah, als sei sie in Gespräche mit anderen Gästen vertieft, war ihr Kopf in Wahrheit vollständig von den herumgereichten Tabletts in Beschlag genommen. Je mehr sie aß, desto mehr dachte sie ans Essen und desto verabscheuenswerter fühlte sie sich.

Am nächsten Morgen schaute Sarah sich an, fühlte sich dick und beschimpfte sich selbst, wie sie dies so oft und ausgiebig in ihrem Leben getan hatte. Die folgenden Wochen verbrachte sie damit, zu essen und sich anschließend mit Selbstvorwürfen zu überhäufen. Allmorgendlich faßte sie den Vorsatz, ab sofort wieder mit einer Diät anzufangen, sobald die Zeit des Mittagessens kam, war ihr Entschluß jedoch schon wieder verblaßt. Fortwährend rang sie mit sich, endlich den Absprung in die nächste Diät zu schaffen, sie brachte aber nicht die Energie auf, wirklich damit anzufangen.

Ähnlich wie Sarah gehen alle Diätanhänger davon aus, daß das Leben in Kleidern, die eine Nummer kleiner sind, besser und angenehmer sei. Dennoch ist das endlose Drehen des Diät/Eßanfall-Karussells Beweis genug, daß Diätkuren dem Ruf, der ihnen vorausgeht, nicht gerecht werden. Sie sind in Wahrheit nicht nur Selbstbestrafungen für schlechtes Verhalten, sie halten vielmehr auch *nie* das, was sie versprechen.

Sarah reagierte mit gemischten Gefühlen auf all die »Komplimente«, die ihr bei der Hochzeit gemacht wurden. Einerseits freute sie sich sehr darüber, andererseits registrierte sie, daß sie sich auch ein wenig unwohl dabei fühlte. Alles in allem war es ein bißchen reichlich Beachtung, die ihr da zuteil wurde. Und unterschwellig, in ihrem Hinterkopf, war ihr bewußt, daß diese Komplimente gleichzeitig auch eine Kritik an ihrem früheren Aussehen bedeuteten. »Du siehst so gut aus, ich hätte dich fast nicht wiedererkannt«, ist einfach nur eine andere Art, um zu sagen: »Du hast vorher schrecklich ausgesehen.« Nachdem sie den ganzen Abend fortwährend diese Komplimente gehört hatte, ging Sarah nach Hause und fühlte sich sehr allein. Ihre Einsamkeit machte sie traurig und wütend zugleich. Hier saß sie nun, dünn, aber belastet mit dem Gewicht ihrer Gefühle. Als Reaktion auf diese Gefühle tat Sarah nun das einzige, von dem sie wußte, wie sie es zu tun hatte — sie begann zu essen. Ihre Diät hatte in keiner Weise ihr Bedürfnis berührt, sich bei depressiver Stimmung dem Essen zuzuwenden; sie hatte ihr nur Schranken und Verzicht auferlegt.

Bei jedem »erfolgreichen« Diät-Absolventen kommt der Moment, in dem er entdeckt, nachdem der erste Jubel darüber, daß man nun »hineinpaßt«, verflogen ist, daß das Leben, auch wenn man dünn ist, kein bißchen weniger problematisch ist. Diese Entdeckung, in Kombination mit den Entbehrungen der Diät, liefert in der Folge zusätzlichen Zündstoff für die Eßanfälle, die das Karussell dann wiederum neuerlich für Sie zum Drehen bringen.

Der erste Schritt zum Überwinden Ihrer Eßsucht ist die Einsicht, und zwar ein für allemal, daß Diäten nicht funktionieren. Ob Sie eine Schlankheitskur eine Stunde lang, einen Tag, eine Woche, einen Monat oder ein Jahr einhalten, Sie werden unweigerlich irgendwann deren Schranken durchbrechen. Es spielt keine Rolle, wieviele Male Sie schon aus Diätkuren ausgestiegen sind, keine neue anzufangen, erscheint fast ein Ding der Unmöglichkeit. Für zwanghafte Esser ist ein Leben jenseits einer Diät- und Fastenkur ohne traumatische Visionen, daß sie dann alles, was ihnen unter die Augen kommt, verschlingen, unvorstellbar.

Einsichtige, die den besseren Teil ihres Erwachsenenlebens im Teufelskreis von Diätkuren/Eßanfällen zugebracht haben, sind die ersten, die dessen Grenzen erkennen. »Sicher«, so scheinen sie zu sagen, »es ist wahr, eigentlich drehe ich mich nur im Kreise.« Dann machen sie eine kleine Pause und fügen hinzu: »Aber eines Tages werde ich das Ei des Kolumbus finden, und dann wird alles ganz anders sein!«

Unsere Hoffnung, daß die nächste Schlankheitskur anders enden wird, ist ein frommer Wunsch. Wir klammern uns an den Glauben, daß Diätkuren funktionieren können, da sie in unserem Wunschdenken für uns so etwas wie die Fahrkarte zu einem besseren Leben sind. Jenseits davon sind sie auch der einzige Lebensmodus, den zwanghafte Esser kennen.

Kapitel 3
Ein neues Leben

Nur noch ein einziges Mal

Jetzt ist es heraus. Die Massenmedien sind voll mit der Nachricht, daß Diätkuren nicht funktionieren. Jeder Talkshow-Gast verkündet die niederschmetternden Fehlschlagsquoten von Diätkuren, um dann am Programmschluß dennoch das Fazit zu ziehen, daß wir die Hoffnung nicht verlieren, uns nur noch intensiver bemühen sollten! Ein fürwahr erstaunliches Fazit. Mit was »intensiver versuchen«? Wenn Hungerkuren doch nicht funktionieren, warum sollten wir uns dann noch intensiver bemühen, daran festzuhalten? Immer wieder hören wir die Herausforderung, verdrängen die verwirrende Botschaft über nichtfunktionierende Diätaktionen, und sehr bald schon stellen wir fest, daß wir wiederum auf den gleichen Zug aufgesprungen sind.

Sie kennen das Szenario. Sie stehen im Supermarkt in der Warteschlange an der Kasse. Die Titelseiten der Zeitschriften locken: »Ein neues Ich für den Sommer«, »Denken Sie sich Ihren Weg zum Schlanksein«, »Ein standfesteres Ich in nur 10 Minuten täglich«. Oder Sie treffen eine alte Freundin, die sehr viel abgenommen hat. Sie sieht fabelhaft aus. Ihr Neid überwindet alle möglichen Vorbehalte, die Sie hindern könnten zu fragen, wie sie es geschafft hat. Oder Sie springen auf den Zug auf, wenn ein neuer Diätschlager gerade mal wieder die Bestsellerlisten erklommen hat.

Wir alle, die wir die Botschaft hören, daß Diätkuren nicht funktionieren, leisten beharrlich Widerstand. Wir halten an dem Glauben fest, daß *wir* einen Weg finden können, daß einmal eine funktioniert. Dieses Mal wird es anders sein, erzählen wir uns selbstbeschwörend, und mit diesem Versprechen steigen wir dann wohlgemut neuerlich in das Diät/Eßanfall-Karussell ein — nur noch ein einziges Mal.

Eigentlich sollte man glauben, daß Menschen, die praktisch ihr Leben damit zugebracht haben, an Fastenkuren zu scheitern, bei der Feststellung erleichtert wären, daß sie sich nicht länger die Verantwortung für ihr Versagen aufbürden müssen, Gewicht zu verlieren. Mit dieser Logik liegt man allerdings falsch. Wir sind alles andere als erleichtert — wir sind äußerst bestürzt und verwirrt. Wir möchten Diätkuren beibehalten, und jede Diät, die uns Schlanksein für den Sommer verspricht, ist doch einen Versuch wert. Wir wissen, daß wir uns mit näherrückendem Winter auch bereitwillig für unsere Winterdiät rüsten werden, aber bis dahin ist es noch lang, und in der Zwischenzeit ist Schlanksein für den Sommer doch besser als überhaupt nicht schlank zu sein.

Was ist so verlockend am Schlanksein für den Sommer — oder Winter oder Frühling oder Herbst? Was, jenseits von sichtbar werdenden Beckenknochen, erhoffen wir durch ein Schlankerwerden zu erreichen? Natürlich denken wir, daß Schlanksein uns etwas bringen wird. Wie könnten wir auch nicht? Allgegenwärtig sind wir von dieser Botschaft umgeben, und wir kaufen sie. Schlanksein ist definitiv »in«.

Wir leben in einer Gesellschaft, in der das Aussehen eines Menschen mit dessen Selbstwert gleichgesetzt wird. Körper werden als Symbole benutzt, um jedes nur denkbare Produkt zu verkaufen, und wir alle, die wir einmal mit Diätkuren angefangen haben, erhoffen uns insgesamt weitaus mehr als nur einen schlankeren Körper. Wir erhoffen das, was ebenjener dünne Körper symbolisiert, was — wie wir noch ausführlicher besprechen werden — praktisch alles sein kann, vom allgemeinen Glücklichsein über karriereorientierten Erfolg bis hin zu einem intensiveren Sexualleben oder dem neuen Auto, von dem wir schwärmen.

Die Diätkur — der verordnete Pfad zum Dünnsein — ist unsere Hoffnung auf einen besseren Körper und ein besseres Leben. Diätlebende haben, in ihrer suchtartigen Abhängigkeit von der falschen Hoffnung, sehr viel Ähnlichkeit mit Glücksspielern. Ein Spieler, dem gesagt wird, daß die Spielautomaten manipuliert sind, er also nicht gewinnen kann, tut etwas ganz Erstaunliches — er wirft ein weiteres Markstück hinein und versucht es noch einmal. Fragen Sie ihn, warum er weiterspielt, wird er Ihnen antworten: »Das ist das einzige Spiel in der Stadt.« Spielautomaten oder andere

Glücksspiele sind das Medium, mit dem ein Spieler sich selbst Hoffnung macht. Jedesmal, wenn er den Hebel seitlich an der Maschine herunterdrückt, denkt er, daß der große Wurf kommt. Genauso begeistert, wie er das vor seinen Augen ablaufende Spiel verfolgt, genauso niedergeschlagen ist er, wenn er verliert. Aber nicht lange. Er wird wieder spielen, »noch einmal«, um die freudige Spannung eines möglichen Gewinns zu erleben.

Diätkuren sind ein Glücksspiel, das ihre Anhänger spielen, um die Hoffnung auf ein besseres Leben — in einem dünneren Körper — zu bewahren. Für den zwanghaften Esser ist die Diät das einzige Spiel in der Stadt. Spiel? Wir benutzen dieses Wort mit Vorsicht und in einem höchst ironischen Sinne. Denn es handelt sich hierbei letztlich um ein Spiel, bei dem die Lebensqualität von Menschen auf dem Spiel steht. Chronische Diäthalter sind in dem Teufelskreis von Diätkuren/Eßanfällen gefangen und sind nicht in der Lage, über diesen Tellerrand hinauszusehen. Ihre Welt ist klein und eng geworden, verjüngt auf abgenommene Pfunde und zugenommene Pfunde. Diese quälende gedankliche Gefangenschaft sperrt sie vom wirklichen Leben aus.

Ändere deine Figur und ändere dein Leben

Wir haben dem Diätspiel den Namen »Ändere deine Figur und ändere dein Leben« gegeben. Es ist ein Spiel, das viele Menschen, die mit sich selbst unzufrieden sind, in der Hoffnung spielen, daß sie sich besser und zufriedener fühlen werden. Es ist ein Spiel, das zweifelsohne publikumswirksam offeriert wird, für das immens geworben und das äußerst verführerisch feilgeboten wird, allgegenwärtig lockt es von Reklametafeln, aus Zeitschriften, vom Fernsehschirm und nicht zuletzt auch von seiten einer überzeugten Anhängerschaft, die sich sowohl im Kreise der Familie als auch unter Freunden sowie Ärzten findet. Die Botschaft ist kristallklar — wenn Sie abnehmen, dann haben Sie ein glücklicheres, gesünderes, allumfassend besseres Leben.

In unserer Gesellschaft werden Diät halten und Hungern und der damit vermeintlich einhergehende Gewichtsverlust als das große Allheilmittel schlechthin propagiert. Fühlen Sie sich träge und abgespannt, die Diät wird Ihnen zu dem nötigen Auftrieb verhelfen. Fühlen Sie sich einsam, die Diät macht es Ihnen möglich, neue Freunde zu finden. Fühlen Sie sich ungeliebt, die Diät wird Ihnen zu einer Romanze verhelfen. Was auch immer das Problem sein mag, ob physischer oder psychischer Natur, es gibt irgendeine Diät, die entsprechende Abhilfe oder Heilung verspricht.

In dem Moment, in dem wir in die Fänge jenes heißen Spiels, »Ändere deine Figur und ändere dein Leben«, geraten, sind wir kaum noch in der Lage, erkennen zu können, was wir an unserem Leben, jenseits unserer Figur, ändern müßten. So traurig es auch sein mag, wir durchleiden dieses Spiel wegen dem, was es uns gibt — der Hoffnung, daß wir an irgendeinem Tag die Kontrolle über unser eigenes Leben gewinnen werden, das und nichts anderes ist die eigentliche Anziehungskraft, die von »Ändere deine Figur und ändere dein Leben« ausgeht.

Die Motivation zum Spiel: Die Menschen der heutigen Zeit haben in mancherlei Hinsicht über viele wichtige Dinge ihres Lebens nur ein geringes Maß an Kontrolle. Befriedigende Arbeitsplätze sind rar; drohende atomare Katastrophen sind allgegenwärtig; die Inflation galoppiert; die Wohnungssuche gestaltet sich zunehmend schwieriger und unerschwinglicher; die Kosten im Erziehungs- und Gesundheitsbereich haben überwältigende Dimensionen angenommen; die Verlockungen des Drogenkonsums bedingen steigende Tendenzen; Liebesbeziehungen sind häufig nicht mehr von Dauer, und Familien fallen auseinander. Die meisten von uns fühlen sich von der Fülle der Probleme, die direkt und indirekt unser Leben berühren, überwältigt.

Eine historische Analyse läßt erkennen, daß Menschen seit jeher in Situationen oder Phasen, in denen sie die Selbstkontrolle über ihr Leben auf ein Minimum reduziert sahen, dazu neigten, sich auf der Suche nach Hilfe und Unterstützung Sphären der Magie zuzuwenden, und wir, so aufgeklärt wir auch sein mögen, machen da keinen Unterschied. Mit sich verschärfenden sozialen Krisen gewinnen magische und höchst fragwürdige Lösungen für unsere Probleme zunehmend an Popularität.

An guten Tagen versuchen wir, die Dinge realistisch zu überdenken. Wir überlegen uns einen Plan, wie wir den Arbeitsplatz oder eine Wohnung finden können. Wir schließen uns politischen Organisationen an, deren Zielsetzungen mit unserem Wunsch nach einer sichereren Umwelt deckungsgleich sind. Wir gehen mit unserem Lebenspartner zu einem Eheberater.

Aber nicht jeder Tag ist ein guter Tag, und an jenen nicht so guten erhoffen wir uns von irgendwelchen übersinnlichen Kräften eine Lösung für unsere Probleme. Ein Lotteriegewinn ist etwa eine solche Lösung. Wir wissen, daß die Chancen äußerst dürftig sind, aber wir lassen uns auf diese Träumerei ein, ganz besonders an solchen Tagen, an denen irgend jemand anders mehrere Millionen gewonnen hat. Wir versetzen uns in die Lage dieses Glücklichen. Was würden wir als erstes tun? Ein großes Haus oder eine Wohnung mit einer großartigen Aussicht kaufen; in der richtigen Umgebung würde die Ehe dann schon blühen und gedeihen. Und dann? Ein gesichertes Einkommen für das Rentenalter. Und dann? Ein Urlaub — drei Monate rund um die Welt, erster Klasse. Und dann? Nun, dann würde man den Hungernden noch etwas abgeben. Und so weiter und so fort. Unsere Tagträumereien lassen Begeisterung in uns aufkommen, aber, noch ehe wir uns so recht versehen haben, holt die Zeit uns wieder ein, und ernüchtert fallen wir abrupt in die finanziell engen Schranken unseres Lebens zurück. Wir alle wissen, daß es sich bei der Lotterie zwar um ein aussichtsloses Unternehmen handelt, wenn sie uns aber das Gefühl gibt, wenigstens in der Lage zu sein, unser Leben kontrollieren zu können, dann erscheint selbst ein aussichtsloses Unternehmen besser als gar keines.

Diätkuren, genau wie Lotteriespiele, liefern Menschen, die sich kontrollos fühlen, ebenjenen Stoff für Träumereien. Und jene Träumereien aufzugeben, ist in jeder Hinsicht genauso schwierig, wie die richtigen Zahlen bei der Lotterie zu treffen. Sie gehen unter die Dusche. Vielleicht hatten Sie gerade eine Auseinandersetzung mit Ihrem Kind; vielleicht ärgern Sie sich über das, was Sie gestern abend bei Ihrer Verabredung gesagt haben, weil es verrückt war; vielleicht denken Sie auch gar nicht so sehr an irgend etwas Besonderes, Sie sehen nur an Ihrem Körper herab und fühlen sich rundherum unwohl. Sie fangen an, darüber nachzudenken, daß Sie etwas an Ihrem Gewicht tun sollten. Falls Sie ein alter Diät-Profi sind, beginnen Sie, ein paar Rechnungen aufzumachen: Wenn ich heute anfange, werde ich in dieser Woche fünf Pfund abnehmen, und jeweils zwei in den darauffolgenden, so daß ich in sechs Wochen insgesamt..., und schon verlieren Sie sich in wohltuenden Tagträumen. Und, solange Sie Ihren Träumereien ungestört nachhängen können, fühlen Sie sich bereits wie verwandelt! Die Sache mit dem Kind, der Fauxpas, Ihre Zellulitis und Ihr Bauch sind vergessen. Ihr neues Leben hat Sie bereits eingefangen.

Die Spieler dieses Spiels wollen die Beweise, daß die Diätkur — ihre allzeit griffbereite Hoffnung auf Wandlung — nicht funktioniert, genausowenig wahrhaben wie der Spieler nicht zugeben möchte, daß die Fakten gegen ihn stehen und arbeiten.

Schauen wir uns die Spieler einmal etwas näher an.

Die Spieler: Denken Sie einmal über die letzten vierundzwanzig Stunden Ihres Lebens nach. Versuchen Sie, sich daran zu erinnern, wie Sie aufgestanden sind, geduscht, sich angezogen, gefrühstückt haben, am Arbeitsplatz ankamen, wie die Kaffeepause, Ihre Arbeit, Ihr Nachhausekommen war, und wie Sie abends ausgegangen sind. Wenn Sie ein aktiver Spieler des Spiels »Ändere deine Figur und ändere dein Leben« sind, dann war Ihr Tag, wenn Sie ihn an sich vorüberziehen lassen, von unangenehmen Gedanken über Essen, Gewicht und Ihre Figur überschattet. Die vertraute Litanei spult sich ab: Scheußlich. Gräßlich. Ich ertrage es nicht. Ich habe nichts anzuziehen. Fortwährend scheuern meine Oberschenkel gegeneinander. So kann ich nicht ausgehen. Ich muß etwas an mir tun. Ich bin schon wieder dabei zuzunehmen. Ich kann mein Essen einfach nicht bremsen. Es ist schon eine Woche her, seit ich das letzte Mal Gymnastik gemacht habe. Andauernd springen die Knöpfe an meiner Bluse auf. Die Hosen sind mir zu eng.

Sofern es Ihnen nicht möglich ist, Gedanken wie diesen zu entfliehen, hat das Spiel Sie wahrscheinlich schon in einem erheblichen Maße gefangengenommen. Eine richtige Spielerin verfügt über einen schier unerschöpflichen Vorrat an zermürbender Selbstkritik, die sich gegen ihren Körper richtet, der, mit einem Wort, *falsch* ist und drigend der Reparatur oder Korrektur bedarf. Im Innersten ihres Herzens ist sie fest davon überzeugt, daß, wenn sie nur standhaft wäre, sie die Kontrolle darüber hätte, und sie überhäuft sich mit harschen Selbstvorwürfen wegen ihrer mangelnden Willenskraft.

Die Regeln: Die Regeln von »Ändere deine Figur und ändere dein Leben« sind einfach. Jede der fünf Grundregeln verkörpert eine kulturell verhaftete Klischeevorstellung, die von Meisterspielern niemals in Frage gestellt werden.

Erstens müssen Sie zustimmen, daß Dicksein schlecht ist. Zweitens müssen Sie glauben, daß dicke Menschen zuviel essen. Drittens müssen Sie akzeptieren, daß Dünnsein schön ist. Viertens müssen Sie anerkennen, daß Essen kontrolliert werden muß. Und schließlich müssen Sie fünftens noch davon überzeugt sein, daß Kritik Veränderungen bewirkt.

Fangen wir also an.

Regel Nr. 1 — DICKSEIN IST SCHLECHT

Niemand, der »Ändere deine Figur und ändere dein Leben« ernsthaft spielt, wird die Behauptung, daß Dicksein schlecht ist, jemals in Frage stellen, da wir in einer Gesellschaft leben, in der Dicksein nicht länger als Beschreibung eines Zustandes, sondern als Stigma benutzt wird. Dicke Menschen werden nicht einfach nur als Personen mit einem kräftigen oder großen Körperumfang betrachtet, sondern gelten gemeinhin als ungesund, labil, unglücklich, unzuverlässig, unsauber und nicht liebenswert.

»Die Meinung, Körperfett sei eine schädliche Substanz, ist leider inzwischen weitverbreitet«, aber ein »durch nichts begründetes ... Märchen«,[1] schreiben Dr. William Bennett und Joel Gurin in ihrem Buch *Vom Sinn und Unsinn der Diätkuren*. Sie zitieren Studie über Studie, die jegliche Korrelation zwischen Übergewicht und den meisten jener Krankheiten, die damit in Verbindung gebracht werden, widerlegen, und kommen zu dem Schluß: »Wird jemand ›übergewichtig‹ genannt, ...so klingt das nach einem medizinischen Befund, ...bedeutet« jedoch nichts anderes, als »daß er nicht dem Idealbild entspricht«.[2] Mehrere Untersuchungen, von denen in diesem Buch berichtet wird, weisen darauf hin, daß etwas Gewicht oberhalb der »Norm« sogar von Vorteil sein kann.

---

[1] William Bennett und Joel Gurin, »Vom Sinn und Unsinn der Diätkuren«, Tomus, München, 1983, S. 116f.
[2] Ebenda, S. 6

Unser gesellschaftlicher Schlankheitskult geht jedoch weit über das Faktum hinaus, daß Dicksein nicht schön ist. Bereits von Kindesbeinen an verinnerlichen wir das Klischee, daß Dicksein schlecht ist. Im Rahmen einer Studie, die von Sue P. Dyrenforth, D.B. Freeman und Susan C. Wooley durchgeführt und in »A Woman's Body in a Man's World« (aus: *A Woman's Conflict: The Special Relationship between Women and Food*, Jane Rachel Kaplan, Hrg., Prentice-Hall, 1980) beschrieben wurde, legte man einer Gruppe von Kleinkindern Zeichnungen von Kindern vor, die sich durch Gewicht, Rasse und Geschlecht unterschieden. Jedes Kind wurde gebeten, auf das Kind zu zeigen, welches »du besonders magst«, das Kind, das »du nicht sehr magst«, »jemanden, der schwach ist«, »jemanden, der sehr glücklich ist«, und so weiter. Jede Gruppe dieser Kinder im Vorschulalter bevorzugte die Zeichnungen von schlanken Kindern und assoziierte die Abbildungen von dickeren Kindern mit negativen Charakterzügen.

Sobald diese Kinder das Schulalter erreicht haben, ist ihre Meinung über Dicksein bereits tiefverwurzelt. Der gleiche Artikel berichtet von einer Reihe weiterer Untersuchungen, denen zufolge festgestellt wurde, daß Kinder mit rundlichen, etwas dickeren Körperformen von Schulkindern mit herabsetzenden Ausdrücken, wie *faul, gemein* und *schmutzig*, tituliert wurden. Im *Wall Street Journal* vom 11. Februar 1986 wird von einer stichprobenartigen Erhebung unter Viertkläßlern berichtet, 80 Prozent der Mädchen machten bereits Diätkuren, um so zu versuchen, negativen Stereotypen auszuweichen. Diese niederschmetternde Statistik demonstriert, wie früh bereits der Druck zum Angepaßtsein einsetzt. Es ist wohl mehr als tragisch, wenn Neunjährige bereits in den Krallen des »Ändere deine Figur und ändere dein Leben«-Spiels geraten sind. Man muß schon ein beträchtliches Maß an Mut aufbringen, um dem Norm-Druck der Wertvorstellungen dieser unserer Gesellschaft widerstehen zu können. Viertkläßler sind dazu ganz bestimmt nicht in der Lage. Selbst Erwachsenen erscheint es fast unmöglich.

Die Erwachsenen in unserer Gesellschaft hängen mit einem solchen Eifer und einer solchen Leidenschaft dem Glauben an, daß dick schlecht ist, daß dieser fast religiöse Züge trägt. Die im modernen Europa und Amerika vorherrschenden diktatorischen Klischeevorstellungen über Dicksein und Essen sind vergleichbar mit jenen Ansichten, die das viktorianische Zeitalter hinsichtlich der weiblichen Sexualität beherrschten. Die Viktorianerinnen wurden ermahnt, mit all ihrer Selbstkontrolle gegen sexuelle Gefühle anzugehen und Enthaltsamkeit zu üben; wir werden ermahnt, all unsere Selbstkontrolle zu aktivieren und Enthaltsamkeit zu üben, wenn es ums Essen geht. Die Vikorianerinnen wurden gewarnt, daß sexuelle Begierde zu physischen und psychischen Krankheiten führen würden; wir werden gewarnt, daß jegliches Gewicht oberhalb der Norm zu physischen und psychischen Krankheiten führt. Die Viktorianerinnen schnürten sich in ein Fischbeinkorsett; heutzutage lassen sich Korpulente den Mund zudrahten, den Magen zuklammern und die Oberschenkel kappen.

Spielerinnen, die sich ihrem Spiel »Ändere deine Figur und ändere dein Leben« verschrieben haben, scheuen weder Kosten noch Mühen, um zu gewinnen — den »Teufel« loszuwerden. Einschränkungen sind der Anfang, Selbstverzicht ist der Preis des nächsten Schrittes. Und um das Spiel zu beenden? Da bietet sich uns hilfreich die Chirurgie an.

Regel Nr. 2 — DICKE MENSCHEN ESSEN ZUVIEL

Jeder erfahrene »Ändere deine Figur und ändere dein Leben«-Spieler wird Ihnen sagen, daß der Grund, warum Menschen dick sind, ganz einfach ist — sie essen zuviel. »Schau dir nur den Dicken an, wie der sein Eis ißt«, sagt der Spieler. »Wie kann er nur!«

Was der Spieler dabei übersieht, ist die Tatsache, daß neben jenem Dicken, der sein Eis ißt, ein Dünner sitzt, der einen Bananensplit ißt. Susan und Wayne Wooley, Psychologen des University of Cincinnati College of Medicine, zitieren in einem Artikel für das *Journal of Applied Behavior* (12/1979) zahlreiche Studien, die zu dem Ergebnis kommen, daß dicke Menschen *die gleiche Menge Nahrung oder weniger* aufnehmen als Normalgewichtige. Mit anderen Worten, dicke Menschen essen nicht unbedingt mehr Nachtisch oder irgend etwas anderes mehr im Vergleich zu Dünnen. Auch wenn sie es nicht zugeben möchten, haben die meisten Spieler diese Wahrheit schon einmal an dem ein oder anderen Punkt erkannt. Jeder von uns hat eine Cousine oder Freundin, die gertenschlank ist und ißt, als ob es morgen nichts mehr gäbe. So manch einer von uns hat sogar schon über die Ungerechtigkeit lauthals gejammert. »Sie kann einen halben Schokoladenkuchen essen und setzt nichts an. Wenn ich ihn nur anschaue, nehme ich schon fünf Pfund zu, und zwar sämtlich an den Oberschenkeln.«

Vor dem Hintergrund der Dokumentationen, daß dicke und dünne Menschen ähnliche Eßgewohnheiten haben, drängt sich die Frage auf, warum dann einige von uns dick und andere dünn sind. Die mögliche Antwort ist zweidimensional.

Bei Personen, die an Gewicht zunehmen, liegt deutlich ein Ungleichgewicht zwischen der Nahrungsmenge, die sie aufnehmen, und der Geschwindigkeit, mit der sie diese Nahrung in Energie umwandeln, also verbrennen, vor. Wir nehmen zu, wenn wir mehr essen, als unser Energiehaushalt verbraucht. Der Punkt, an dem der Körper mit der Energieverbrennung aufhört und anfängt, Fett zu speichern, ist jedoch von Individuum zu Individuum verschieden. Dicke Menschen mögen zwar nicht mehr essen als Dünne, aber sie verbrennen die gleiche Essensmenge weniger effektiv. Wie auch Polivy und Herman in ihrem Buch *Breaking the Diet Habit* ausführen: »Dicke Menschen benötigen nicht nennenswert mehr Kalorien als Normalgewichtige, um ihr Gewicht zu halten. Bei den meisten Menschen ist der zur Haltung des Gewichts erforderliche Kalorien-›Bedarf‹ variabel.«

Ein geübter »Ändere deine Figur und ändere dein Leben«-Spieler reagiert auf diese Information mit Erhöhung seines Spieleinsatzes. Wenn dicke Menschen dick werden, indem sie normal essen, dann müßten Dicke einfach weniger und weniger und weniger essen. Korpulente müßten, mit anderen Worten, nur herausfinden, wie viel oder wie wenig Nahrung sie zu dünnen Menschen werden läßt.

Wenn man es nicht gerade auf einen Hungertod anlegt, sind derartige Anstrengungen zum Scheitern verurteilt. Wie in *Vom Sinn und Unsinn der Diätkuren* dargelegt, weisen Forschungen darauf hin, daß jeder von uns eine Fettpegelmarke hat. Die meisten Erwachsenen können sich auf ein Gewicht herunterfasten, das unterhalb dieser Pegelmarke liegt, oder sich auch auf ein darüberliegendes Gewicht hochessen, sobald der Diät/Eßanfall-Kreislauf jedoch vorüber ist, wird sich ihr Gewicht wieder auf dem Niveau der Pegelmarke einpendeln. Diese Fettpegelmarke gleicht einer automatischen Thermostatregulierung. Nach jeder Klimaveränderung bringt die Pegelmarke den Körper wieder auf seine Ausgangsposition zurück.

Menschen haben unterschiedliche Formen und Figuren. Manche sind genetisch dazu veranlagt, dicker zu sein als andere, ähnlich wie manche dazu veranlagt sind, größer als andere zu sein. Obwohl der in unserer Kultur kursierenden Botschaft zufolge unser Körper mit einer endlosen Elastizität ausgestattet ist, sieht die Wahrheit doch so aus, daß unsere Figur auf ähnliche Weise vorprogrammiert ist wie die Länge unserer Füße oder die Farbe unserer Augen. Pfuschen wir an dieser Programmierung herum, geraten wir in Schwierigkeiten. Wie wir gezeigt haben, richten Diätkuren an dieser unserer Programmierung in der Form Verwüstungen an, daß sie zu Eßsucht und ultimativ zu Übergewicht führen.

Die Wahrheit, daß wir nicht alle die gleiche Figur haben können, ist für die meisten aktiven Spieler zu hart und schmerzhaft, als daß sie sie akzeptieren könnten. Das heißt, sie werden immer ein Leben mit dem Gefühl führen, daß ihr Körper *falsch* ist. Konsequenterweise sind ernsthafte Spieler denn auch bemüht, jene Meldungen über genetische Veranlagung und individuellen Stoffwechsel tunlichst zu überhören. Ihre Hoffnung besteht darin, dünn zu werden, und sie werden unter keinen wie auch immer gearteten Umständen zulassen, daß diese Hoffnung verlorengeht.

Regel Nr. 3 — DÜNNSEIN IST SCHÖN

Wenn dick schlecht ist, dann ist dünn gut, dünner besser, und am dünnsten ist am besten. Verhaftet, wie wir alle nun einmal in einer Gesellschaft sind, die das knochige Mannequin und den sehnigschlanken Konzernmanager anbetungsgleich bejubelt, ist es schwierig für uns, noch das Maß erkennen zu können, bis zu dem es sich bei diesen Idealisierungen schlicht um vergängliche Modeerscheinungen, wie bei Turnüren und Gamaschen, handelt. Ideale, wie Dünnsein, *sind* jedoch historisch bedingt. Sie unterliegen sich wandelnden Verhältnissen und Wertvorstellungen.

Als Nahrungsmittel weniger im Überfluß vorhanden waren, war

Dicksein ein Symbol für Reichtum. Reiche Leute verfügten schließlich über genügend Nahrungsmittel, um im Übermaß essen zu können. Heutzutage steht Dünnsein sinnbildlich dafür, daß man so viel hat, daß man es sich leisten kann, auch ohne auszukommen. Mit anderen Worten, würden wir uns in bezug auf unsere nächste Mahlzeit nicht in Sicherheit wiegen, würden wir uns wahrscheinlich nicht damit zufrieden geben, zu Mittag eine Gurke zu essen. Die Rundheit von Königin Victoria symbolisierte seinerzeit Macht und Reichtum und Kontrolle. Die gleichen Attribute werden heute durch Nancy Reagan mit wesentlich weniger Fleisch verkörpert.

»Schön«, sagt unser Spieler beim »Ändere deine Figur und ändere dein Leben«. »Ich sage Ihnen was dazu. Würde ich im viktorianischen England leben, wäre es mir egal, wie dick ich bin. Aber ich lebe nicht im viktorianischen England, und so wäre ich, verdammt noch mal, gerne dünn.« Jedem von uns fällt das Ausscheren und Abstandnehmen von feststehenden gesellschaftlich-kulturellen Normen sehr schwer. Die Einsicht, daß die Traumfigur, die wir am meisten bewundern, mehr den Geschmack unserer Zeit als eine absolute Ästhetik reflektiert, ist fast unmöglich.

Wir möchten alle mit der Mode gehen, modern sein. Leider aber sind wir nicht so elastisch, wie die Mode uns gerne hätte. Die Tatsache, daß wir mit den unterschiedlichsten Figuren daherkommen, macht das Leben besonders für jene schwer, deren Figur derzeit nicht gefragt ist. Unsere Qualen werden jedoch darüber hinaus noch durch den Umstand erschwert, daß der momentan gefragte Körpertypus zugleich Qualitäten repräsentiert, die weit über den Modebegriff als solchen hinausgehen.

Diejenigen unter uns, die am Morgen aufwachen und sagen, »heute zu dick«, drücken damit mehr aus als nur den Wunsch »schlank und im Trend« zu sein. Im Endeffekt sagen wir damit, daß wir so, wie wir sind, inakzeptabel sind, und daß wir uns bessern müssen. Wir glauben, daß wir besser und akzeptabler wären, könnten wir unseren Körper nur ummodellieren und so aussehen wie »jene Leute« — wie diejenigen, die alles zu haben scheinen.

Historisch betrachtet, ist diese Dynamik den Frauen auf grausamste Art und Weise zum Fallstrick geworden. Da sie kaum Zugang zu politischen und ökonomischen Kontrollzentren hatten, konnten sie nur versuchen, sich jeweils selbst so umzumodellieren, daß sie denjenigen gefielen, von denen sie abhängig waren. Die Frauen versuchten aber nicht nur, ihre Figur, sondern sich in jeder Hinsicht zu verändern — das Gesicht, die Haarfarbe, die Stimme, die Gestik und jede Nuance ihres Verhaltens. Wie Susie Orbach und Kim Chernin im Detail untersucht haben, kann es in einer Kultur, die Frauen diskriminiert, keine Frau geben, die in dem Gefühl lebt, daß ihr Körper der richtige Körper ist.

Frauen stehen für all jene, die machtlos waren und sind. Machtlose Menschen tun zwei Dinge: Sie versuchen denjenigen, von denen sie abhängig sind, zu gefallen, und sie bemühen sich, denjenigen, die an der Macht sind, so ähnlich wie möglich zu sein. Je mehr sie aber jene Menschen, die an den Machthebeln sitzen, idealisieren, desto mehr hassen sie sich tragischerweise selbst.

Einem Bericht der Zeitschrift *Vogue* vom Mai 1986 zufolge haben achtzig Prozent der erwachsenen Frauen das Gefühl, daß sie zu dick sind, und sie möchten dünn werden. Warum dünn? Der männliche Part unserer Spezies ist von Natur aus dünner, sehniger und muskulöser als der Weibliche, der Rundungen und Kurven durch Fetteinlagerungen an den Brüsten und Hüften aufweist. Warum strebt eine Frau danach, mehr wie ein Mann auszusehen? Weil Männer, trotz der enormen Errungenschaften der Frauen, nach wie vor über mehr Macht und Kontrolle verfügen.

Damit soll nicht gesagt sein, daß Männer sich nicht auch als aktive Spieler am »Ändere deine Figur und ändere dein Leben«-Spiel beteiligen. Inzwischen müssen auch sie sich an unrealistischen Standards hinsichtlich ihrer Körpermaße und ihrer Figur — mehr Muskeln, straffere Körper, jugendliche durchtrainierte Figur — messen lassen. Auch für einen Mann reicht es nicht mehr aus, nur noch bei dem, was er tut, gut zu sein; er muß auch entsprechend aussehen. In dem Maße, wie Männer sich am Arbeitsplatz, in der Öffentlichkeit und zu Hause machtloser fühlen, unterwerfen sie sich zunehmend den Verlockungen des Spiels der Figurmodellierung.

Bei dem Spiel »Ändere deine Figur und ändere dein Leben« geht es um Macht und Kontrolle. Wir alle, die wir an diesem Spiel teilhaben, versuchen, uns selbst neuzuschaffen, jemand zu werden, der wir nicht sind. In unserem endlosen Ringen, Gewicht zu verlieren, um in dieser Welt weniger Platz in Anspruch zu nehmen, sind wir in Wahrheit in unserem Bemühen, jene nachzuahmen, die wir als mächtig ansehen, in einen Prozeß der Selbstzerstörung verstrickt. Es ist eine grausame Ironie, daß wir in unserem Bemühen, mehr zu bekommen — uns selbst mächtiger zu machen —, uns selbst zu weniger, uns dünne machen müssen.

»Man kann niemals zu reich oder zu dünn sein.« Unsere jungen an Anorexie leidenden Mädchen verkörpern auf tragischste Weise die Auswüchse dieses Wahns. Sie verkörpern mit ihrer Magersucht die Endform der Anstrengung, dünn zu sein. Wie Susie Orbach in ihrem Buch *Hungerstreik* demonstriert, enden diese Mädchen in ihrem ernsthaften Bemühen, Fett auszumerzen — ihr Symbol für Bedürfnisse, Wünsche und Weiblichkeit —, buchstäblich in der Selbstzerstörung.

Glücklicherweise zählen die meisten von uns nicht zu den Gewinnern im Spiel »Ändere deine Figur und ändere dein Leben«; als Spielernaturen empfinden wir Mißerfolg nicht als Glück. Jedesmal, wenn wir gescheitert sind, so dünn zu werden, wie wir es gerne wollten, fühlen wir uns niedergeschlagen, versteigen uns in Selbstvorwürfe und rüsten uns für die nächste Runde.

Regel Nr. 4 — *ESSEN MUSS KONTROLLIERT WERDEN*

Spieler des »Ändere deine Figur und ändere dein Leben«-Spiels ringen permanent darum, ihre Eßgewohnheiten besser unter Kontrolle zu bekommen. Diese Kontrolle ist das eigentliche Herzstück des Spiels. Das Thema liefert den Spielern reichlich Gesprächsstoff. Sie tauschen gegenseitig Ernährungspläne, Rezepte, Informationen über Gesundheitsbäder und Tips über die letzten Fitneßübungen aus, die vermeintlich auf eine Veränderung des Stoffwechsels abzielen. Spieler sind Experten von Weltklasseformat, wenn es um das Thema Kontrolle geht, ein Thema, das im übrigen in der Gesellschaft ganz allgemein von großer Wichtigkeit ist.

Bereits früh in unserem Leben fängt die Kontrolle über unser Essen an. Obwohl es im Laufe der Jahre bereits einige Diskussionen über die relativen Vorteile gab, Kinder entweder nach Bedarf oder nach festen Zeiten zu ernähren, wurde doch niemals die Notwendigkeit der Kontrolle über das Essen als solche in Frage gestellt. Was wir diskutieren, ist lediglich die Frage des Zeitpunktes, an dem die Reglementierung einsetzen sollte. Jene Kinder, die nach Bedarf ernährt werden, deren hungerbedingtes Schreien die Zeiten der Nahrungszufuhr bestimmt, werden aber schon sehr bald, nachdem sie eigenständig essen können, gelehrt, daß ihre Eßgewohnheiten sich den Regeln der Familie, wann, was und wieviel gegessen wird, anzupassen, unterzuordnen haben. Kinder, die nach einem festen Zeitplan ernährt werden, lernen diese Anpassung an äußere Reglementierungen dagegen früher.

Aus Sicht der Gesellschaft unterliegt das Essen ganz ähnlichen kategorischen Maßstäben, wie etwa unsere Pflichtübungen bei der Morgen- und Abendtoilette oder auch die Sexualität. Wir betrachten Essen als etwas, das durch die Maßgabe äußerer Beschränkungen gesellschaftsfähig gemacht werden muß. Unser Essen ist nicht nur an eine feste Zeit und einen festen Ort gebunden, manche Nahrungsmittel wurden schlicht zum Tabu erklärt und dürfen nur stengstens rationiert konsumiert werden. Es ist gerade so, als ob wir glaubten, ohne Eßregeln schier unersättlich zu sein.

Spieler stellen den Grundgedanken, daß sie ihr Essen kontrollieren müssen, niemals in Frage. Wollte irgendwer ihnen erzählen, daß sie weniger essen, wenn sie mit dem Kontrollieren ihres Essens aufhören, würden sie diese Behauptung als lächerlich und überdies als ziemlich gefährlich abtun. Fahrplanmäßiges Essen ist ein nicht in Frage gestellter Bestandteil unserer sozialen Ordnung. Die seelische, konzeptionelle Verfassung der Spieler, der Arbeitsplatz, die Schule und die Familie fordern eine derartige Reglementierung. Zum Wohle der Allgemeinheit müssen wir, als Individuen, unser Recht aufgeben, selbst zu bestimmen, wann, was und wieviel wir essen.

Veteranen des Spiels arbeiten an sich, um ihre Eßkontrolle noch effektiver zu gestalten. Sie geben sich mit jenen einfachen Reglementierungen — drei Mahlzeiten am Tag, ein Appetitanreger vor der Vorspeise, Dessert nach dem Hauptgericht — nicht mehr zufrieden. Sie kreieren sorgfältig ausgearbeitete und zeitlich abgestimmte Menüs, zu denen auch verschiedene Nahrungsmittelkombinationen in einer speziellen Reihenfolge und mit streng festgelegten Mengen gehören. Je reglementierter sie sich fühlen, desto mehr können sich die Spieler entspannen.

Regel Nr. 5 — KRITIK BEWIRKT VERÄNDERUNGEN

Wir haben gesagt, daß Schlankheitskuren Selbstbestrafungen für nicht korrektes Aussehen sind. Um etwaige Unsicherheiten, die Sie haben, auszuräumen, sollten Sie sich einmal einige der entsetzlichen Techniken, die Ihnen während der Diät ans Herz gelegt werden, vor Augen halten. »Hängen Sie ein Bild, das Sie mit Ihrem Höchstgewicht zeigt, an die Kühlschranktür.« »Tragen Sie etwas, das ein bißchen eng ist, ein bißchen unbequem, so daß Sie stets daran erinnert werden, weniger zu essen.« »Versprechen Sie sich selbst, keine neue Kleidung zu kaufen, bis Sie zwanzig Pfund abgenommen haben.«

Diätlebende werden, mit anderen Worten, aufgefordert und ermuntert, sich Negatives allgegenwärtig zu machen, um auf diese Weise die gewünschte Veränderung der Figur zu erreichen. Spieler, die »Ändere deine Figur und ändere dein Leben« ernsthaft betreiben, stellen diesen Lösungsansatz nie in Frage. So tragisch es ist, die meiste Zeit, in der sie nicht anderweitig in Anspruch genommen werden, bringen sie damit zu, sich für ihr unkontrolliertes Essen und ihr Gewicht zu züchtigen und zu strafen. Sie sind fest davon überzeugt, daß, wenn sie sich selbst vorhalten, wie schlecht sie sind, dieser Selbstvorwurf zur Selbstbesserung führen wird.

Wer je eine Diät gemacht hat, wird wissen, daß Vorwürfe nicht greifen. Das Tragen enger Kleidung hat zum Beispiel zum Ergebnis, daß man sich unwohl fühlt, und wenn Eßsüchtige sich unwohl fühlen, *müssen* sie essen. Das Essen hilft ihnen, sich besser zu fühlen. Nach dem Essen greifen sie dann zu Selbstbeschimpfungen, fühlen sich schlecht und müssen als Folge davon neuerlich essen.

Die Wahrheit sieht allerdings so aus, daß noch niemandem wesentliche Veränderungen aufgrund von Selbstvorwürfen gelungen sind. Veränderungen kommen, um es nochmals zu sagen, durch eine fürsorgliche Unterstützung zustande. Eßsüchtige können das nur schwer einsehen. Sie hängen dem Glauben an, daß, wenn sie sich nur schlecht genug fühlen, dies sie zu Veränderungen inspirieren wird.

Diese Vorstellung, daß man ein Rennen dann am besten läuft, wenn man sich am Start selbst auf den Kopf schlägt, entstammt einem absolut irrigen, wenngleich höchst umhätschelten kulturellen Glauben. Schließlich wurde uns allen beigebracht, daß man alles bewerkstelligen kann, wenn man nur den Willen dazu aufbringt. Geben Sie sich einen Ruck — einen ordentlichen — es ist einfach nur eine Frage des Willens.

Es wieder und wieder zu versuchen, scheint auf den ersten Blick eine äußerst optimistische und ermutigende Einstellung zu sein, es ist aber letztlich nichts anderes als der sprichwörtliche Wolf im Schafspelz. Um Eßsucht zu überwinden, ist weitaus mehr erforderlich, als sich bloß einen Ruck zu geben. Bei der Eßsucht handelt es sich um ein ernstzunehmendes, sehr reales Problem, das mit reiner Willenskraft nicht lösbar ist. Wäre Willenskraft die Antwort auf Eßsucht, dann würden auch Diätkuren funktionieren. Eßsüchtige verfügen über ein außerordentliches Maß an Willenskraft. Woran es ihnen mangelt, ist ein Selbstwertgefühl und die Fähigkeit, sich selbst beruhigen zu können. Die Abscheu gegenüber dem eigenen Ich ist es in der Tat, die die Motivation zum Spiel liefert und das Problem der Eßsucht verschlimmert.

Obwohl wir wiederholt das vorprogrammierte Scheitern dieses Spiels erfahren haben, halten die meisten von uns dennoch ungebrochen daran fest. Aus Verzweiflung spielen wir weiter. In einer feindseligen Umwelt kämpfen wir um ein Mindestmaß an Selbstkontrolle über unser Leben. Leider verspricht gerade jenes »Ändere deine Figur und ändere dein Leben«-Spiel eine Art von Kontrolle, die wir einfach nicht haben können. Es macht gleich zwei Versprechungen, eine neue Figur und ein neues Leben, und hält weder die eine noch die andere.

Obwohl die meisten Menschen, die unter zwanghaftem Essen leiden, sich dieses vorprogrammierten Scheiterns der Diätkuren, ihnen zu jener angestrebten konkreten Kontrolle zu verhelfen, bewußt sind, können sich die meisten dennoch keine Alternative vorstellen. Überraschend ist dies allerdings nicht.

Der von der Gesellschaft ausgehende Druck, sich auf dieses »Ändere deine Figur und ändere dein Leben«-Spiel einzulassen und es immer weiterzuspielen, ist enorm. Dieser Druck ist nicht zuletzt deshalb so effektiv, weil jeder von uns die Spielregeln so gut verinnerlicht hat.

Sagt man uns: »Oh, du hast abgenommen. Wie toll du aussiehst«, fühlen wir uns geschmeichelt. Schließlich sind ja auch wir der Ansicht, daß dünne Körper schön sind. Nimmt eine Freundin demgegenüber all ihren Mut zusammen und sagt uns, daß sie den Eindruck hat, wir hätten zugenommen und müßten etwas dagegen unternehmen, fühlen wir uns zunächst zwar beschämt, gehen aber dann mit ihr einig. Wir denken, daß eine derartige Kritik in unserem besten Interesse ist. Schlägt uns jemand eine neue Diät vor, stürzen wir uns glücklich darauf, um sie auszuprobieren. Wir sind interessiert an neuen Wegen und Möglichkeiten, uns selbst kontrollieren zu können. Wir haben das Gefühl, besser zu sein, wenn wir unser Essen mit Verzichtsauflagen versehen. Wir leben in einer Kultur, die von Kontrolle besessen ist, und wir bewundern Disziplin und Abstinenz.

Um sich selbst und anderen zu sagen, daß das Spiel »Ändere deine Figur und ändere dein Leben« nicht funktioniert und daß man nicht länger gewillt ist, sich noch weiter an diesem Spiel zu beteiligen, braucht man einiges an Stärke und Mut. Es bedeutet, allgemein gesellschaftlich-kulturell akzeptierte Wertvorstellungen, denen auch Sie vorher mit ganzem Herzen anhingen, die Stirn zu bieten. Das aber wiederum heißt nicht nur, daß Sie aus dem Spiel aussteigen, das ansonsten von jedermann als wesentlicher Bestandteil des Lebens erachtet wird. Sie müssen diesen Schritt vielmehr auch tun, ohne dessen exakte Folgen zu kennen, also ist es nur zu verständlich, daß Sie eine ziemliche Angst davor haben. So tragisch und schmerzreich das Auf und Ab ist, zu spielen und zu verlieren, zu spielen und wieder zu verlieren, das Spiel organisiert das Leben der Spieler, die völlig davon aufgesogen werden. Sie sprechen darüber, denken darüber nach und planen ihre Tage darum, wann und was sie essen werden. Einen chronischen Diätanhänger zu bitten, das Spiel aufzugeben, ist, als ob man jemanden bittet, ein unglückliches Zuhause aufzugeben. Ein Zuhause mag unangenehm, unerfreulich oder ungemütlich sein, nichtsdestoweniger ist es aber ein Zuhause.

Wir sind jedoch zuversichtlich, daß zwanghafte Esser dieses Zuhause — das Spiel — aufgeben, hinter sich lassen und fortan ein befriedigenderes Leben leben können. Unsere Zuversicht beruht auf der Sichtweise, die wir zu Ihnen und Ihrem Essen haben. Wir denken, daß Sie näher, als Ihnen dies überhaupt bewußt ist, an dem Punkt sind, an dem Sie »nie mehr« zu »Ändere deine Figur und ändere dein Leben« sagen. Wir sehen in Ihnen jemanden, der zwar unter zwanghaftem Essen leidet, aber auch jemanden, der mit Regeln bricht. So oft, wie Sie mit Diätkuren angefangen haben, so oft haben Sie auch damit aufgehört. Wir sehen in Ihnen jemanden, der angesichts von Einschränkungen, die Ihr Eßsuchtproblem verschlimmern, statt Abhilfe zu schaffen, zurückschlägt.

Kapitel 4
Eine neue Perspektive

Die Rebellion

Als zwanghafter Esser haben Sie das Gefühl, ein hoffnungsloser Fall zu sein. Den besseren Teil Ihres Lebens haben Sie in dem Versuch zugebracht, Ihre Figur zu ändern — Sie haben Diät gehalten, sich selbst beschimpft, Abführmittel genommen, sich gezwungen, sich zusammenzureißen und immer wieder aufzuraffen — und unentwegt sind Ihre Anstrengungen fehlgeschlagen. Sie leben in einer Gesellschaft, die sich durch eine Fett-Phobie auszeichnet, verurteilt durch das, was Sie als Ihren Mangel an Willenskraft betrachten.

In unseren Augen sind Sie jedoch keineswegs ein hoffnungsloser Fall, und Ihr Mangel an Willenskraft ist unseres Erachtens kein Mangel. Wie gesagt, betrachten wir Ihr Essen als Reaktion auf die Einschränkungen einer Hungerkur als eine Reaktion des Zurückschlagens, die für uns ein Zeichen Ihrer Charakterstärke ist. Sie leisten selbst gegen Ihre eigenen Versuche, sich das vorzuenthalten, was Sie brauchen, Widerstand.

Als wir an früherer Stelle über Schlankheitskuren sprachen, sagten wir, daß sie in Wirklichkeit eine Form der Selbstbestrafung für eine »inakzeptable« Figur sind. Wenn Sie dick sind oder sich dick fühlen, dann haben Sie die Botschaft absorbiert, daß Sie inakzeptabel sind und daß Sie dann akzeptabel sein werden, wenn Sie Gewicht verlieren. Jahrelang haben Sie den Auf- und Anforderungen dieser oder jener Diätkur in dem offenkundigen Bemühen Folge geleistet, so auszusehen, wie man Ihnen sagt, daß Sie aussehen sollten; niemals hatten Sie jedoch Erfolg damit. Von einem anderen Standpunkt aus könnte man Ihre Unfähigkeit, Gewicht zu verlieren, auch als Ihre Weigerung ansehen, angesichts dieser diskriminierenden Anerkennungsmaßstäbe zu kapitulieren und sich zu unterwerfen.

Aus dieser Perspektive war Ihr Scheitern, Ihr Fett zu verlieren, nur eine andere Ausdrucksform, um zu sagen: »Ich möchte so, wie ich bin, akzeptiert werden.« Jedesmal, wenn Sie eine Diät angefangen haben, um ebendiese Anerkennung zu gewinnen, haben Sie sich anschließend mit Essen vollgestopft und damit gesagt: »Ich werde mich Negativurteilen nicht unterwerfen.« Sie haben, mit anderen Worten, trotz des extremen gesellschaftlichen Drucks, sich anders zu verhalten, nicht den Boden unter den Füßen verloren und sich behauptet. Natürlich ist es eine Tatsache, daß Sie unter Ihrem Übergewicht und Ihrer Eßsucht leiden, aber Sie haben weder Ihre Figur verändert noch haben Sie auf Essen verzichtet. Ihre fehlende Bereitschaft, dies zu tun, repräsentiert in gewisser Hinsicht auch Ihre fehlende Bereitschaft, sich dem Diktat dieser Kultur zu beugen oder deren Anklage anzuerkennen. Sie repräsentiert darüber hinaus auch, und das ist noch wesentlich wichtiger, Ihre Beharrlichkeit, Essen auch weiterhin zur Selbstberuhigung zu benutzen, und zwar so lange, bis dies nicht mehr erforderlich ist.

Da Sie jedoch auch ein Produkt unserer Kultur sind, können Sie sich über diese Sichtweise Ihres Standpunktes leider nicht freuen. Unser Lob klingt in Ihren Ohren wahrscheinlich seltsam und nicht gerade vertrauenerweckend. Trotz Ihrer beharrlichen Weigerung, das Essen aufzugeben, haben Sie es sich bisher nicht gestattet, sich mit der Person, die Sie sind, auch gut zu fühlen. Ziemlich genau das Gegenteil. Während Sie sich einerseits weigern, sich so zu verändern, daß Sie den Maßstäben der Anerkennung gerecht werden, reagieren Sie andererseits auf Ihr Spiegelbild mit Selbstvorwürfen und Selbstverachtung, Sie finden sich häßlich und fühlen sich als Versager.

Ihr Dicksein und Ihr Essen symbolisieren auf der einen Seite Ihre Nichtbereitschaft, eine kulturell bedingte Pauschalanklage zu akzeptieren, die Sie auf der anderen Seite jedoch auch wiederum selbst verinnerlicht haben. Sie sind in einem Zwiespalt gefangen, in dem Sie kaum zufrieden mit sich selbst sein können.

Es ist bestürzend, aber verständlich, daß Sie weiterhin die vorherrschende Meinung, derzufolge Essen und Dicksein gleich schlecht sind, teilen. Bemerkenswert ist allerdings, daß Sie die Stärke aufgebracht haben, diesen Standpunkt aufrechtzuerhalten und trotzdem weiterzuessen. Jedesmal, wenn Sie eine Fastenkur mit einem

Eßanfall abbrechen, erkennen wir darin die Vernunft, die aus Ihnen spricht und sagt: »Nie mehr!« Jedesmal, wenn Sie essen, leisten Sie Widerstand gegen die Verachtung, der all Ihre Anstrengungen, Ihr Essen und Ihr Gewicht zu kontrollieren, zugrundeliegen. Verachtung und Restriktionen schüren Widerwillen und Rebellion. Sie sind in Wirklichkeit ein Rebell, der über den gesunden Impuls verfügt, zu essen und sich nach Kräften selbst zu verwöhnen, wenn er in Schwierigkeiten und depressiv ist.

Jenseits der Rebellion

Wir verstehen sehr gut, daß Sie sich selbst nicht als Rebell betrachten, aber probieren Sie einfach mal, ob Ihnen die Definition »paßt«. Wir glauben, daß sie paßt. Wir denken nämlich, daß unter der Schicht Ihrer Selbstverachtung und -geringschätzung keine dünne Person begraben liegt, die darauf wartet, freigelassen zu werden, sondern ein Rebell, der sich Gehör verschaffen und verstanden werden möchte. Sie, der hoffnungslose Fall, fühlen sich machtlos, verzagt und mutlos, weil Sie sich auf den Trugschluß eingelassen haben, angesichts der idealisierten Aufgabe der Figurmodellierung ein Versager zu sein. Sie, der Rebell, sind jedoch eine erfolgreiche Person. Sie brechen die Regeln und sichern sich Ihr Recht, das zu essen, was Sie möchten, und so auszusehen, wie Sie aussehen. Auf interessante Weise ist der zwanghafte Esser ein Rebell, der permanent gegen die inzwischen selbstauferlegten kulturellen Maßstäbe und Urteile protestiert.

Leider aber ist die Wirksamkeit Ihrer Rebellion begrenzt geblieben. Ihr fortwährendes Neinsagen repräsentiert mehr eine Reaktion als wirkliche Freiheit. Sie werden angehalten, diät zu leben und abzunehmen. Sie entsprechen dem eine Zeitlang, sagen dann jedoch: »Nein, unter diesen Einschränkungen will ich nicht leben.« Anschließend wiederholt sich das Szenario. Um den Teufelskreis wirklich zu durchbrechen, müssen Sie über die Reaktion, über das bloße Neinsagen, hinausgehen. Sie müssen etwas Positives, Bejahendes finden, das Sie an die Stelle Ihres Nein setzen. Sie werden nicht umhinkommen, einen besseren Plan zu artikulieren. Eine Rebellion ohne Plan für die Gestaltung der Zukunft ist ineffektiv und endet in Anarchie.

Ehe Sie einen Plan in Angriff nehmen können, müssen Sie unter dem Mantel Ihrer verinnerlichten Selbstverachtung hervorkriechen. Obwohl der auf Aussehen und Essen ausgerichtete gesellschaftliche Druck ganz enorm ist, sind doch Ihre eigenen Varianten dieser kulturellen Diktate noch wesentlich heimtückischer und unbarmherziger. Sie brauchen nicht länger jemanden, der Sie daran erinnert, daß Sie schlecht sind, weil Sie nicht dünn sind und Essen so benutzen, wie Sie es tun. Aus Ihrer eigenen Stimme spricht wesentlich mehr Verachtung und Geringschätzung als aus denen in Ihrer Umgebung.

Wahrscheinlich ist Ihnen das volle Ausmaß, in dem Sie jene kulturell verhaftete Geringschätzung des Essens und Fleisches verinnerlicht haben, gar nicht voll bewußt. Da Sie jedoch allmählich erkennen, wie Sie mit sich umgehen, sich behandeln und mit sich sprechen, ist es hilfreich, sich drei Wahrheiten vor Augen zu halten. Erstens, daß Eßanfälle eine angemessene, logische Reaktion auf die Entbehrungen von Diätkuren sind. Zweitens, daß Ihre Nichtbereitschaft, Essen aufzugeben und sich dem Druck unserer Kultur zu unterwerfen, eine Rebellion darstellt, deren Wurzeln auf Selbstachtung zurückgehen. Und drittens, daß das Essen im Laufe der Jahre ein Freund, eine Quelle des Wohlbefindens für Sie war.

Wenn Sie aufhören, sich wegen Ihres Essens selbst zu beschimpfen und zu verwünschen und statt dessen dazu übergehen, Ihr Verhalten zu beobachten, werden Sie eine Reihe interessanter Entdeckungen in Zusammenhang mit Ihrem zwanghaften Nach-Essen-Greifen machen. Wir betrachten Ihr Eßverhalten als Ihre Form des Bemühens, sich selbst zu helfen, als wichtigen Akt der Selbsthilfe.

Die Sprache des Essens

Würde man einen zwanghaften Esser in dem Moment, wo er nach Essen greift, fragen: »Warum ißt du?«, käme die Antwort: »Ich weiß nicht. Ich habe nur Lust darauf.« Würde man ihn fragen: »Bist du hungrig?«, würde ihn diese Frage wahrscheinlich irritieren. Er würde zwar nicht ganz so weit gehen und konkret sagen: »Was ist Hunger?«, aber im Grunde, von den Tatsachen her, könnte er das. »Ich habe nur Lust darauf«, käme statt dessen. »Ich brauche das.«

Bei einem zwanghaften Esser wird die Nahrungsaufnahme tatsächlich selten durch physiologische Hungergefühle ausgelöst; statt dessen essen Eßsüchtige dann, wenn sie sich unwohl fühlen. Die meisten wissen in der jeweiligen Situation nicht einmal, was es genau ist, das ihr Unwohlsein bewirkt. Sie erreichen häufig nicht den Punkt, das Unwohlsein, das ihr Essen auslöst, zu *erfahren*. Was sie hingegen erfahren, ist das Bedürfnis, der Drang zu essen, und nachdem der Moment des Essens — der Moment des Friedens — vorüber ist, fühlen sie sich unterschiedslos dick und verärgert über sich selbst.

Indem der zwanghafte Esser aus einem unspezifischen Unwohlsein heraus dazu übergeht, sich in Selbstverachtung hineinzuessen, vollzieht er eine bestimmte Form der Übertragung. Anstatt jedoch, wie etwa ein Fremdsprachler, vom Englischen ins Französische zu übersetzen, überträgt der zwanghafte Esser Gefühle, die ihm Unbehagen bereiten, in Gefühle des Dickseins.

Aber dieser Prozeß ist Ihnen ja wahrscheinlich vertaut.

Sie finden sich am Kühlschrank wieder, wissen aber nicht, warum und wie Sie dorthin gekommen sind; Sie wissen nur, daß Sie einen starken Drang verspüren zu essen. Sie greifen nach Essen, und ein paar Momente lang gibt es nur noch Sie und das Essen. Die Welt um Sie herum verschwindet. Ist das Essen vorbei — nach ein paar Minuten, ein paar Stunden oder ein paar Pfunden —, taucht die Welt wieder auf, und Sie werden mit einem Paket andersartiger Gefühle konfrontiert, die von einem Paket andersartiger Gedanken begleitet werden, Gedanken, die Sie im Laufe der Jahre wieder und wieder hatten. Warum habe ich das gemacht? Wie konnte ich nur? Was werde ich nun gegen dieses Gewicht unternehmen? Ich habe nichts mehr anzuziehen. Oh, ich fühle mich so schrecklich. Und so weiter und so weiter und so fort.

Was ist passiert? Sie waren nicht hungrig, hatten aber dennoch das Bedürfnis zu essen. Sie aßen, und als Ergebnis davon schlagen Sie sich nunmehr mit einer Menge häßlichen Lärms in Ihrem Kopf herum. Ihrem nach wie vor namenlosen Unwohlsein, das Ihr Essen ursprünglich auslöste, wurde abgeholfen, aber was bleibt, ist, daß sich letztlich nur seine Form geändert hat. Ihre ursprünglichen Gefühle des Unbehagens wurden durch eine Reihe unerfreulicher Gedanken über Ihr Essen, Ihr mangelndes Kontrollvermögen und Ihren Körperumfang abgelöst. Sie sind wütend und gehen hart mit sich ins Gericht. Diese Selbstbeschuldigungen sind mitunter weitaus unbequemer als das ursprüngliche Unwohlsein, das Sie aufs Essen losgehen ließ.

Wann immer Sie zwanghaft essen, übertragen Sie ein unspezifisches Unwohlsein in einen Kummer über Essen und Körperumfang. Würde man Sie nach einer solchen Eß-Episode fragen, was Ihr Problem war, käme die Antwort, daß es Ihr Essen oder Ihr Gewicht war. Das würden Sie auch tatsächlich annehmen — und doch ist es nicht so. Ihr eigentliches Problem ist Ihre Unfähigkeit, sich dem, was auch immer Sie beunruhigen mag, zu stellen und darüber in der jeweils problemspezifischen Sprache zu sprechen. Anstatt sich Ihren Problemen zu stellen und diese eingehend zu untersuchen, essen Sie. Haben Sie dann gegessen, vollziehen Sie eine Übertragung aus der Sprache der Gefühle in die Sprache des Dickseins.

Nach dem Essen fühlen Sie sich dick. Sie lieben es zwar nicht, sich dick zu fühlen, aber es hat seine Vorteile. Erstens handelt es sich dabei um ein vertrautes, altes Problem, einen wohlbekannten Freund, auch wenn Sie ihn nicht sonderlich mögen. Zweitens erscheint das Problem des Dickseins leicht lösbar. Solange Sie Ihr Problem am Dicksein festmachen, können Sie weiterhin an Ihrem Glauben festhalten, daß es sich per Diätkuren lösen läßt. Schauen wir uns einmal ein paar konkrete Beispiele an, wie diese Übertragung funktioniert.

Eines Tages erschien Judy an ihrem Arbeitsplatz und mußte feststellen, daß jemand anders die Beförderung, auf die sie ausgewesen war, erhalten hatte. Den Großteil des Morgens verbrachte sie nun auf der Damentoilette und kämpfte gegen ihre Tränen an. In ihrer Verzweiflung bat sie ihre beste Freundin, sich mit ihr zum Mittagessen zu treffen. Gierig verschlang sie ihr Essen, auf dem Rückweg zum Büro machte sie noch an einer Bäckerei halt. Den ganzen Nachmittag über griff sie immer wieder in ihrer Schreibtischschublade nach Keksen. Auf dem Nachhauseweg kaufte sie sich noch einen Vorrat an Eis und verbrachte den Abend damit, dieses in sich hineinzustopfen. Am nächsten Morgen fühlte sie sich dick und häßlich. Ihre Völlerei hielt noch ein paar Tage an, bis sie sich schließlich zu einer Diät aufraffte. Was war geschehen? Ein paar Gefühle waren in Judy geweckt worden — Enttäuschung, Unzulänglichkeit, Ärger, Neid, Angst vor der Zukunft — und unfähig, damit umzugehen, stürzte sie sich aufs Essen. Als Ergebnis davon sah für Judy das Ende vom Lied so aus, daß sie sich auf das »Problem« ihres Gewichtes konzentrierte.

Ray und seine Frau erfuhren, daß ihr Kaufgebot für ein Haus angenommen worden war, und zur Feier des Tages gingen sie aus. Ray stellte jedoch fest, daß das Feiern auch noch am nächsten und am übernächsten Tag weiterging. In Wahrheit setzte es sich noch über den Großteil des nächsten Monats fort, und als der Zeitpunkt des Vertragsabschlusses gekommen war, hatte er all das an Gewicht wieder zugenommen, was er im vorhergehenden Sommer heruntergehungert hatte. Warum aß Ray fortwährend? Genau werden wir es nie wissen. Was immer der Auslöser war, wurde weggegessen. Vielleicht war er stolz und fühlte sich auch ein wenig euphorisch — nie zuvor hatte jemand in seiner engeren Familie ein eigenes Haus besessen. Vielleicht erfüllte ihn aber auch die Vorstellung, seine Familie zu übertreffen, mit Unbehagen. Möglich auch, daß er seinem neuen Lebensstil nicht ganz ohne Sorgen entgegensah. Würde er in der Lage sein, den Abzahlungen regelmäßig nachzukommen? Was wäre, wenn etwas mit seinem Arbeitsplatz passierte? Was auch immer Rays Probleme waren, das Essen führte ihn zu einer Alles-oder-nichts-Lösung. Er setzte sich auf strenge Diät.

Sowohl Judy als auch Ray waren in der Folge von dem Gefühl, dick zu sein und die Kontrolle verloren zu haben, beherrscht. Sie machten eine Übertragung aus der Gefühlssprache in die Dickseinssprache.

1. Ein Ereignis brachte sie aus dem Gleichgewicht.
2. Sie aßen.
3. Sie fühlten sich dick und begannen eine Diät.

Zwanghafte Esser benutzen Gefühle des Dickseins als alleserfassende Kategorie, in die alles hineinfällt. Schauen wir uns das anhand der Beispiele an. Judy fühlte sich ursprünglich enttäuscht und verärgert. Nachdem sie das Essen hinter sich gebracht hatte, fühlte sie sich dick. Wir dürfen spekulieren, daß Ray sich stolz und etwas besorgt fühlte. Nachdem er das Essen hinter sich hatte, fühlte er sich dick. Es mag durchaus sein, daß beide, Judy und Ray, nach unserer gängigen Definition des Dickseins, dick sind, aber ihr Körperumfang ist nicht ihr *wirkliches* Problem, welches darin besteht, daß sie es nicht geschafft haben, mit ihren Gefühlen, welcher Art diese auch immer gewesen sein mögen, ohne Rückgriff auf Essen umzugehen.

Das Essen war die einzige Methode, die Judy und Ray kannten, um sich zu beruhigen. In dieser Hinsicht erfüllte das Essen vielleicht in dem betreffenden Augenblick seinen Zweck, nachdem es aber beendet war, waren sie über sich selbst verärgert. Wenn zwanghafte Esser über sich selbst verärgert sind und sich als dick bezeichnen, sagen sie damit in Wirklichkeit, daß sie die Hilfe nicht hätten in Anspruch nehmen sollen, und daß mit den Gefühlen, die sie in erster Instanz zum Essen verleitet haben, etwas nicht in Ordnung war.

Dem Volksmund zufolge sind Menschen, die aufs Essen versessen sind, nicht davon lassen können, dabei, sich selbst zu zerstören. Wir glauben ziemlich genau das Gegenteil, daß nämlich jedesmal, wenn Eßsüchtige nach Essen greifen, sie sich unwohl fühlen, ob bewußt oder unbewußt, und daß sie damit versuchen, sich selbst zu helfen. Wir betrachten diese Bestrebungen als Selbsthilfe, ungeachtet ihrer Effektivität, als lebensrettendes Mittel zum Zweck, dem ein hohes Maß an Respekt gebührt.

Essen tut gut, und das kann doch nicht schlecht sein

In dem Versuch, sich selbst zu helfen, greifen Sie in schwierigen Situationen nach Essen. Ist das ein Verbrechen? Die meisten Menschen sind der Ansicht, daß ihr Essen selbstzerstörerisch ist. Wir meinen demgegenüber, daß Sie essen, wenn Sie irgendwelche Probleme haben, und daß Sie damit versuchen, sich auf die beste Ihnen bekannte Art und Weise zu helfen.

Ihr Unwohlsein kann ursächlich von einem momentanen, situationsbedingten Gefühl herrühren, von ihrer allgemeinen psychischen Verfassung, einem Gedanken, den Sie sieben Gedankenlängen vorher hatten, oder einer häßlichen Bemerkung, die Sie sich selbst gegenüber bezüglich Ihres Aussehens nicht verkneifen konnten, als Sie sich flüchtig im Spiegel sahen. Wenn es Ihnen schwerfällt, sich glücklich zu fühlen, kann Ihr Unbehagen sogar in einem Gefühl des Stolzes und der Begeisterung seinen Ursprung haben. Was auch immer die Ursache Ihres Unbehagens sein mag, Sie enden stets an der gleichen Stelle — der Kühlschranktür. Wann immer ein Gedanke, ein Gefühl oder eine Situation ein Unbehagen bei Ihnen auslöst — Ihr Gleichgewicht stört —, verspüren Sie den Drang zu essen.

Wenn wir aus einem zwanghaften Drang heraus nach Essen greifen, greifen wir damit zeitlich zurück. Wie bereits gesagt, symbolisiert Essen für jeden von uns eine unserer frühesten Erfahrungen des Sich-Wohlfühlens. Selbst als Erwachsene werden die meisten von uns von einem wohltuenden Gefühl erfüllt, wenn jemand sich die Mühe macht, für uns ein Essen zuzubereiten oder uns zum Essen einzuladen. Wir alle verbinden, auf eine primitive Art und Weise, Nahrung und Essen mit unseren frühesten Erfahrungen der Pflege, des Versorgtseins und der Freude. Folglich ist Nahrung für den zwanghaften Esser der logische Anhaltspunkt, der in Problemsituationen eine Wende herbeiführen soll.

Der Impuls, in Notsituationen die Hand nach Pflege und Versorgtwerden auszustrecken, ist folgerichtig und positiv. Die Nahrung hat bei Erwachsenen jedoch lediglich den symbolischen Stellenwert der Fürsorge. Sie beruhigt zwar, aber nur in einem symbolischen und vorübergehenden Sinne.

Essen löst nicht die komplizierten Probleme, mit denen sich die meisten Erwachsenen konfrontiert sehen. Judys und Rays Gefühle existierten bereits, ehe sie aßen, und werden auch nach ihrem Essen weiterhin existieren. Auch wenn sie sich wegen ihres Eßverhaltens über sich selbst ärgern, ist der Vorgang als solcher, daß sie auf Nahrung zurückgreifen, grundsätzlich weder negativ noch positiv. Dies ist ihre Art der Selbstberuhigung, auch wenn diese nur einen Moment lang anhält.

Zwanghaftes Essen ist vergleichbar damit, daß man mit Eiscreme über ein aufgeschlagenes Knie hinwegtröstet. Wenn Sie nach Essen greifen, demonstrieren Sie damit, daß Sie etwas davon verstehen, wie man sich versorgt und verpflegt, und daß Sie genug darüber wissen, um Hilfe zu suchen. Ihre Fürsorge geht weit genug, daß Sie das Bedürfnis haben, etwas für Ihr Wohlbefinden zu tun. Dem Essen, nach dem Sie greifen, wohnen jedoch keine Eigenschaften inne, die bei etwas anderem als physiologischem Hunger Abhilfe schaffen könnten.

Bei Erwachsenen kann dieses zeitliche Zurückgreifen keinen wirklichen Beruhigungseffekt haben. Wir fühlen uns unwohl; wir essen; wir beschimpfen uns selbst; wir schwören uns, unsere Figur in den Griff zu bekommen und schlank zu werden; und dann fühlen wir uns erleichtert. Diese unsere Erleichterung ist jedoch trügerisch. Diätkuren werden weder die Ursache für unser Unwohlsein beseitigen, noch den Umstand, daß wir uns notorisch dem Essen zuwenden, wenn wir uns unwohl fühlen.

Statt dessen müssen wir es schaffen, uns in der Gegenwart zu beruhigen, darüber nachzudenken, was uns hier und jetzt Probleme macht, und uns den Gefühlen des Unwohlseins zu stellen. Das Greifen nach einem Symbol ist nicht halbwegs so effektiv wie wirkliche Fürsorge.

Essen Sie sich aus Ihrem Eßproblem heraus

Wir möchten Ihnen, dem Rebell, einen Plan geben, der es Ihnen möglich machen wird, ein Leben zu führen, in dem Sie nicht Essen als Balsam benutzen müssen. In unseren Augen haben Sie zwei Probleme. Das erste sind die Schwierigkeiten, die ursächlich Ihr Essen auslösen. Das zweite ist Ihr Drang, beim Essen statt bei Ihren Gedanken Hilfe zu suchen.

So gerne wir das auch möchten, wir können die vielen Probleme, die Sie zum Essen treiben, nicht lösen. Glücklicherweise müssen Sie diese Probleme jedoch nicht erst lösen, um Ihre Eßsucht zu beenden. Wir glauben nämlich, daß die Dinge andersherum funktionieren. Nach unserem Konzept müssen Sie bei Ihren Eßpraktiken ansetzen, sich zunächst von Ihrem Eßproblem befreien, so daß Sie sich anschließend daranmachen können, die wirklichen Probleme, die Sie bedrücken, zu klären.

Wie aber, wenn nicht durch die Kontrollmöglichkeiten von Diätkuren, können Sie sich von Ihrem Eßproblem befreien? Ironischerweise liegt der Schlüssel zu dieser Befreiung, zur Freiheit für Ihr Leben, im Essen selbst. Am Ende dieses Weges werden Sie in der Lage sein, wirklichen Hunger zu erkennen und als Antwort auf diesen Hunger, statt wie bisher als Antwort auf ein allgemeines Unwohlsein, zu essen. Sie werden in der Lage sein, Essen im Rahmen des ihm gebührenden Stellenwertes zu benutzen, sich so zu wandeln, daß Sie jemand werden, der sich seinen Problemen stellt und diese überdenkt. Sie werden die Energie, die Sie bisher mit Ihren Sorgen über Essen und Gewicht verbraucht haben, neu nutzbar machen können und sich statt dessen auf die grundlegenden Probleme konzentrieren können, die Ihr Leben eingrenzen.

Nachfolgend präsentieren wir unseren schrittweisen Plan, der Ihnen helfen wird, Ihre Eßsucht zu beenden. Der erste Schritt besteht darin, daß Sie sich eine neue Sichtweise Ihres Körpers und Ihres Eßverhaltens zu eigen machen, die bedingt, daß Sie sich selbst annehmen. Phase 1 unseres Plans hat das Ziel, Ihre versteckte Rebellion zu einer offenen, positiven Handlung zu wandeln.

Phase 1
Die Selbst-Befreiung

Kapitel 5
Ich bin, was ich bin

Das Wenn-nur-Syndrom

Zwanghafte Esser führen ein Leben, das aus »wenn nur« besteht. »Wenn ich nur mit Essen aufhören könnte.« »Wenn ich nur zehn Pfund abnehmen könnte.« »Wenn ich nur schlank wäre.« An dem Wunsch nach einem anderen und besseren Leben ist natürlich an sich nichts Schlechtes. Wenn zwanghafte Esser allerdings die Worte »wenn nur« in den Mund nehmen, verbergen sich dahinter Probleme. Das erste besteht darin, daß die Feststellung: »Wenn ich nur schlank wäre«, in Wirklichkeit nur eine andere Form ist, um zu sagen: »Ich hasse mich, so wie ich bin.« Das zweite ist, daß in dem »wenn nur« der Wunsch nach einer magischen, durch übersinnliche Kräfte herbeigeführten Wandlung zum Ausdruck kommt und nicht ein realistischer Ansatz, der auf eine reale Veränderung abzielt.

Nur sehr wenige wissen, wie sie den Wunsch, »ich möchte anders sein, als ich bin«, äußern können, ohne sich dabei gleichzeitig selbst herabzusetzen. Wir haben bereits gezeigt, daß, wenn Sie sich selbst in dem Bemühen um Veränderung herabsetzen, der gesündere Teil Ihres Ich sich schlicht weigert, dem zu folgen. Wenn Sie sagen: »Ich finde mich häßlich, ich muß abnehmen«, steuert jener gesündere Teil Ihres Ich bereits auf den Kühlschrank zu.

Wir verstehen sehr gut, daß Sie anders sein möchten als Sie sind. Andererseits wissen wir aber auch, daß eine Veränderung ironischerweise voraussetzt, daß Sie sich selbst so akzeptieren, wie Sie sind.

Das Aufgeben dieses Wenn-nur-Syndroms wird es Ihnen möglich machen anzufangen, Ihr Eßsuchtproblem zu lösen und Gewicht zu verlieren. Praktisch und konkret bedeutet das, daß Sie Ihren Körper, Ihre Figur mit ihrem derzeitigen Umfang akzeptieren, so leben, *als ob* Sie niemals auch nur ein weiteres Gramm abnehmen würden. Es ist nur allzu verständlich, wenn dieser Vorschlag bei denjenigen, deren Leben auf das Wenn-nur-Syndrom ausgerichtet ist, Panik auslöst. Sie haben das Gefühl, daß ein Akzeptieren des Status quo gleichbedeutend damit ist, ein jämmerliches und beklagenswertes Leben zu führen.

Obwohl es für Sie so aussehen mag, daß wir Sie bitten, sich mit einem Leben in einem dicken Körper abzufinden, so ist es dennoch nicht Resignation, was wir empfehlen. Wir schlagen vielmehr vor, daß Sie lernen, ungeachtet Ihres Gewichtes, Ihr Leben zu leben. Und wir können Ihnen versichern, daß wir das Akzeptieren Ihres derzeitigen Gewichts als ersten Schritt in Richtung auf eine reale und bleibende Veränderung betrachten. Die nachfolgende Imagination hilft Ihnen vielleicht, sich auf diese Selbst-Annahme ein Stückchen weiter zuzubewegen.

Die Imagination

Stellen Sie sich vor, daß irgendein fremdartiges Gas in die Atmosphäre eintritt. Ab dem Augenblick, in dem Sie dieses Gas einatmen, wird es Ihnen auf immer unmöglich sein, nochmals irgend etwas an Gewicht ab- oder zuzunehmen. Nicht ein einziges Pfund. Nicht ein einziges Gramm. Für den Rest Ihres Lebens wird Ihr Körper seine derzeitige Form behalten.

Sofern Sie zu den chronischen Diät-Enthusiasten gehören, wird es Ihnen entsetzlich schwerfallen, sich gedanklich auf diese Phantasien einzulassen. Es würde bedeuten, daß das Spiel »Ändere deine Figur und ändere dein Leben« aus und vorbei ist. Wir bitten Sie jedoch, Ihre Angst beiseite zu schieben, und zwar lange genug, daß Sie sich mit dieser Fiktion auseinandersetzen können. Stellen Sie sich vor, daß Ihr Gewicht für den Rest Ihres Lebens exakt so bleiben wird, wie es jetzt, in diesem Moment, ist. Fragen Sie sich, was Sie tun würden.

Würden Sie sich weiterhin wegen Ihrer Figur Vorwürfe machen, auch nachdem Sie die Vorstellung akzeptiert haben, daß Ihr Körper sich niemals ändern wird? Würden Sie weiterhin unbequeme Kleidung tragen, wenn Sie wüßten, daß sich an Ihrem Gewicht nichts tut? Würden Sie heute fünf Kilometer weit laufen? Würden Sie niemals mehr an einen Strand gehen? Würde Ihr »Festschmaus« weiterhin aus Sellerie und Möhren bestehen, oder würden Sie sich entspannen und essen, worauf Sie gerade Lust haben?

Die meisten zwanghaften Esser sind in der Tat über ihre Reaktion auf diese Imagination schockiert. Der Gedanke an eine Welt, in der es kein Streben nach Dünnsein mehr gibt, ist ihnen zuwider. Haben sie sich dieser Vorstellung, mit den für sie damit einhergehenden Konsequenzen aber erst einmal eine Zeitlang hingegeben, fangen sie an, sich zu entspannen. Die meisten würden unter solchen Umständen ihre einengende Kleidung gegen etwas Bequemeres eintauschen. Ebenso würden sie zum Baden an den Strand gehen. Sie würden aufhören, sich den Kopf zu zerbrechen, was sie eigentlich essen sollten, und anfangen, darüber nachzudenken, was sie gerne essen möchten. Sie begreifen, daß sie sich in dieser Phantasiewelt nicht mehr so ängstlich und besorgt fühlen würden. Und es setzt sich bei ihnen die Erkenntnis durch, daß sie weniger essen würden, wenn sie sich nicht länger wegen ihrer Eßgewohnheiten und ihrer Figur mit Selbstvorwürfen ängstlich und nervös machen würden.

Wenn wir von einem Sich-Selbst-Akzeptieren sprechen, meinen wir damit, daß Sie so leben, als ob dieses Phantasiegebilde der Realität entspräche. Denken Sie daran, daß wir Ihnen nicht vorschlagen, sich mit Ihrem Dicksein abzufinden, sondern das zu erkennen, *was ist*, wenn Sie diese Realität ohne subjektive Beurteilung als gegeben nehmen. Angesichts dieser Vorstellung klagen die meisten zwanghaften Esser, daß sie schon bereit wären, so zu leben, wenn es ihnen nur möglich wäre, damit bei einem wesentlich niedrigeren Ausgangsgewicht anzufangen, was sich etwa so anhört: »Könnte ich nicht zuerst eine Diätkur machen und *dann* auf diesen seltsamen Planeten umziehen?« Der springende Punkt ist, daß ein Leben in der Phantasiewelt, und zwar ungeachtet des Gewichtes, mit dem Sie in diese eintreten, für Sie einerseits zwar die Befreiung von dem Streß Ihrer Sucht, andererseits aber auch eine Hölle bedeutet.

Wir wissen jedoch sehr gut, daß die meisten von Ihnen nicht in der Lage sind, so zu leben, als ob sie nie mehr ein Pfund abnehmen würden, ohne vorher noch einen Kampf auszutragen. Der eigentliche Kern Ihres Widerstandes spiegelt sich in der Frage wider: »Wie kann ich mich akzeptieren, wenn ich mich in Wirklichkeit selbst hasse?«

»Wie kann ich mich akzeptieren, wenn ich mich in Wirklichkeit selbst hasse?«

»Es kann schon sein«, meinte Ellen, »daß Ihr recht habt. Je mehr ich mich wegen meiner Esserei selbst hasse und je mehr ich mir sage, wie häßlich ich bin, desto mehr esse ich und desto schlechter fühle ich mich. Mag sein, daß ich mit meinen Selbstbeschimpfungen aufhören muß, aber wie kann ich das? Ich denke, daß ich mit diesem Gewicht schrecklich aussehe, und die meiste Zeit denke ich auch, daß meine Esserei scheußlich ist. Dabei schmecke ich noch nicht mal etwas. Ich stopfe immer nur in mich hinein. Wie soll ich all das mögen? Soll ich mir etwa selbst einreden, daß es in Ordnung ist, einen ganzen Kuchen blindlings zu verschlingen? Soll ich mich etwa selbst belügen und mir einreden, daß mein Fett schön ist?«

Ellens Fragen gehen in die richtige Richtung. Sie möchte wissen, wie es ihr möglich sein soll, das zu akzeptieren und damit zu leben, was von ihr und fast von jedem in ihrer Umgebung als inakzeptabel erachtet wird. Zweifelsohne ist auch für Sie die Vorstellung schwer, nicht »scheußlich« zu sagen und sich scheußlich zu fühlen, wenn Sie in den Spiegel schauen, und es ist für Sie schier unvorstellbar, nach einer absoluten Völlerei am nächsten Morgen aufzuwachen und sich nicht in die nächste Schlankheitskur hineinzukatapultieren.

Wir meinen nicht, daß Sie Ihren Körper lieben müssen, wenn Sie es nicht tun. Und mit Sicherheit meinen wir nicht, daß Sie Ihren Eßdrang lieben müssen. Es geht kaum darum, etwas zu lieben oder nicht zu lieben. Akzeptieren heißt nicht Selbsttäuschung oder Selbstbetrug. Es heißt vielmehr, mit dem, was ist, mit den realen Gegebenheiten zurecht zu kommen. Wenn Sie sich akzeptieren, sagen Sie damit einfach: »So bin ich jetzt. Ich weiß nicht, was die Zukunft bringen wird. Was ich weiß, ist, daß ich mich, wenn ich mich ändern möchte, zuerst in der Gegenwart so wohl und zufrieden wie nur möglich fühlen muß.«

Sie essen aus einem zwanghaften Trieb heraus, und Ihr Körper reflektiert sowohl den Körpertypus, den Sie geerbt haben, als auch die Geschichte Ihrer suchtartigen Beziehung zum Essen. Ihr Zustand, was Ihr Essen und Ihren Körper angeht, ist weder gut noch schlecht, er ist einfach so wie er ist. In dem Zuge, wie Sie Ihr zwanghaftes Essen lösen, wird auch Ihr Körper diese Veränderung reflektieren, und Sie werden sich auf dem, was für Sie Ihr Normalgewicht ist, einpendeln. Um Ihr Eßproblem lösen zu können, ist es jedoch für den Augenblick von entscheidender Bedeutung, daß Sie lernen, sowohl Ihr Bedürfnis zu essen als auch Ihren Körper, so wie er ist, anzunehmen.

Der Prozeß der Selbst-Annahme

Um den Weg der Selbst-Annahme zu beschreiten, müssen Sie ein paar Dinge berücksichtigen.

Denken Sie daran, daß die Selbstverachtung, die Sie aufgrund Ihres Eßverhaltens und Ihres Gewichts empfinden, ihren Ursprung nicht in Ihrer Person hat. Sie ist etwas, das Sie erlernt haben. Unentwegt sind Sie von erhobenen Zeigefingern umgeben, die sagen, daß dünn besser und Essen verabscheuenswürdig ist. Wenn Sie merken, daß Sie diese Botschaften selbst wiederholen, denken Sie daran, wo diese herkommen. Sollten Sie es vergessen haben, schlagen Sie nur eine Zeitschrift auf oder stellen Sie den Fernseher an. Solange Sie berücksichtigen, daß diese Vorstellungen »von dort« kamen, können Sie diese an ihrem angestammten Platz einordnen. Sie können diese Vorstellungen abschätzen, sie verwerfen und Ihren eigenen Standpunkt entwickeln.

Selbstverständlich wäre es Ihnen lieber, wenn auch ansonsten jeder in Ihrer Umgebung diese neue Denkweise mit Ihnen teilen würde. Ein Wandel kultureller Wertbegriffe vollzieht sich jedoch nur langsam und braucht leider viele Jahre, um sich durchzusetzen, so daß Sie in der Gegenwart diesen Weg, hin zu einem unabhängigen Standpunkt, so schwierig er auch ist, alleine gehen müssen. Sie müssen sich selbst so akzeptieren und behandeln, wie Sie sich dies immer von anderen gewünscht haben. Positiver ausgedrückt: Sie müssen nicht länger darauf warten, von anderen, so wie Sie sind, akzeptiert zu werden. Sie können anfangen, mit sich selbst auf eine neue Art und Weise zu leben. Wenn Sie sich darauf einlassen, werden Sie sich besser fühlen und den Mut finden weiterzumachen.

● Denken Sie daran, daß Ihr Selbsthaß die größte Verantwortung dafür trägt, daß Sie in dieser mißlichen Sackgasse festsitzen. Selbstverachtung bewirkt, daß Sie sich schlecht fühlen, und wenn Sie sich schlecht fühlen, essen Sie. Mit jeder kritischen Bemerkung, die Sie machen, laufen Sie Gefahr, von Ihrer Eßsucht heimgesucht zu werden. Der Rebell in Ihnen wird sich von Ihren Selbstvorwürfen nicht unterkriegen lassen. Wenn Sie sich selbst bezichtigen, führt jener Rebell Sie, um Ihnen zu helfen, daß es Ihnen besser geht, auf direktem Wege zum Kühlschrank.

● Denken Sie daran, daß Ihr triebhafter Drang zu essen und Ihr Gewicht Teile Ihres Ich sind, die bislang Veränderungen gegenüber resistent waren. Diese sind ohne Zweifel sehr wertvoll und bedeutend, wenngleich sie Ihnen sehr viel Leid und Kummer bereiten. Die hinter Ihren Eßgewohnheiten versteckte Logik mag Ihnen nach wie vor nicht verständlich sein, nichtsdestoweniger existiert aber diese Logik. Jeder Mensch findet im Laufe seiner Entwicklung Wege und Möglichkeiten, Lebenserfahrungen zu integrieren und damit umzugehen. Warum ist Ihr Weg, das Essen, entweder gut oder schlecht? Es ist einfach der Weg, den Sie gefunden haben, Ihre Dilemmas zu lösen. Je mehr Sie Ihr Eßverhalten als eine von vielen möglichen Bewältigungsvarianten betrachten, um so weniger werden Sie sich stigmatisiert fühlen.

Die Mechanismen der Selbst-Annahme

Gedankenstrukturen durchbrechen: »Ich verstehe all diese Dinge, die ich beherzigen soll, und ich beherzige sie«, sagte Joan, die sich mit dem Gedanken der Selbst-Annahme auseinandersetzte. »Das Problem ist, daß ich am entscheidenden Punkt immer wieder daran scheiterte, daß ich das denke, was ich halt denke. Ich sehe mein Spiegelbild, und ich bin entsetzt.«

Wir wissen, daß Joan, und Tausende andere mit ihr, glauben, den Umstand nicht ändern zu können, daß sie das denken, was sie denken. Bei den meisten zwanghaften Essern stellt sich als Reflexreaktion die Selbst-Geißelung ein. Sie fühlen sich beunruhigt, Sie essen und verwünschen sich selbst. Sie bedenken sich mit Schimpfworten. Sie hassen sich selbst. Sie fühlen sich hoffnungslos. Sie schauen in den Spiegel und sagen »scheußlich«. Sie mögen das nicht, was sie dort sehen, und fangen allenfalls an, wenngleich ungern, so etwas wie eine Annahme ihres Eßdranges zu entwickeln.

Wir wissen allerdings auch, daß Sie es mit einiger Erfahrung sehr wohl lernen können, das, was Sie denken, zu beeinflussen. Sie *können* nämlich feststellen, wenn Ihnen verleumderische Gedanken bezüglich Ihrer Eßgewohnheiten und Ihres Körpers kommen, und wenn Sie das Auftauchen dieser Gedanken erst einmal erkannt haben, können Sie lernen, diese beiseite zu schieben. Ihre negativen Gedanken und Gefühle über Ihr Essen und Ihren Körper scheinen ein eigendynamisches Leben zu führen. Es ist an Ihnen, dieses selbst in die Hand zu nehmen.

Der Prozeß, diese Gedankenstrukturen durchbrechen zu lernen, ist durchaus schwierig und erfordert einige Praxis. Der erste Schritt besteht darin, daß Sie sich bei einem negativen Gedankengang über Ihre Esserei oder Ihr Gewicht ertappen, was gar nicht so einfach ist. Diese Gedanken sind so sehr Teil Ihrer selbst geworden, daß deren Auftauchen für Sie nichts Ungewöhnliches ist. Der zweite Schritt beinhaltet, daß Sie direkt auf Ihre negativen Gedanken eingehen. Sie können diese mit Ihrem neuen Bewußtsein über Ihr Eßverhalten, Ihr Gewicht und den Prozeß der Veränderung herausfordern.

Viele Menschen, die sich mit derartigen negativen Gedanken konfrontiert sehen, denken in jenem Moment häufig, daß deren ausführliche Erörterung ein Handeln ihrerseits und schließlich eine Veränderung bewirken wird. Aber fragen Sie sich selbst, haben Sie jemals wirklich eine Veränderung aufgrund solcher Gedanken herbeigeführt? Viele Jahre lang setzen Sie sich damit auseinander und haben nichts damit erreicht.

Ihre Gedanken über Ihren Körper gleichen jenen negativen Gedanken, mit denen viele Menschen sich unter den verschiedensten Aspekten über die eigene Person auseinandersetzen. Manchen mißfällt die Größe ihrer Nase; andere sind besessen von ihrem immer weiter zurückgehenden Haaransatz; manche gehen fortwährend wegen ihrer mangelnden Entschlußkraft mit sich ins Gericht; bei wiederum anderen ist ihr fehlendes Talent ihr allwiederkehrendes Tagesthema. Das Wiederkäuen dessen und Grübeln darüber, was alles falsch ist, kann ein Großteil des Lebens in Anspruch nehmen. Es liefert den Brennpunkt, auf den sich bei diesen Menschen alles verjüngt, und darüber hinaus auch das Luftschloß, daß das Leben wunderbar wäre, würde nur diese eine Sache korrigiert. Sie tun jedoch nichts, um eine wirkliche Veränderung herbeizuführen. Sie leben in dem Gefühl, bereits produktiv zu sein, wenn sie sich nur auf das, was falsch ist, konzentrieren. In Wahrheit tun sie nichts anderes, als ihren Faden zu spinnen und im alten Schlendrian zu verharren. Was es Ihnen letztlich möglich macht, Ihre von Selbst-Verachtung geprägten Gedankengänge zu durchbrechen, ist Ihre Überzeugung, daß diese zu nichts führen.

Wir haben die Erfahrung gemacht, daß die meisten Menschen überrascht sind, wie viele Gedanken sie beiseite schieben müssen, sobald sie damit begonnen haben, die Strukturen ihrer Gedankengänge zu beobachten. Alan berichtete, daß er verblüfft war, wie oft er sich bei dem Vorgang erwischte, sich mit Vorwürfen zu überhäufen. »Es ist wahr«, erzählte er. »Mir wird kaum bewußt, wenn diese Gedanken auftauchen, und ich muß zugeben, daß es mir schwerfällt, davon loszulassen. Es ist fast so, als würde ich daran hängen.«

Schauen wir uns den Prozeß, einen Gedanken zu stoppen, einmal genauer an. Sie denken: »Ich kann es nicht ausstehen, wie ich aussehe.« Sie registrieren den Gedanken und rufen sich in Erinnerung, daß er nichts, aber auch gar nichts Produktives bewirken wird. »Diese Art des Denkens hat weder Hand noch Fuß. Sie macht keinen Sinn. Sie wiederholt sich nur endlos.« Dann erinnern Sie sich an Ihre neue Denkweise. »Obwohl ich es nicht mag, wie ich aussehe, will ich doch versuchen, damit zu Rande zu kommen. Wenn ich andauernd nur Negatives über mich denke, fühle ich mich entsetzlich und werde in der Folge wieder essen müssen.«

Der Gedanke wird versuchen, zurückzukommen. Tut er es, schieben Sie ihn neuerlich beiseite. Sie müssen einen Pakt mit sich selbst schließen, daß Sie jedesmal, wenn ein negativer Gedanke sich durchsetzen will, diesen beiseite schieben und ihn durch eine wertneutrale Sichtweise beziehungsweise Feststellung ersetzen. So ertappte sich Louis zum Beispiel bei dem Gedanken: »Herrgott, ich habe letzte Nacht wieder wie ein Schwein reingehauen.« Als ihm bewußt wurde, daß er sich selbst als Schwein tituliert hatte, formulierte er den Satz neu und sagte: »Junge, warum hast du letzte Nacht nur so übermäßig viel gegessen? Da muß irgend etwas dahinter gesteckt haben.«

Beim Stoppen Ihrer kritischen Gedanken handelt es sich um eine Aufgabe, die sich fortlaufend stellt in dem Prozeß, sich selbst und Ihre Eßgewohnheiten mehr und mehr anzunehmen. Durch was ersetzen Sie diese negativen Gedanken? Wir hoffen, mit einer verständnisvolleren und toleranteren Haltung, die für eine Veränderung wesentlich konstruktiver ist.

Die Sprache der Selbst-Annahme: Wir haben festgestellt, daß Menschen sehr wohl in der Lage sind einzusehen, daß Selbst-Verachtung keine positiven Veränderungen bewirkt. Sie machen jedoch eine harte Schule durch, bis sie wissen, was sie an deren Stelle setzen können. Schließlich gibt es keine Modelle, weder in dem einen noch in dem anderen Sinne, die eine akzeptierende Haltung gegenüber zwanghaftem Essen und Übergewicht verkörpern.

Was heißt eigentlich Selbst-Annahme? Menschen, die sich selbst annehmen, zeichnen sich durch eine mitfühlende und realistische Haltung aus. Sie machen sich keine Vorwürfe, weil sie die Person sind, die sie sind. Statt dessen versuchen sie, sich selbst zu sehen und zu hinterfragen, um auf diese Weise besser verstehen und erkennen zu können, was sie gerne ändern möchten.

Das Verständnis, das zwanghafte Esser gegenüber ihrem Problem aufbringen, muß von einem Wohlwollen getragen sein, das sie sich selbst und anderen gegenüber artikulieren können. Dem allgemein verbreiteten Standpunkt, wonach Eßsucht ein Zeichen für Selbst-Verwöhnung und mangelnde Willenskraft ist, können Sie begegnen, indem Sie sagen: »Eßsucht ist meiner Ansicht nach die Art, mit der manche Menschen versuchen, sich selbst zu beruhigen.«

Wenn Sie überhaupt nicht hungrig sind, aber dennoch nach Nahrung greifen, können Sie zu sich sagen: »Es ist schlimm, daß ich mich in diesem Moment so unwohl fühle und daß Essen die einzige Möglichkeit ist, die ich kenne, mit meiner Angst und Nervosität umzugehen.«

Wahrscheinlich werden Sie trotzdem essen, aber Verständnis für Ihr Eßbedürfnis empfinden, so daß Sie sich mit Sicherheit anschließend nicht selbst beschimpfen werden. Statt dessen wird die nach diesem Eß-Intermezzo aufkommende Neugier Sie vielleicht fragen lassen, was eigentlich in jenem Moment der Auslöser war, der Sie zum Essen brachte.

Zum Thema dick oder nicht so dick kann jemand, der sich und seine Situation akzeptiert, sagen: »Menschen kommen in unterschiedlichen Formen und Figuren daher. Der von uns bevorzugte Körpertypus variiert je nach dem Jahrzehnt, in dem wir leben.«

Ihre persönlichen Gedanken bezüglich Ihres Körpers können etwa so aussehen: »Das sind jetzt die Maße meines Körpers. Ich mag das, was ich sehe, zwar nicht unbedingt, aber in diesem Augenblick ist es so, wie es ist, und es kann durchaus sein, daß sich daran nie etwas ändert. Jedenfalls werde ich die Dinge, die ich gerne tun möchte, nicht länger aufschieben, und warten, bis ich dünner geworden bin.«

Schauen wir uns an, wie diese Worte und Gedanken in der Praxis aussehen.

Felice erhielt eine Einladung zu einer Party, die sie nur widerstrebend annahm.

»Als ich die Einladung erhielt«, erklärte sie, »war ich irgendwie begeistert. Die Einladung kam von einer College-Freundin, die ich etliche Jahre nicht gesehen hatte, und ich wußte, daß eine ganze Reihe Leute aus der alten Clique dort sein würden. Mein Mann hatte zwar schon eine Menge über sie gehört, kannte aber keinen von ihnen persönlich.

Meine Begeisterung währte aber nicht lange. In den letzten paar Jahren habe ich fast fünfundzwanzig Pfund zugenommen, und ich sah mich in einem entsetzlichen Konflikt. Ich wollte gerne meine alten Freunde wiedersehen, konnte aber, angesichts meines Aussehens, den Gedanken nicht ertragen, auch von ihnen gesehen zu werden. Ich hatte keine Ahnung, was ich anziehen könnte. Nichts paßt mir mehr. Ich fühlte mich einfach nur entsetzlich. Ich stand vor meinem Kleiderschrank und war unzweifelhaft mit dem Beweis konfrontiert, daß ich, im Gegensatz zu jetzt, einmal schlank war, und ich haßte mich selbst. Ich machte mir klar, daß mir noch sechs Wochen bis zur Party blieben und dachte darüber nach, wieviel ich bestenfalls mit einer Crash-Diät bis dahin würde abnehmen können. Aber die ganze Zeit, während ich darüber nachdachte, stopfte ich eine Tüte Kekse in mich hinein. Das Ganze ließ in mir ein Gefühl der Hoffnungslosigkeit aufkommen.

Wenige Tage später rief eine Freundin von auswärts an, um mir mitzuteilen, daß sie ebenfalls zu der Party käme, und zu fragen, ob sie bei uns übernachten könne. Ich griff zu einer Notlüge und antwortete, daß wir möglicherweise an jenem Wochenende nicht zu Hause wären. Ich schlug die Tür jedoch nicht vollends zu, indem ich sagte, daß das aber noch nicht sicher sei und daß sich das erst definitiv in der nächsten Woche entscheiden werde. Meinem Mann gegenüber habe ich nicht ein einziges Wort von dieser Einladung fallenlassen. Der Gedanke daran macht mich ganz krank.«

Alle zwanghaften Esser kennen Felices Erfahrung und ihre Gefühle. Viele können sich jedoch nicht die Alternative vorstellen, die sich aus der Selbst-Annahme ergibt.

»Als ich die Einladung erhielt, war ich irgendwie begeistert«, sagt Felice. »Die Vorstellung, daß mein Mann alle meine alten Freunde kennenlernen würde, war einfach toll. Ich registrierte schlagartig, daß ich mich äußerlich ziemlich verändert hatte, seit ich diese Leute das letzte Mal gesehen hatte, und ich bremste mich einen Moment lang. Dann versuchte ich, darüber nachzudenken.

Natürlich werden alle merken, daß ich zugenommen habe. Das ist offensichtlich. Ich weiß, daß es das Ergebnis der letzten paar Jahre ist, die in mancherlei Hinsicht schwer für mich waren. Auch wenn ich es nicht ganz verstehe, versuche ich doch, mein Gewicht mit Toleranz zu akzeptieren. Meine Freunde können sich bestenfalls denken, daß mit mir irgend etwas vor sich gegangen ist. Wenn sie aber, über das bloße Registrieren, daß ich dick bin, hinaus darüber nachdenken, werden sie vielleicht um mich besorgt sein — und das bin ich auch!

Ich überlegte, was in meinem Kleiderschrank hing, und stellte fest, daß mir nichts mehr paßte, so daß ich mir etwas Neues würde kaufen müssen. Im übrigen erschien es mir geradezu lächerlich, daß da all diese Kleider im Schrank hingen, die ich nicht mehr tragen konnte. Ich brauche neue. Die Party ist in sechs Wochen.

Wenn ich nur früh genug mit dem Einkaufen anfange, bin ich mir sicher, daß ich etwas finden werde, in dem ich mich wohl fühle. Ich war schon immer recht geschickt, wenn es darum ging, mich zurechtzumachen.

Wenige Tage später rief eine alte Freundin von auswärts an, um mir mitzuteilen, daß auch sie zu der Party käme, und sie fragte, ob sie bei uns übernachten könne. Es war toll, wieder mal etwas von ihr zu hören, und ich sagte ihr, daß ich mich sehr freuen würde, sie als Gast bei uns zu haben. Nachdem ich aufgelegt hatte, spürte ich einen Moment lang, wie Panik in mir aufkam. Was wird sie denken, wenn sie mich sieht? Um es mir ein wenig leichter ums Herz zu machen, nahm ich den Hörer ab und rief sie gleich nochmal an. › Hör mal ‹, sagte ich, › das mag zwar seltsam für dich klingen, aber ich wollte dir gerne sagen, daß ich ziemlich zugenommen habe, seit wir uns das letzte Mal sahen, und daß ich heute ganz anders aussehe. Ich wollte mich nicht die nächsten paar Wochen mit dem Gedanken herumschlagen, wie ich mich wohl fühlen werde, wenn ich dich sehe. Ich dachte mir, es hilft, wenn ich es dich im voraus wissen lasse. Ich versuche, mein Gewichtsproblem auf eine neue Art und Weise anzugehen, indem ich mich nicht mehr mit Vorwürfen überhäufe oder versuche, es zu verstecken. Ich möchte ganz gerne mehr mit dir darüber reden, wenn wir uns treffen. ‹«

Bei dieser zweiten Version war Felice sich ihrer Gewichtszunahme gleichermaßen bewußt wie bei der ersten. Im Unterschied dazu akzeptierte sie diese allerdings und baute darauf auf, statt sich mit Selbstvorwürfen zu überhäufen. Als sie sich und ihre Situation akzeptierte, brauchte sie interessanterweise auch keine Tüte mit Keksen.

Diese Selbst-Annahme bedeutete in Felices Fall die Einsicht, daß sie in den zurückliegenden Jahren unter einem Eßdrang gelitten hatte, und ihre Gewichtszunahme war der Beweis dafür. Felice begriff auch, daß der Impuls, sich hilfesuchend dem Essen zuzuwenden, keine kriminelle Handlung war. Im Grunde genommen konnte sie sagen: »Ich wünschte, ich hätte in den letzten Jahren eine andere Form der Bewältigung gefunden, um mit dem auf mir lastenden Druck fertigzuwerden, aber ich habe sie nicht gefunden.« Pause. Ende der Feststellung. Sie erkannte ihren Drang, erkannte ebenso, daß dieser zu ihrer Gewichtszunahme geführt hatte, und lebte nun ihr Leben weiter.

Erst als Felice in der Lage war, sich selbst zu akzeptieren, konnte sie beginnen, sich damit auseinanderzusetzen, wie sie von anderen gesehen wurde. Hätte eine gutmeinende Freundin ihr vorgeschlagen, gemeinsam eine Diät zu machen, wäre Felice in der Lage gewesen, zu sagen: »Danke, aber ich habe im Augenblick nicht vor, irgend etwas an meinem Gewicht zu tun. Ich habe mich entschlossen, mit all den Dingen aufzuhören, die in der Vergangenheit bei mir nicht funktionierten, und dazu zählen auch Schlankheitskuren. Statt dessen werde ich erst einmal eine Zeitlang mit diesem Gewicht leben. Ich weiß, es klingt seltsam, aber ich denke, daß ich auf diese Weise eine bessere Chance habe, mein Eßproblem zu bewältigen, und ich bin mir sicher, daß ich am Ende auch Gewicht verlieren werde. Ich fühle mich dieser Tage tatsächlich schon sehr viel wohler und wesentlich weniger zum Essen hingezogen.«

Kapitel 6
In der Gegenwart leben

Der Wechsel von einer negativen Sichtweise Ihres Gewichtes und Ihres Eßverhaltens hin zu einer neutralen und von Selbst-Annahme geprägten Einstellung bedeutet für jeden, der unter zwanghaftem Essen leidet, einen radikalen Übergang, der mehr als nur Worte erfordert. Wenn Sie es geschafft haben, sich selbst zu akzeptieren, müssen Sie auch Ihr Leben so umgestalten, daß dieses Ihre Selbst-Annahme reflektiert. Zu dieser Umgestaltung gehört im allgemeinen die Anschaffung eines Spiegels, das Wegwerfen einer Waage und das Aussortieren eines Kleiderschranks.

Der Kauf eines Spiegels

Sich mehr als nur dem Gesicht stellen: Fragen Sie einmal eine Gruppe von zwanghaften Essern, ob sie einen Spiegel besitzen, in dem sie sich in voller Größe sehen können, dann bereiten Sie sich als Antwort auf betretenes Schweigen vor. In Wahrheit vermeiden es die meisten, sich anzuschauen.

»Ein Spiegel, in dem man sich in voller Größe sehen kann«? antwortete eine Frau auf unsere Frage, wobei ihr Schockiertsein unüberhörbar war. »Nein, absolut nicht. Wenn ich mich zufällig einmal in einem Schaufenster sehe, bin ich entsetzt.« »Warum sollte ich mir einen Spiegel zu Hause aufstellen oder hinhängen, in dem ich mich in ganzer Größe sehen kann?« fragte eine andere Frau. »Ich versuche zu vergessen, wie ich aussehe.« »Wenn ich abgenommen hätte und wie Cheryl Tiegs aussähe«, meinte eine weitere Frau, »dann würde ich sicher all meine Wände mit Spiegelfolie bekleben. Aber so, wie die Dinge sind, zeigt mir der Spiegel auf meinem Medizinschränkchen alles, was ich sehen möchte.«

Die meisten Menschen sehen nicht wie Fotomodelle aus, wobei

die meisten Fotomodelle in Wirklichkeit mehr Ähnlichkeit mit irgendeinem abstrakten Schönheitsbegriff als mit einem menschlichen Wesen besitzen. Außerdem haben sie häufig irgendwelche schönheitschirurgischen Eingriffe in Form von Nasen-, Kinn- oder Brustkorrekturen über sich ergehen lassen, und ein Gutteil ihres Tages verbringen sie mit einem Pflichtprogramm an Fitneßübungen und Schönheitspflege.

Leider ist bei sehr vielen Menschen, auch bei den meisten zwanghaften Essern, ein Großteil ihrer Energie durch das reine *Wunschdenken* blockiert, wie jemand aussehen zu wollen, der sie nicht sind. Manchmal genieren sie sich, haben zuviele Hemmungen, diesen Wunsch offen einzugestehen. Manchmal sprechen sie ihn aber auch laut aus. Wie auch immer, die Abneigung, sich selbst in einem Spiegel zu betrachten, deutlich zu sehen, wie Sie vom Kopf bis zu den Zehen aussehen, ist die allgemein verbreitete Reaktion auf das Stereotyp unserer Kultur, wonach Dünnsein »in« ist. Für viel zuviele Menschen gerät die Erfahrung des Sich-im-Spiegel-Sehens — eine Erfahrung, die angenehm oder zumindest unbelastet sein sollte — unablässig zur Tortur, die gemeinhin in Selbstvorwürfen gipfelt. Es ist an der Zeit, jene Freude, die Sie als Kind am Spiegel hatten, wiederzuentdecken. Kinder haben ihre helle Freude an ihren Spiegelbildern. Der Spiegel kann ein Freund und ebenso ein wichtiges Instrument im Rahmen des Prozesses der Selbst-Annahme werden.

Selbst-Annahme bedingt Selbst-Kenntnis. Um sich so, wie Sie sind, akzeptieren zu können, müssen Sie wissen, wer Sie sind. Und um zu wissen, wer Sie in bezug auf Körperformen und Figur sind, müssen Sie einen Spiegel besitzen und benutzen, in dem Sie sich in voller Größe sehen können.

Sich selbst kennen: Wenn zwanghaften Essern bewußt ist, wie sie wirklich aussehen, vor allem vom Hals an abwärts, durchleben sie eine schreckliche Zeit. »Beschreiben Sie Ihren Körper«, baten wir eine Frau, die 1,73 m groß ist, breite Schultern, eine große Brust, recht schlanke Beine hat und um die Taille recht füllig ist. »Ich bin dick«, antwortete sie. »Beschreiben Sie Ihren Körper«, baten wir eine andere Frau, die 1,52 m groß ist, dicke Waden, Oberschenkel und Hüften, eine schmale Taille und kleine Brüste hat. »Ich bin dick«, entgegnete sie uns.

Eßsüchtige sind selten in der Lage, zwischen ihren einzelnen Körperteilen zu unterscheiden. Statt dessen gebrauchen sie das Wort *dick*, um das Gesamtpaket zu beschreiben, und zwar in einem Ton, der Ärger und Unzufriedenheit erkennen läßt. Es besteht kein Zweifel, daß dieses pauschale Adjektiv *dick* nicht lediglich für die Beschreibung eines Zustandes, sondern für eine schwerwiegende, barsche Verurteilung steht.

In Wahrheit sind wir doch aber alle auf diese oder jene Weise eigentümlich, ungleich, jeder mit der ihm eigenen Kombination aus Charakteristika und Eigenheiten. Manche sind groß, andere klein. Manche haben dicke Oberschenkel, andere dicke Gesäßhälften. Manche haben keine Taillen, andere haben schmale Taillen. Wir sind knochig, kurvenreich, flach und füllig. Ganz bestimmt sehen wir nicht so aus, als ob wir einem Einheitsmontageband entstiegen seien. Stellen Sie sich eine Welt vor, in der alle Körper als interessant betrachtet würden, keiner besser als der andere wäre.

Um Ihren Körper schätzen zu können, müssen Sie in der Lage sein, ihn anzusehen. Mag durchaus sein, daß Sie nicht alles mögen, was Sie da erblicken, aber Sie werden nicht einmal wissen, was es da gibt, das Sie mögen könnten, solange Sie nicht einen langen, intensiven Blick riskiert haben. Das ist der Grund, warum die Arbeit mit dem Spiegel so wichtig ist.

Wir möchten nicht, daß Sie sich von Ihrem eigenen Spiegelbild jemals wieder in die Flucht schlagen lassen, wenn Sie sich per Zufall irgendwo in einem Schaufenster sehen. Das ist eine schmerzvolle und unnütze Erfahrung. Im Grunde genommen entfährt Ihnen dabei jedesmal ein »Ich bin scheußlich«, statt daß Sie sagen: »Oh, das bin ich!« Um »oh, das bin ich« sagen zu können, ist es erforderlich, daß Sie genau wissen, wie Sie aussehen, und daß Sie sich selbst ohne Vorwürfe beschreiben können.

Sich im Spiegel betrachten: Sofern der einzige Spiegel, den Sie besitzen, derjenige auf Ihrem Medizinschränkchen ist, dann ist der Zeitpunkt gekommen, einen entsprechenden Kauf zu tätigen. Sie sollten sich nicht jedesmal, wenn Sie sich in voller Größe sehen möchten, auf Ihr Bett oder einen Stuhl stellen müssen. Ihre Tage der Selbst-Belastung und -Kasteiung sind vorüber und vorbei. Es ist an der Zeit, daß Sie sich auf den Weg machen und einen Spiegel kaufen, der Ihr Spiegelbild unverzerrt wiedergibt und in dem Sie sich in voller Größe sehen können.

Der Kauf eines Spiegels ist der erste Schritt, das zu sehen, was wirklich gegeben ist. Denken Sie einen Augenblick über Ihr Gesicht nach. Unsere Gesichter sind weit davon entfernt, uniform zu sein, und ebenso weit davon entfernt, jenen projizierten Schönheitsidealen zu entsprechen, dennoch haben die meisten von uns es geschafft, mit unseren Gesichtern irgendwie zurecht zu kommen. Aus irgendwelchen Gründen heraus tun sich die meisten von uns jedoch wesentlich schwerer, unseren Körper in dem gleichen Maße zu akzeptieren wie unser Gesicht.

Zum Teil ist es sicher so, daß wir unser Gesicht auch deshalb akzeptieren, weil wir es immer sehen, wohingegen wir unseren Körper nicht täglich im Spiegel betrachten. Unser Gesicht ist uns sehr vertraut und wir können leichter darüber sprechen, was wir an ihm mögen. »Ich habe schöne Augen.« »Ich habe ein freundliches Lächeln.« »Ich liebe meinen Teint.« Und auch mit dem, was wir nicht mögen, lernen wir zu leben. Die Erfahrung hat uns gelehrt, daß, wenn Sie gleichermaßen routinemäßig und mit einer wertneutralen Einstellung Ihren Körper betrachten, so wie Sie Ihr Gesicht ansehen, Sie ein ähnliches Gefühl der Selbst-Annahme entwickeln können.

Sobald Sie Ihren Spiegel gekauft haben, werden Sie sich gut überlegen müssen, wo Sie ihn hinhängen oder aufstellen. Der Sinn und Zweck dieses Spiegels besteht darin, daß Sie sich selbst sehen, eine reale Vorstellung von Ihrem Körper entwickeln können. Die Spiegelarbeit, die wir meinen, läßt sich am besten bewerkstelligen, wenn man ganz alleine ist, keine anderweitigen Ansprüche oder Erwartungshaltungen im Raum stehen. Sie sollten Ihren Spiegel dort anbringen, wo Sie sich am besten ungestört betrachten können.

Ist es dann soweit, daß Ihr Spiegelbild darauf wartet, von Ihnen in Augenschein genommen zu werden, müssen Sie sich zunächst nochmals die Bedeutung der Selbst-Annahme in Erinnerung rufen. Das Ziel dieser Spiegelarbeit besteht darin, daß Sie lernen, sich selbst anzusehen, *ohne sich dabei ein negatives Wort an den Kopf zu werfen.* Sofern Sie an den Umgang mit einem Spiegel nicht gewöhnt sind, wird dieses Vorhaben durchaus mit Schwierigkeiten verbunden sein. Wir schlagen vor, daß Sie langsam beginnen.

Nehmen Sie sich jeden Tag ein paar Minuten Zeit, sich selbst zu betrachten. Stellen Sie sich vor, Sie seien eine Künstlerin, die eine Skulptur beschreiben soll. Sie stehen vor der Aufgabe, sich selbst ohne irgendwelche subjektiven Werturteile zu beschreiben. Beginnen Sie mit der Beschreibung bei Ihrem Kopf und fahren dann fort hinunter bis zu den Zehen. »Hier bin ich rund, dort aber lang. Hier bin ich sehr zart und dort rauh und behaart. Hier gehe ich auseinander, aber dort unten werde ich wieder schmaler.« Der Moment, in dem Sie merken, daß Sie etwas Negatives sagen oder anfangen, wertende Aussagen über das zu machen, was Sie sehen, ist der Moment, in dem Sie abbrechen und sich von Ihrem Spiegelbild abwenden sollten. Wenn die Beurteilung beginnt, ist die Spiegelarbeit beendet. Morgen werden Sie wieder von neuem anfangen.

Wenn Sie diese Übung jeden Tag ein paar Minuten lang machen, werden sie schließlich lernen, wie Ihr Körper aussieht. In dem Augenblick, in dem Sie anfangen, sich wohler zu fühlen mit dem, was Sie sehen, werden Sie vielleicht auch das Bedürfnis verspüren, sich zu berühren, um Ihre Konturen zu fühlen. Irgendwann werden Sie den Punkt erreicht haben, an dem Sie Ihren nackten Körper ebensogut betrachten können wie wenn Sie bekleidet sind. Das Ziel dieser Übung ist, daß Sie es im Laufe der Zeit lernen, das Vokabular, mit dem Sie sich beschreiben, zu erweitern und von wertenden Aussagen, Urteilssprüchen, wie »dick«, zu einer tatsächlichen Beschreibung zu kommen. Dies ist ein höchst lohnenswertes Ziel.

Werfen Sie Ihre Waage weg

»Das erste, was ich jeden Morgen tue, ist, auf meine Waage zu steigen«, erklärte Maryann, eine Frau Mitte Dreißig, die die letzten zwölf Jahre in dem Bemühen zugebracht hatte, ihr Gewicht und ihr Essen unter Kontrolle zu bringen. »Schon ehe ich draufsteige, bin ich immer ein bißchen nervös, aber das ist ja auch kein Wunder. Für mich hat die Waage eine große Macht. Sehe ich, daß ich ein paar Pfund verloren habe, fühle ich mich großartig. Ich überlege, mir ein Frühstück zu genehmigen oder einen Kunden anzurufen und eine Verabredung zum Mittagessen zu treffen. Ich gehe an meinen Kleiderschrank und nehme etwas mit leuchtenden, kräftigen Farben oder etwas Verwegenes heraus, um es zur Arbeit zu tragen. Guter Stimmung gehe ich aus dem Haus, voller Zuversicht, daß es ein guter Tag werden wird.

Stelle ich jedoch fest, wenn ich auf diese Waage steige, daß ich zugenommen habe — fuhr Maryann fort — selbst wenn es nicht einmal ein Pfund ist, reagiere ich deprimiert. Manchmal springe ich herunter und wieder rauf, versuche, meine Füße so zu arrangieren, daß sich die Gewichtsanzeige verändert. Ich schiebe die Waage sogar in eine andere Ecke des Badezimmers und steige dann nochmals drauf. Ich habe all die kleinen Tricks gelernt, mit denen man die Anzeige ein paar Gramm herunterbekommen kann. Ist es jedoch so, daß ich tatsächlich mehr als am Vortage wiege, fühle ich mich entsetzlich. Ich lasse mir durch den Kopf gehen, was ich in den letzten vierundzwanzig Stunden gegessen habe, lasse das Frühstück ausfallen und gelobe mir, daß dem Mittagessen das gleiche Schicksal widerfährt. Mit Bangen nähere ich mich meinem Kleiderschrank und nehme Sachen heraus, die dunkel und sackartig geschnitten sind. Und dann verlasse ich das Haus in mieser Stimmung, mit dem Gefühl, dick zu sein.«

Maryann steht nicht allein. An jedem Tag überlassen Millionen Menschen ihrer Badezimmerwaage die Entscheidung über ihr Allgemeinbefinden. Die meisten von uns, die wir in einer Fett-Phobie-Gesellschaft leben, haben eine suchtartige Beziehung zu unserer Waage, wir sind waagenabhängig. Ist unser Gewicht hoch, fühlen wir uns unten; ist es unten, sind wir in Hochstimmung. Wir überlassen es der Waage, an unserer Statt darüber zu befinden, wie es uns geht, und zwar in weitaus weitreichenderer Hinsicht als rein gewichtsbezogen.

Wenn es Ihnen mit der Selbst-Annahme wirklich ernst ist, müssen Sie sich von Ihrer Waage trennen. Halten Sie sich einfach nur vor Augen, wie sehr die Waage letztlich das mächtigste Symbol der Nicht-Annahme in Ihrem Leben ist. Sie bemißt und bewertet. Still ruht sie in der Ecke Ihres Badezimmers und lockt. »Komm her. Was kann ich dir schon antun? Nutze die Chance. Vielleicht erhältst du ja eine gute Nachricht.«

Selbst-Annahme heißt einzusehen und anzuerkennen, daß eine gute Nachricht von der Waage genauso schädlich ist wie eine schlechte. Liefert sie Ihnen eine gute Nachricht, sagt sie damit in

Wirklichkeit, daß Sie gestern inakzeptabel waren. Ist die Nachricht dagegen schlecht, sagt sie, daß Sie heute inakzeptabel sind. Selbst-Annahme heißt, daß Sie wissen, wie Ihr Körper aussieht, ohne dabei zu Selbstvorwürfen zu greifen. Wenn Sie sich Ihrer Waage ein für allemal entledigen, so bedeutet dieser Schritt konkret: »Ich lasse es nicht zu, daß mich die Zahlen dieser Waage noch länger geißeln.« Sie bekräftigen damit, daß Sie nicht länger einen außenstehenden Richter tolerieren werden, der an Ihrer Statt darüber urteilt, wie gut oder schlecht Sie gewesen sind.

»Aber wie soll ich das wissen, was mit meinem Gewicht los ist?« fragte Maryann. Die Antwort ist, daß Ihre Augen Ihnen sagen werden, was mit Ihrem Körper los ist. Im übrigen werden Sie das auch an dem Umstand erkennen, wie Ihnen Ihre Kleider passen. Im Grunde genommen wissen Eßsüchtige sowieso im allgemeinen jederzeit sehr genau, was sie wiegen, bis aufs Gramm.

Sobald Sie sich Ihrer Waage entledigt haben, wird Ihr Seh- und Vorstellungsvermögen sich um einiges verschärfen. »Als ich mich jeden Morgen und Abend wog«, erzählte Arlene, »erhob ich die Waage zum Damoklesschwert, das stets über mir hing. Ich wachte auf und fühlte mich eigentlich recht gut, sagte die Waage mir dann jedoch, daß ich ein Pfund zugenommen hatte, kippte meine Stimmung, und ich fühlte micht schlecht. Oder ich zog mir etwas an, das ich mir für meine dünnen Tage vorbehalten hatte. Entdeckte ich dann aber, daß ich mehr wog, als ich angenommen hatte, zog ich es wieder aus. Hatte die Waage erst einmal ihren Urteilsspruch gefällt, spielte es keine Rolle mehr, wie gut ich mir ursprünglich darin gefallen hatte, jetzt stand es mir nicht mehr.«

Sie können ohne Waage feststellen, ob und wie Ihnen Kleidungsstücke wirklich passen. Sie können selbst entscheiden, ob Ihnen etwas gut steht oder nicht. Sie spüren selbst, ob Ihre Kleidung zu weit oder zu eng ist. Sie werden um die Veränderungen Ihres Körpers wissen, weil Sie sie selbst sehen und spüren.

Zwanghafte Esser reagieren mitunter negativ, wenn es darum geht, die Waage wegzuwerfen. Sie wurde so sehr ein Teil von ihnen, daß die Bitte, sie wegzuwerfen, in ihren Ohren so klingt, als wollte man sie bitten, sich einen Arm amputieren zu lassen. »Wenn ich mich auf die Waage stelle und die Zahlen beobachte«, meinte Alice, »dann habe ich das Gefühl, wirklich zu *sein*. Die Waage bestätigt mir, daß ich existiere.« Wenn die Waage in Ihrem Leben den gleichen Stellenwert hat, dann regen Sie sich nicht auf, lassen Sie es gut sein. Harren Sie der Dinge, die da kommen, wenn Sie anfangen, sich nach anderen Maßstäben zu kleiden und nach anderen Maßstäben zu essen. Diese Veränderungen alleine werden neue Gefühle der Selbst-Annahme und der Bewußtwerdung der Ich-Existenz bewirken.

Diejenigen, die an der Idee, die Waage wegzuwerfen, nichts Positives erkennen können, drängen wir aber dennoch, sie wenigstens außer Reichweite zu deponieren, wo Sie sie nicht sehen können. Packen Sie sie ein und stecken Sie sie in die hinterste Ecke des Kleiderschrankes. Die Waage ist das wertvollste Instrumentarium der Weight Watchers. Ab dem Moment, wo Sie den Schritt zu einem Nicht-Weight-Watcher geschafft haben und sich Ihr Wahrnehmungsvermögen geschärft hat, wird die Wichtigkeit der Waage schwinden.

Das Aussortieren des Kleiderschrankes

Wieviele Ich-Versionen hängen in Ihrem Kleiderschrank? Die Schränke von Eßsüchtigen offenbaren deren Ambitionen, Qualen und Zwischenlösungen. Noch wichtiger ist jedoch, daß der Inhalt ihrer Kleiderschränke zwar sehr viel über ihre Vergangenheit, aber fast nichts über ihre Gegenwart aussagt. Während andere Kleidungsstücke, die sie ein oder zwei Jahre lang nicht getragen haben, weggeben, wagen Eßsüchtige es nie, ihre Garderobe auszumisten. Ihre Vergangenheit ist stets auch ihre Zukunft. Immerfort spukt der Gedanke im Hinterkopf: »Vielleicht passe ich da ja eines Tages wieder hinein.« Oder: »Wenn ich mein altes Gewicht wiederhabe, werde ich das brauchen.« Adele, 25, kann sich nicht erinnern, daß es je eine Zeit gab, in der sie mit ihrem Körper wirklich zufrieden war.

»Im Grunde gibt es drei Arten von Kleiderbeständen in meinem Schrank. Zum einen hängt dort meine schlanke Garderobe, wovon ich das meiste vor mehreren Jahren gekauft habe, nachdem ich zwei Monate lang die Scarsdale-Diät gemacht hatte. Jeden Morgen sehe ich die Sachen, und mir ist zum Weinen zumute. Sie sind so winzig, ich kann gar nicht glauben, daß ich da jemals hineingepaßt habe. Wie konnte ich nur zulassen, daß ich so aus den Fugen geraten bin? Und dann gibt es da noch meine dicke Garderobe. Das sind die Sachen, die ich tragen muß, wenn ich am schlimmsten aussehe. Es ist gut für mich, sie zu sehen, auch wenn sie mich ganz krank machen, denn sie sind mir eine Warnung. Wenn ich nicht aufpasse, werde ich diese Monsterkleidung wieder anziehen müssen. Und dann gibt es da natürlich noch die Garderobe für zwischendurch, die Sachen, die mir passen, wenn ich gewichtsmäßig weder auf meinem Höchst- noch auf meinem Niedrigstand bin. Ich würde sagen, daß etwa die Hälfte davon ganz hübsch ist, und bei dem Rest geht es halt so.«

Was wir Adele und jedem, der über drei Arten von Garderobe verfügt, empfehlen, ist, den Kleiderschrank einmal ordentlich zu durchforsten und alles auszusortieren, das nicht mehr paßt. Alles was darin bleiben sollte, sind die Kleidungsstücke, die Ihnen passen und gefallen. Packen Sie alle Sachen, die zu klein sind, zusammen, und geben Sie sie entweder weg oder verfrachten sie in den Keller. Denken Sie daran, sich selbst annehmen, so wie man ist, heißt, sich nicht in Selbstvorwürfen über seinen Körper zu ergehen. Allmorgendlich am Schrank mit Kleidung konfrontiert zu werden, die nicht paßt, ist eine leidvolle Erfahrung und eine Form von täglicher Selbstkritik. Die Äußerungen von Adele offenbarten unmißverständlich, daß ihr schlankes Ich ihr besseres Ich war.

Sie mögen sich schwer damit tun, sich Ihrer Garderobe, die Ihren schlanken Tagen vorbehalten war, zu entledigen, da diese stellvertretend für Ihre Hoffnung steht, ebenso ungern trennen Sie sich vielleicht von der Garderobe für die dickeren Tage, da diese Ihnen ein Gefühl der Sicherheit gibt. Im übrigen stehen die Chancen nicht schlecht, daß die Kleidung, die Sie für Ihre Figur der Zukunft aufheben wollen, dann, wenn Sie sie tragen können, schließlich unmodern geworden ist. Sollte es Sie allerdings zu sehr schmerzen, sie wegzugeben, dann packen Sie sie wenigstens weg, um sie irgendwo sicher aufzubewahren.

Wenn Sie sich dann all der Sachen entledigt haben, die nicht mehr passen, gehen Sie die Restbestände unter dem Aspekt durch, was Sie davon mögen und was nicht. Fragen Sie sich, ob Ihre Garderobe Ihrem Geschmack entspricht. Wenn Sie morgens aufstehen, sind Sie dann zufrieden mit dem, was Sie in Ihrem Kleiderschrank vorfinden? Jederzeit mit dem, was da hängt, zufrieden zu sein, ist Ausdruck Ihrer Selbst-Annahme. Bei den meisten wird es aber wohl so aussehen, daß nach dieser Schrank-Säuberungsaktion sehr wenig übrigbleibt. Sie haben mit Schränken gelebt, die voller anderer Ich-Versionen waren. Jetzt, da Ihr Schrank leer ist, ist der Zeitpunkt gekommen, einkaufen zu gehen.

Ehe Sie mit Ihren Einkäufen beginnen, sollten Sie sich überlegen, welche Art von Kleidung Sie gerne tragen möchten. Für jemanden, dessen Lebensgeschichte in nicht unerheblichem Maße durch Haß gegenüber dem eigenen Körper geprägt war, kann ein Einkaufsbummel zu einem sehr unangenehmen Unterfangen geraten, so daß wir Ihnen vorschlagen, sich gedanklich ein wenig vorzubereiten, damit Sie das Ganze möglichst locker angehen können. Blättern Sie in ein paar Modezeitschriften. Lassen Sie Ihrer Phantasie freien Lauf, welche Art Kleidung Sie mögen. Welche Stoffe gefallen Ihnen am besten? Welche Farben stehen Ihnen am besten? Und schließlich die wichtigste Frage: wie möchten Sie jetzt, heute aussehen, und nicht, wenn Sie zwanzig Pfund weniger wiegen?

Wenn Sie dann soweit sind, sich die Angebote anzusehen, sollten Sie in jedem Fall in ein Geschäft gehen, in dem Ihnen ein großes Angebot zur Verfügung steht, und sich Zeit nehmen. Niemand steht mit einem geladenen Revolver hinter Ihnen, der Sie zum Kauf drängt. Sichten Sie in Ruhe, was angeboten wird. Experimentieren Sie in der Ankleidekabine. Probieren Sie soviel Sie mögen an oder gegebenenfalls auch gar nichts. Ihr erster Bummel ist vielleicht nur dazu da, um zu schauen und zu sehen. Sie sollten erst dann etwas kaufen, wenn Sie rundherum glücklich damit sind und genau das gefunden haben, was Ihnen gefällt.

Ein warnendes Wort. Orientieren Sie sich nicht an den Kleidergrößen. Schauen Sie sich die Kleidung an, die paßt, in welcher Größe auch immer, und kaufen Sie, was Ihnen zusagt. Die Schildchen mit den Kleidergrößen sind wie Waagen. Viele zwanghafte Esser haben diese Schildchen sogar aus ihren Kleidern herausgetrennt, da sie bei ihnen nichts als Unbehagen hervorriefen. Gehen Sie nach Augenmaß vor, um herauszufinden, was Sie gerne tragen möchten, und vergessen Sie nicht, daß das Ziel lautet, sich wohlzufühlen und gut auszusehen, ungeachtet Ihrer Kleidergröße. Sie müssen nicht länger enge Kleidung tragen als permanente Mahnung, daß

Sie abnehmen sollten, oder in der Hoffnung, daß sie Ihnen eines Tages passen wird. Sich-für-das-Heute-Kleiden heißt Einklang zwischen Bequemlichkeit und Stil.

Als Antwort hierzu hören wir häufig, wie schwierig es für jemanden mit großen Kleidergrößen ist, wirklich schöne Kleidung zu finden. Es ist wahr, daß die Mehrzahl der Designer vornehmlich für sehr schlanke Kundinnen arbeitet. Veränderungen haben aber auch hier bereits eingesetzt. Sobald Sie erst einmal akzeptiert haben, daß groß halt groß und nicht schlecht ist, werden Sie mit etwas Geschick Wege und Möglichkeiten finden, sich eine phantastische Garderobe zusammenzustellen.

Nancy Roberts, Rundfunkmoderatorin, Autorin, Schauspielerin und Fotomodell, fing bereits im Alter von acht Jahren mit Schlankheitskuren an. Zeit ihres Lebens ging ihr Gewicht rauf und runter. Sie ist eine sehr kräftige Frau, die sich vor ein paar Jahren zu dem Entschluß durchrang, daß es nunmehr an der Zeit sei, jedweden weiteren Schlankheitskuren und Selbstvorwürfen und einem fortwährenden Warten auf ein Leben in einem dünneren Körper abzuschwören. Sie kleidet sich wundervoll, mit sehr viel Geschmack und einer sehr persönlichen Note. Uns allen, die wir ein Leben des »Wenn-nur« führen, ein Leben, das mit dem Warten auf das Leben verbracht wird, ist sie Vorbild und Modell.

Sobald Sie Ihren Spiegel installiert, sich der Waage entledigt und Ihren Kleiderschrank aussortiert haben, sind Sie soweit, daß Sie sich Ihrem Leben widmen können. Falls Sie Lust, aber zuviel Angst hatten, einen Tanzkursus zu besuchen, und damit warten wollten, bis Sie schlanker wären, dann ist es jetzt an der Zeit, sich anzumelden. Wie ist es mit dem Urlaub, den Sie schon immer in der Sonne verbringen wollten, es aber nicht taten, weil Sie vor der leichten und entblößenden Kleidung zurückscheuten?

In der Vergangenheit war Ihr Gewicht für Sie der Grund, viele Dinge nicht zu tun. Haben Sie es geschafft, sich so anzunehmen, wie Sie sind, dann haben Sie die freie Wahl, was Sie tun möchten und was nicht. Falls Sie gesagt haben: »Wenn ich doch nur dünner wäre, würde ich mich um eine bessere Stelle bewerben«, dann müssen sie Ihre Situation nunmehr unabhängig von Ihrer Figur beurteilen. Möchten Sie sich oder möchten Sie sich nicht verändern? Wenn Sie es möchten, aber Angst davor haben, was steht Ihnen dann wirklich im Weg? Wenn Sie gedacht haben: »Wenn ich nur schlank wäre, würde ich an den Strand gehen«, dann müssen Sie jetzt überlegen, wie Sie sich am Strand, so wie Sie sind, wohlfühlen könnten. Wenn Sie sich selbst annehmen, heißt das, nicht länger zuzulassen, daß Ihr Gewicht darüber entscheidet, was Sie tun oder nicht tun. Sie reklamieren für sich die gleichen Lebensrechte, die auch sonst jedermann hat.

Kapitel 7
Diätkuren abschütteln

In der Gegenwart leben — Selbst-Annahme gegen Negativurteile eintauschen — ist der erste notwendige Schritt zur Selbst-Befreiung von der Eßsucht. Die Selbst-Verurteilung aufgrund Ihres Eßverhaltens und Körperumfanges hat Sie stets zu Schlankheitskuren getrieben. Die Diätkur war die selbstauferlegte Züchtigung als Strafe für »falsches Aussehen«. Sie war ein Instrument des Selbst-Hasses. Folglich besteht der nächste wesentliche Schritt, den Sie im Sinne der Selbst-Befreiung tun müssen, darin zu sagen, *»nie wieder Diät- und Schlankheitskuren!«*

So unmöglich es Ihnen auch erscheinen mag, endgültig mit Diät- und Schlankheitskuren zu brechen, wenn Sie Ihre eigenen diesbezüglichen Erfahrungen Revue passieren lassen und sich zusätzlich die von uns angeführten Daten und Fakten vor Augen halten, können Sie Ihren bis dato vielleicht noch wankelmütigen Entschluß untermauern. Vergessen Sie nicht:

1. Achtundneunzig Prozent nehmen nach einer Diät das, was sie abgenommen haben, wieder zu, plus einiges mehr.
2. Diätkuren machen Sie dick.
3. Entbehrungen bedingen unweigerlich eine Reaktion des Zurückschlagens — die Eßanfälle.

Der Entschluß, nie wieder eine Diätkur zu machen, kann nicht ultimativ davon abhängen, ob Sie sich dick oder dünn fühlen, ob eine große Party bevor- oder ein Vorstellungsgespräch ansteht, oder davon, ob der Sommer, Herbst, Winter oder Frühling vor der Tür steht. Solange Sie sich nicht hoch und heilig versprechen, daß Sie mit Diätkuren endgültig fertig sind — sei es nun eine Grapefruit-Diät, Papaya-Diät, Protein-Diät, Kohlenhydrat-Diät, Iß-was-du-willst-Diät oder eine Hungerkur —, werden Sie nicht in der Lage sein, Ihre Eß-Besessenheit zu überwinden. Die von Ihren Gefühlen bestimmte Einstellung zum Essen wird sich erst dann verändern, wenn Sie sagen: »Das war's. Die bessere Hälfte meines Lebens habe ich mit Diätkuren zugebracht, und ob ich nun ab- oder zunehme, ich werde mich nie mehr durch Verzicht auf Essen selbst kasteien. Mit Hungerkuren bin ich auf immer und ewig fertig.«

Diese Erklärung ist, trotz ihrer Logik, das vielleicht schwierigste Versprechen, das einem Eßsüchtigen je abverlangt wird. Alle unter Eßsucht leidenden Personen — selbst die aufgeklärtesten — fürchten, daß sie ohne die Restriktionen eines Diätplans die ganze Welt verschlingen würden. »Ich werde anfangen zu essen und nie mehr aufhören.« »Ich werde die Ausmaße eines Hauses annehmen.« »Auch wenn ich alljährlich immer wieder am gleichen Ausgangspunkt lande — würde ich mir nie mehr selbst Bremsklötze in den Weg legen, ich würde auseinandergehen wie sonst was.«

Wir dürfen Ihnen versichern, daß jeder zwanghafte Esser diese Angst verspürt, wenn er mit der Aussicht konfrontiert wird, Diätkuren ein für allemal aufzugeben. Diejenigen, die jedoch jeglicher Diätaktion abgeschworen und diesen Schritt vollzogen haben, fühlen sich entspannter, kontrollierter und essen beachtlich weniger als sie jemals für möglich gehalten hätten. Nachdem Sie sich ein Leben lang mit Selbstkontrolle abgemüht haben, ist es nur allzu verständlich, daß Sie dem, was in einem Leben ohne Diät auf Sie zukommt, mit gemischten Gefühlen entgegensehen und eine starke Reaktion erwarten. Bereiten Sie sich darauf vor, daß Ihre Gefühle die ganze Skala von Euphorie zu Terror hin zu Traurigkeit und schließlich zur Erleichterung durchlaufen.

Euphorie

Wann immer wir unsere Idee vorstellen, nie mehr eine Diät- oder Hungerkur zu machen, bekommen wir ein nervöses Lachen zu hören, fast als hätten wir irgend etwas Unanständiges vorgeschlagen. Den Großteil Ihres Lebens haben Sie damit verbracht, jeden Bissen, den Sie in den Mund nahmen, peinlichst zu überwachen. Entweder sind Sie gerade auf Diät oder gerade mal nicht auf Diät, und jeder kleine Happen wird entsprechend beurteilt. Wir schlagen

Ihnen vor, daß Sie jetzt zum ersten Mal weder gerade auf Diät noch gerade mal nicht auf Diät sind, sondern daß Sie einfach nur sind. Der Geschmack der Freiheit hat einen gewissen Rauscheffekt. Sie haben zunächst das Gefühl, aus dem Gleichgewicht zu geraten, ein Gefühl, das gleichzeitig jedoch auch etwas Faszinierendes hat.

»Sagen Sie mir wirklich, ich soll alles essen, worauf ich gerade Lust habe?« fragte Helen. »Sie kennen mich offensichtlich nicht sehr gut.« Dann fing sie an zu lachen, und mehrere in der Gruppe fielen in ihr Lachen ein. Niemand von ihnen konnte sich ein Leben ohne Eß-Regeln vorstellen. Diese Perspektive hatte einen gewissen Kitzel, wie alle gefährlichen Unternehmungen. Bei den meisten Menschen wird die euphorische Erregung jedoch rasch von dem Gefühl lauernder Gefahren abgelöst.

Angst

Sie werden nie mehr eine Diät machen, und dieser Gedanke versetzt Sie in Angst und Schrecken. Diese Angst ist sehr verständlich. Den einzigen Bezugsrahmen, den Sie bisher für ein verzicht- und einschränkungsfreies Essen kannten, waren Eßanfälle. Sie stopften alles mögliche in sich hinein und hatten das Gefühl, völlig außer Kontrolle zu sein; jetzt, da Sie dem Ihnen vertrautesten Kontrollsymbol, der Diätkur, abgeschworen haben, steigen die gleichen Außer-Kontrolle-Gefühle in Ihnen auf. Sie haben das Gefühl, als ob verzicht- und einschränkungsfreies Essen und Eßanfälle ein und dasselbe wären. »Nie mehr Diätkuren« liest sich in der gedanklichen Übertragung von Menschen, die ein Leben lang diät lebten, als ein lebenslanger Eßanfall. Angesichts der Tatsache, daß Eßanfälle stets von innerem Chaos begleitet werden, gefolgt von Gefühlen des Dickseins und der Selbstverachtung, ist es kein Wunder, daß die Vorstellung eines lebenslangen Eßanfalls bei Ihnen Zähneklappern hervorruft.

Was Sie dabei vergessen, ist, daß Sie in der Vergangenheit niemals den bewußten, zielgerichteten Entschluß gefaßt haben, *nie mehr eine Diätkur zu machen*. Wenn Sie außer Kontrolle gerieten, so war das auf dem Diät/Eßanfall-Karussell nur jeweils Ihre letzte Runde, indem Sie auf die selbstauferlegten Entbehrungen mit Ausbrechen *reagierten*. Wenn Sie ein Dutzend Berliner aßen, erfolgte dies mehr aus dem Trieb heraus, diese in der Zeit, wo Sie gerade einmal nicht auf Diät waren, in sich hineinzustopfen, als daß in der jeweiligen Situation ein echtes Verlangen auf Berliner vorgelegen hätte. Ein Eßanfall ist eine negative Reaktion auf die Entbehrungen einer Diätkur und hat nichts damit zu tun, was Sie wirklich gerne möchten.

Das Aufgeben von Diät- und Hungerkuren ist demgegenüber ein positiver Vorgang, der in Ihrem Wunsch wurzelt, mit Ihren realen Bedürfnissen und Ihrem realen Appetit wieder in Kontakt zu kommen, und der Sie in Wahrheit Neuland betreten läßt. Obwohl Sie nach dem Aufgeben von Diätkuren zunächst vielleicht von einem Gefühl der Kontrollosigkeit befallen werden — ein Gefühl voller Angst und Schrecken, das wir Ihnen sehr gut nachempfinden können —, müssen Sie Ihre Angst dennoch überwinden, ehe Sie auf Selbst-Bestimmung und -Regulierung hoffen können. Erst wenn Sie jegliches ›Sollte-ich‹ und ›Sollte-ich-nicht‹ in Zusammenhang mit Essen ausgeschaltet haben, werden Sie ein Vielfaches an Kontrolle in bezug auf Ihre Nahrungsaufnahme verspüren.

Skeptisch? Wir haben festgestellt, daß Menschen, die den Versuch wagen, ein Leben mit Diätkuren aufzugeben, nur so lange übermäßig viel essen, wie sie sich selbst und ihrem Vorhaben nicht so recht trauen. Das Aufgeben von Hungerkuren ist ein mutiger Schritt. So ist es nur allzu verständlich, daß Betroffene sich selbst und ihrem Vorhaben nicht so recht trauen, und fehlt dieses Vertrauen, dann geraten sie unweigerlich in Schwierigkeiten.

Fred fand das, was wir zu dem Teufelskreis von Diätkuren/Eßanfällen gesagt hatten, vernünftig, und darum entschloß er sich zu dem Versuch, Diätkuren ade zu sagen. Nach einer Woche »ohne Diät« geriet er in Panik. »Jeden Abend komme ich beladen mit Eiscreme und Plätzchen und chinesischem Essen nach Hause und ich esse und esse und esse. Ich habe in dieser Woche fünf Pfund zugenommen, und ich kann mir nicht vorstellen, wie es weitergehen soll, wenn es bei dieser Geschwindigkeit bleibt. Das Problem besteht darin, daß, wenn ich Nahrungsmittel zu Hause habe, ich mich gezwungen fühle, sie auch zu essen. Ich schaffe es nicht, einen nur halb aufgegessenen Becher Eis wegzustellen.«

Schon bald merkten wir, daß Fred zwar versichert hatte, er würde die Diätkuren aufgeben, in Wirklichkeit betrachtete er das Ganze jedoch als Experiment. Er tat nichts anderes, als einmal versuchsweise mit Hungern aufzuhören. Die Dinge, auf die er Lust hatte, schleppte er nach Hause und beobachtete dann, was wohl passieren würde. Mit einem Buch auf den Knien setzte er sich hin und dachte an sein Eiscreme. Er ging zum Kühlschrank, aß einen Löffel voll, kehrte zu seinem Buch zurück, um neuerlich an sein Eis zu denken. Er genehmigte sich anschließend eine weitere Portion und fuhr in dieser Weise fort, bis er am Ende alles vertilgt hatte.

Fred wollte einfach sehen, wie gut er den Dingen, die er nach Hause brachte, würde widerstehen können. Widerstehen-Können hat jedoch mehr mit Diät als mit einem Über-Bord-Werfen von jeglicher Diät zu tun. Im Grunde genommen sagte Fred, er werde nur dann mit Diätkuren aufhören, wenn er sich selbst beweisen konnte, daß er sehr wohl in der Lage ist, Nahrungsmittel im Haus zu haben und diese nicht zu essen — »Ich werde mit Diätkuren aufhören, wenn ich mir sicher bin, daß ich dann nicht zwanghaft esse.«

Derartige Sicherheiten gibt es nicht. Die meiste Zeit seines bisherigen Lebens litt Fred unter Eßsucht. Das Abschütteln von Diätkuren ist nur ein erster Schritt auf dem Weg, die Eßsucht zu überwinden. Solange er seine restriktiven Mechanismen nicht wirklich ausgeschaltet hat, wird Fred sich auch weiterhin dem Zwang ausgesetzt sehen, diesen entgegenzuwirken.

Nachdem er es zunächst abgestritten hatte, gab Fred schließlich zu, daß er sich diesen Schuh nur probeweise angezogen hatte, um zu sehen, ob er paßt, anstatt sich dem Aufgeben von Diätkuren als ernsthaftem Vorhaben verpflichtet zu fühlen. Er war nicht wirklich entschlossen, sich nie mehr Eß-Beschränkungen aufzuerlegen. Die Aufgabe, mit Diätkuren zu brechen, betrachtete er so, als ob es sich dabei um eine neue Diät handelte. Er malte sich aus, daß er eine Zeitlang von allen möglichen eßbaren Dingen umgeben sein werde und wollte abwarten, was dann passiert. Wenn dies Experiment nicht funktionieren sollte, würde er neuerlich mit einer Fastenkur anfangen.

Leider führte Freds Versuch, dem Essen widerstehen zu wollen, dazu, daß sich seine Eßsucht verschlimmerte. Solange der Rebell in Fred wußte, daß es sich bei dem reichlich gefüllten Kühlschrank lediglich um eine Übergangserscheinung, um eine zeitlich befristete Phase der Verwöhnung handelte, holte er sich, was zu holen war, solange die Versorgung noch so gut war.

Sandras Erfahrungen waren erfolgreicher als die von Fred. Sie nutzte die Chance und merkte, daß, wenn man Fastenkuren abschwört, man Essen nicht mehr auf die gleiche Weise blindlings in sich hineinstopft. »Ich glaube, daß ich meine Diätkuren schon lange nicht mehr sehr ernst genommen habe. Sicher, ich bin auf Diät gegangen und habe sie wieder abgebrochen, aber irgendwie glaube ich erkannt zu haben, daß sie mir in Wahrheit nie sonderlich viel Nutzen gebracht haben. So war eigentlich meine innere Bereitschaft da. Es mußte nur noch jemand kommen, um mir zu sagen, daß ich sie abschütteln soll.«

Während der ersten Wochen ihres aktiven Ohne-Diät-Lebens hielt Sandra sich Vorräte von Plätzchen in ihrem Schrank. »Ich hätte das nie für möglich gehalten«, meinte sie nach drei Wochen, »aber ich habe mehrere angebrochene Dosen mit Plätzchen in meinen Regalen. Ich kann es nicht glauben. Zum ersten Mal in meinem Leben habe ich nicht das Gefühl, gleich die ganze Dose aufessen zu müssen. Es ist höchst sonderbar, dabei bin ich nicht einmal wirklich bemüht, mich davon wegzuhalten. Natürlich habe ich so manche Dose mit Plätzchen leergemacht, ehe ich mich daran gewöhnt hatte, sie im Haus zu haben, ich habe aber auch weiterhin welche gekauft, und an irgendeinem Punkt merkte ich, daß ich weniger davon aß.

Im Grunde genommen esse ich, wozu immer ich Lust habe, wann immer ich Lust habe, ohne mir sehr viele Gedanken darüber zu machen. Es ist ein großartiges Gefühl, mich nicht die ganze Zeit selbst zu überwachen. Ich glaube, daß ich nicht *so* viel esse, aber ich mache mir schon Sorgen, was mit meinem Gewicht sein wird, wenn ich aus Plätzchen einen Lebensmodus mache.«

Der mit dem Aufgeben von Diätkuren verbundene Terror ist letztlich die Angst und Sorge, die Kontrolle zu verlieren und Gewicht zuzunehmen. Was wir auch sagen, und was immer sich bei Ihnen an Erkenntnissen durchgesetzt hat, es ist schwer, den Glauben aufzugeben, daß Diätkuren Ihr Gewicht untenhalten.

Wir haben den Punkt angesprochen, daß Diätkuren als solche häufig für unser Dickwerden verantwortlich sind. Wenn Sie Diät leben, verlangsamt sich Ihr Stoffwechsel und konserviert Fett. Folglich muß jede weitere, nachfolgende Diät noch strenger sein, wenn Sie die gleiche Gewichtsmenge verlieren möchten. Manche Menschen halten ihr Gewicht auf dem Niveau eines künstlich dünnen Körpers — ein Körper, der von seinen genetischen Voraussetzungen her, anders programmiert war —, indem sie sich fortwährend in einem fortschreitend entbehrungsreicheren Zustand halten. Aber nur wenige können auf Dauer einen künstlichen dünnen Körper aufrechterhalten. Die meisten Menschen halten sich, als Ergebnis des endlosen Diät/Eßanfall-Kreislaufs, auf einem Durchschnittsgewicht. Gelingt es ihnen, all ihre Bedenken abzuschütteln und mit dem Aufgeben von Diätkuren ernstzumachen, sind sie überrascht, festzustellen, daß ihr Gewicht schlicht dort verharrt, wo es ist. Es kann durchaus ein wenig in die Höhe gehen, bis sie zu der festen Überzeugung gelangt sind, daß die Zeiten der Entbehrungen und Lebensmittelknappheiten endgültig vorbei sind. Ab dem Moment, wo sie die zwanghafte Seite ihrer Eßpraktiken jedoch überwunden haben, wird es wieder sinken.

Sie und Ihr Körper sind selbst-regulierend. Sie werden lernen, auf welche Weise Ihr Körper Ihnen sagen kann, wie er ernährt werden sollte, und auch bei diesem Prozeß werden viele von Ihnen Gewicht verlieren. Wir sehen und respektieren jedoch die Tatsache, daß Sie den Gedanken der Selbst-Regulierung noch nicht akzeptiert haben, und daß das Lossagen von Diätkuren für Sie ein Schritt ist, der Ihnen Angst einflößt. Die Möglichkeit, auch nur wenige Pfund zuzunehmen, ist aus Ihrer Sicht nicht tolerierbar.

Wieder und wieder machen wir die Erfahrung, daß Menschen, die mit Diätkuren brechen und ihre Selbstvorwürfe wegen ihrer Eßgewohnheiten einstellen, unmittelbar feststellen, daß sie tatsächlich weniger essen. Es ist wichtig, sich vor Augen zu halten, daß *Selbstvorwürfe und Gewichtszunahme Hand in Hand gehen.* Wenn Sie Regeln und Vorschriften beiseite schieben und sich nicht wegen Ihrer Eßpraktiken selbst bezichtigen, werden Sie weniger zwanghaft essen. Das Loslassen von Hungerkuren wirkt befreiend. Es kann aber auch mit Traurigkeit einhergehen.

Traurigkeit

Wie bereits gesagt, geben uns Diätkuren die Hoffnung, daß wir, indem wir unseren Körper ändern, unsere Ich-Gefühle und unser Leben ändern können. Wir denken über Diätkuren nach, um uns besser zu fühlen, wenn es uns schlecht geht, und eine Lösung für unzählige Probleme zu erhalten. Beenden wir ein Leben mit Diätkuren, schwindet die Hoffnung auf eine magische Veränderung, und Traurigkeit macht sich in uns breit.

Mary hatte unseren Ausführungen bis zum Schluß mit einer offenen Einstellung zugehört. Nach einer Weile konnte sie erkennen, daß Diätkuren und die damit einhergehende Selbstverachtung sie dick gemacht hatten; um wenigstens einem Problem einen Riegel vorzuschieben, war sie bereit, mit Diätkuren aufzuhören. »Mein Problem ist nur, daß der Sommer vor der Tür steht«, sagte Mary. »Alles, was Sie gesagt haben, leuchtet mir ein, wenn ich mir jedoch vorstelle, noch einen weiteren Sommer in meinem Körper herumlaufen zu müssen, macht mich das sehr traurig. Mit diesem Gewicht kann ich mich nicht mit dem Gedanken anfreunden, an den Strand zu gehen. Nur ein einziges Mal möchte ich mich für den Sommer okay fühlen. Wie wäre es, wenn ich zuerst etwas abnehme und dann Diätkuren aufgeben würde?«

Alle lachten, weil alle exakt das gleiche tun wollten: zuerst abnehmen, dann ihr Eßproblem angehen. Ganz gleich, wie oft die Erfahrung uns zeigte, daß wir am Ende einer jeden Diät in unsere vertrauten Strukturen zurückfallen, wir halten an der Illusion fest, daß es nur eine Frage unserer Willenskraft ist, eine bleibende Veränderung zu erreichen. Mary wußte, daß ein Loslassen von Diätkuren gleichbedeutend war mit einem Lossagen von der Hoffnung, daß sie anders sein könnte, schöner und, rechtzeitig zum Sommer, weniger befangen und gehemmt. Es war gleichbedeutend mit dem Akzeptieren des Umstandes, daß sie in absehbarer Zeit ihren derzeitigen Körperumfang behalten werde. Als ihr diese Faktoren voll bewußt wurden, wurde sie von einem unerwarteten und überwältigenden Gefühl der Traurigkeit erfaßt.

Es ist schwer, sich von dem Taum »Schlank in dreißig Tagen« zu verabschieden. Wir alle haben uns dieses Traumes bedient, um uns wieder Auftrieb zu geben, wenn wir am Boden waren. Genau wie Mary haben wir uns vorgestellt, in einem anderen Körper am Strand spazieren zu gehen, und einen Moment lang haben wir uns besser gefühlt. Es ist bitter, davon Abschied zu nehmen. Aber Träume sind Schäume — und nicht das Leben. Das Spiel »Ändere deine Figur und ändere dein Leben« hält Sie davon ab, Ihr Leben in der Gegenwart zu leben.

Schwer ist es auch, sich von der Illusion zu verabschieden, daß Diätkuren alle Probleme lösen, und ebendiese Art der Illusion bringen wir häufiger ins Spiel als uns bewußt ist. Eßsüchtige greifen nach Essen, wann immer sie sich unwohl fühlen, und jedesmal, wenn sie es tun, steigt in ihnen das Traumbild auf, wenn es ihnen doch gelänge, sich vom Essen abzuhalten, das heißt, auf Diät zu bleiben, daß das Leben dann weniger hart wäre.

Nach einer »diätfreien« Woche erzählte Richard, daß er diese mit gemischten Gefühlen durchlebt habe. »Es war eine enorme Erleichterung, einmal nicht *auf* Diät zu sein«, meinte er, »und Sie hatten recht. Mein Essen hat sich gemäßigt. Ich war sehr überrascht, das festzustellen. Neulich habe ich sogar im Restaurant einen Essensrest auf meinem Teller zurückgelassen. Das habe ich zwanzig Jahre lang nicht gemacht. Aber ich habe auch gemerkt, daß ich irgendwie depressiv war. Zum ersten Mal, seit ich denken kann, war ich nicht von Essen oder Diäthalten besessen. Was statt dessen jedoch eintrat, war, daß ich mir mehr als je zuvor all der Probleme bewußt wurde, die sich mir jeden Tag stellen. Vermutlich habe ich in Wirklichkeit eine Menge Energie dafür verwendet, mich von diesen Problemen abzulenken, indem ich das Essen zum Brennpunkt meines Lebens machte. Allein der Gedanke, wie viele Probleme ich lösen muß, ist erdrückend. Ich hoffe, daß ich, wenn ich mein Eßproblem gelöst habe, in einer besseren Verfassung sein werde, mich mit meinem Leben im allgemeinen auseinanderzusetzen.«

Der Verlust von Diätkuren als magische Lösung auf viele Probleme läßt Traurigkeit aufkommen. Nicht zuletzt ist das Loslassen von Diätkuren für zwanghafte Esser auch deshalb mit Traurigkeit und Sorge verbunden, da diese für sie einen Lebensmodus verkörpern. Es ist zwar seltsam, aber wahr, daß Menschen, deren Leben um ein bestimmtes Problem herum organisiert war, ein ähnliches Gefühl des Verlustes empfinden, wenn dieses Problem gelöst ist. So fühlen sich zum Beispiel Personen, die chronisch unter Schmerzen litten, plötzlich deprimiert, wenn die Schmerzen vorbei sind.

Zwanghafte Esser, wie Richard, waren zeit ihres Lebens vorrangig mit ihrem Eßdrang und mit der Frage beschäftigt, was sie dagegen unternehmen konnten. Diese Besessenheit hatte sie völlig in Beschlag genommen. Die Diät war ihr permanenter Begleiter, der sie mit dem »Wenn-ich-nur« des Schlankseins verführte. Diesen Begleiter zu verlieren — so unerfreulich und unbequem er auch gewesen sein mag — ist ein Verlust. Ein unglückliches Paar, das sich nach zwanzig Ehejahren schließlich trennt, erfährt neben der Erleichterung, die sich einstellt, für gewöhnlich auch eine Art von Verlust. Ähnlich ergeht es zwanghaften Essern mit ihren Diätkuren.

Am zutreffendsten formulierte es Christina: »Über eines mache ich mir durchaus Sorgen: Wenn ich aufhöre, über meine Diätkuren nachzudenken, habe ich all die viele Zeit zur Verfügung. Es stimmt zwar, daß ich es hasse, mich fortwährend mit dem, was ich esse, zu beschäftigen, aber es macht schon einen sehr großen Teil meines Lebens aus. Ich habe das Gefühl, als ob ich dabei sei, in einen luftleeren Raum zu springen.«

Erleichterung

Angst und Traurigkeit sind allgegenwärtige Reaktionen auf unseren Vorschlag, mit Diätkuren aufzuhören. Schon sehr bald berichten Betroffene dann aber auch von der Erleichterung, die sie empfanden. Was denjenigen unklar bleibt, die sich ein Ritual wie das zwanghafte Essen als Versuch der Schmerzbewältigung angeeignet haben, ist, daß der Schmerz, dem sie damit ausweichen möchten, letztlich weniger intensiv ist als das Ritual selbst. Schon früh in unserem Leben beginnen wir, Schmerzen auszuweichen, und viele von uns halten ein Leben lang an diesen Strukturen fest. Was in der Kindheit jedoch schmerzreich und überwältigend sein mag, ist es im Erwachsenenalter nur noch selten. Daher sind auch die meisten, wenn sie sich von ihrem Diätleben und ihren Selbstbeschimpfungen wegen ihres Essens verabschiedet haben, überrascht festzustellen, daß das Leben wesentlich einfacher ist, als sie es sich vorstellten.

Karen, 45, war als Teenager in das Diät/Eßanfall-Karussell eingestiegen, und die seither andauernden Anstrengungen hatten ihre Spuren hinterlassen und sie zermürbt. Die Vorstellung, daß ihre Probleme mit dem Essen mehr mit den Diätkuren selbst als mit ihrer eigenen Unzulänglichkeit zu tun hatten, tat ihr gut. Und die Behauptung, daß ihre Eßgewohnheiten einen Akt der Rebellion gegen kulturelle Klischeevorstellungen darstellten, ließen ein wenig Erleichterung, ein wenig Erholung von ihren Selbst-Schmähungen in ihr aufkommen. Diese zwei Ansatzpunkte — die Grundgedanken unseres Vorschlags, Diätkuren abzuschütteln — boten Karen ausreichend Hoffnung, um einen Versuch zu wagen.

Karen ging in den Supermarkt und kaufte alles, was ihr gefiel. »Ich ging zwischen den Regalen rauf und runter und tat so, als ob ich *normal* sei«, erzählte sie uns. »Ich kaufte, worauf immer ich Lust hatte, und dachte nicht einen Augenblick darüber nach, ob es dick machte oder was die Kassiererin wohl über den Inhalt meines Einkaufswagens denken würde.

Als ich nach Hause kam, öffnete ich mehrere Becher Eiscreme und aß ziemlich viel davon, aber ich hatte so viel gekauft, daß nicht einmal *ich* daran denken konnte, alles aufzuessen. Als ich jenen Abend zu Bett ging, waren immer noch Unmengen Eis übrig. Es war ein seltsames Gefühl. Normalerweise habe ich einen Becher gekauft und den dann ganz in mich hineingestopft. Diesmal hatte ich sechs Becher eingekauft und hatte weniger den Drang, mich damit vollzustopfen.«

Als Karen am nächsten Morgen aufwachte, mußte sie an das denken, was sie am Abend zuvor verzehrt hatte. Sie war beunruhigt und fühlte sich schuldig, rannte diesmal aber nicht verzweifelt zum Kühlschrank, um auf diese Weise zu versuchen, mit ihren Gefühlen fertigzuwerden. Statt dessen hielt sie sich ihr Versprechen vor Augen, daß sie nie mehr, was auch geschah, eine weitere Diät anfangen werde. Deshalb versuchte sie dieses Mal auch nicht, sich wegen ihres Eisschleckens zu verdammen, wie sie es in der Vergangenheit stets getan hatte, noch setzte sie sich auf eine »Das-Eis-von-gestern-abend-wieder-runterhol-Diät«.

Während jener Woche aß Karen eine ganze Menge, aber weitaus weniger, als sie ursprünglich erwartet hatte. »Ich kann es nicht glauben«, meinte sie. »Ich stehe jeden Morgen auf, denke daran, mir irgend etwas Eßbares zu schnappen, gehe an den Kühlschrank und kann mich entspannen. Ich habe jede Menge Sachen um mich herum, und, was mich am meisten überrascht, das gibt mir ein Gefühl der Sicherheit. Mich mit dem Gedanken auseinanderzusetzen, daß ich vielleicht niemals so schlank sein werde, wie ich immer gerne sein wollte, fällt mir nach wie vor schwer, und es ist ja eigentlich klar, daß ich nicht innerhalb eines Monats all mein Gewicht verlieren werde. Das stört und beunruhigt mich, aber ich kann es andererseits gar nicht fassen, wie erleichtert ich mich jedesmal fühle, wenn mir bewußt wird, daß ich nicht auf Diät bin.«

Karen wagte einen Versuch und durfte, als Ergebnis davon, einige wichtige Entdeckungen machen. Sie hatte sich das Versprechen gegeben, sich nie mehr irgendwelche Nahrungsentbehrungen aufzuerlegen. Sie hörte auf, sich als dick und schlecht zu titulieren. Als sie ihre Gedankenstrukturen durchbrach, die stets um ihr Leben »*wenn* sie dünn wäre« kreisten, konnte Karen eine konkrete Veränderung in ihrem Eß-Trieb erkennen.

Karen hatte genug von dem Zwangssystem der Diätkuren/Eßanfälle und wollte, was immer notwendig sei, tun, um von ihrem Besessensein von Essen und Gewicht loszukommen. Jedesmal wenn sie nach vormals verbotenen Nahrungsmitteln griff, war sie in der Lage, sich selbst daran zu erinnern: was auch geschehen werde, niemals mehr würde sie diät halten. Und jedesmal wenn sie sich in Erinnerung rief, daß sie sich endgültig von Diätkuren losgesagt hatte, war sie in der Lage, sich zu entspannen. Je mehr sie sich entspannen konnte, desto weniger fühlte sie sich zum Essen hingezogen.

Karen und alle Eßsüchtigen, die mit Diätkuren brechen, wagen sich damit auf völlig neue Pfade. Sie sagen nein zu weiteren Schlankheitskuren und nein zu weiteren Selbstbezichtigungen, um so den Grundstein für eine neue Art des Essens zu legen — der Ernährung nach Bedarf. Obwohl das Aufgeben von Diäten ein mit Angst und Schrecken verbundener Schritt ist, gelingt es den meisten dennoch, an ihrem Vorsatz festzuhalten, weil sie unmittelbar auch entdecken, wie sehr viel besser sie sich frei von Diäten fühlen. Verwundert stellen sie fest, daß sie sich kontrollierter und entspannter fühlen — und hoffnungsvoller als je zuvor, dieses quälende Problem am Ende doch lösen zu können.

Kapitel 8
Frei leben in einer Welt des Überflusses

Die wichtigste Voraussetzung, zwanghaftes Essen zu überwinden, ist das Lossagen von Diät- und Schlankheitskuren. Von niemandem, der lange Zeit mit zwanghaften Eßgewohnheiten gekämpft hat, kann jedoch erwartet werden, daß er ohne Hilfestellung eine völlig neue Haltung gegenüber dem Essen entwickeln und Diätkuren dauerhaft auf den Index setzen kann.

Zwanghafte Esser gehen davon aus, daß das Essen ihr Problem ist. Wir stellen dagegen die Behauptung auf, daß Essen *nicht* das Problem ist. Zwanghafte Esser benutzen Essen zur Beschwichtigung ihrer Angst, als Beruhigungsmittel, und nicht zu dem Zweck, der ihm eigentlich zugedacht ist, der Befriedigung physiologischen Hungers. Der Mißbrauch von Nahrung läßt sich jedoch erst dann korrigieren, wenn der zwanghafte Esser mit dem Essen, mit jedweder Form von Nahrung Frieden geschlossen hat. Wir bezeichnen diesen Prozeß als »Legalisierung«. Frei leben in einer Welt des Überflusses ist der Grundstein der bedarfsorientierten Ernährung.

Möhren contra Mohrenköpfe

Zwanghafte Esser stehen in einem fortwährenden Kampf mit dem Essen, und das ist kein Wunder. Essen macht ihnen angst. Essen entzückt sie. Essen gibt ihnen Befriedigung. Und Essen macht sie hilflos. Ihre Liebes-/Haßbeziehung zu Essen nimmt sie wahrhaft ganz in Anspruch, zehrt sie auf.

Sofern auch Sie jemand sind, der unter zwanghaftem Essen leidet, haben auch Sie wahrscheinlich einen Großteil Ihres Lebens mit dem beharrlichen Versuch verbracht, dem Essen aus dem Weg zu gehen. Der erste Schritt in Ihrem Kampf gegen Ihr Besessensein von Essen und Gewicht besteht folglich darin, mit diesem Ausdem-Weg-Gehen aufzuhören. Diät- und Schlankheitskuren abschwören heißt im Grunde, daß es nie mehr irgendein Nahrungsmittel gibt, das Sie in den Kategorien von »macht dick« oder »verboten« einordnen.

Die Vorstellungen von Nahrungstabus sitzen sehr tief. Wer chronisch oder gelegentlich diät lebt, stellt niemals den Gedanken als solchen in Frage, daß manche Dinge erlaubt und unschädlich sind und nicht dick machen, wohingegen andere in die Sparte »verboten«, »dick machend« und »sündig« fallen. Seit langem hat die Kalorientabelle im Kopf eines jeden Eßsüchtigen ihren fest installierten Platz.

»Ich versuche, stets einen reichlichen Vorrat an Möhren in meinem Kühlschrank zu haben«, erzählte Midge, »so daß ich sie stets griffbereit habe, wenn mich das Gefühl überfällt, irgend etwas knabbern zu müssen.« »Sind Möhren wirklich das, was Sie essen möchten, wenn Sie der Drang zum Knabbern überkommt?« fragten wir. Midge schaute uns ungläubig an, dann lachte sie. »Natürlich nicht. Welcher normale Mensch wird jemals von einem Drang nach Möhren überwältigt? Sie sind jedoch gesund und haben kaum Kalorien, und darum finde ich sie ganz in Ordnung.«

Wir baten Midge, einmal zu überlegen, welche Dinge sie gerne in ihrem Kühlschrank hätte, wenn sie Worte wie *Kalorien, gesund* und *dick machend* außer acht lassen könnte. »Das ist eine schwierige Frage«, antwortete sie ziemlich ehrlich. Bestimmte Dinge waren bei Midge seit so langer Zeit mit Tabus belegt, daß es wirklich einiger Anstrengung bedurfte, um darauf zu kommen, was sie gerne vorrätig haben wollte. Schließlich meinte sie: »Jetzt, im Moment, vielleicht weil ich gerade von Möhren gesprochen habe, kommen mir Mohrenköpfe in den Sinn, mit einer Cremefüllung und Schokoladenglasur, mit einer ordentlich dicken Glasur.«

Für Midge war der Zeitpunkt gekommen, mit dem herkömmlichen Unterscheiden zwischen Möhren und Mohrenköpfen aufzuhören und anzufangen, mit all jenen Dingen ihren Frieden zu schließen, die sie sich seit langem vorenthalten hatte. Wir machten ihr den Vorschlag, auf dem Heimweg in einer Konditorei gleich drei Mohrenköpfe mit Cremefüllung und Schokoladenglasur zu kaufen — einen als Reserve für den Kühlschrank — statt nur einen, da wir davon ausgingen, daß Midge, die sich jahrelang den

Genuß dieser Gaumenfreuden versagt hatte, ein großes Nachholbedürfnis hätte, nicht zuletzt auch, um sich damit selbst die Gewißheit geben zu können, daß diese Mohrenköpfe fortan stets für sie da sein werden.

Dieser Impuls, Unmengen von Dingen zu essen, die in der Vergangenheit auf der Verbotsliste standen, ist die Art und Weise, wie ein zwanghafter Esser sagt: »Kneif mich. Träume ich?« Haben Sie aber erst einmal die Gewißheit erhalten, daß diese Nahrungsmittel fortan immer da sein werden, werden Sie nicht mehr den Drang verspüren, so viel davon zu essen. Das ist natürlich gleichzeitig auch der Schlüssel zu unserem Programm, und daß er funktioniert, kann kaum ein zwanghafter Esser glauben. Sich überzeugen und zustimmen können Sie nur, wenn Sie einen Versuch wagen und jede Form von Nahrung selbst legalisieren.

Die Nahrung legalisieren

Die Nahrung legalisieren heißt ganz einfach, daß Sie sich selbst all das erlauben, was Sie essen möchten — nichts ist verboten. Eßanfälle und Diätkuren sind nur zwei verschiedene Seiten ein und derselben Medaille. Die Nahrungslegalisierung — das Beseitigen aller Tabus, Restriktionen und äußerer Kontrollen im Hinblick auf Ihre Nahrungsaufnahme — ist der Weg, der aus dem Teufelskreis von Diätkuren/Eßanfällen hinausführt.

Sobald Sie Ihre Nahrung legalisiert haben, werden Sie sich niemals mehr irgendwelche Dinge verbieten. Sie werden keine Möhren mehr essen, weil diese kalorienarm sind, wenn Sie in Wirklichkeit Appetit auf Mohrenköpfe haben. Sie werden kein Johannisbrot kauen, wenn Sie Verlangen nach Schokolade haben. Sie werden kein gefrorenes Joghurt schlecken, wenn Sie Lust auf eine Riesenportion Sahneeis haben. Sie werden frei sein, das zu essen, was Sie möchten und wann Sie möchten. Und im Laufe der Zeit werden Sie feststellen, daß das, was Sie wirklich möchten, nicht unbedingt identisch ist mit dem, was Sie annehmen, daß Sie es haben möchten, wenn Sie nach Lust und Laune essen dürften.

Sie können sich selbst zeigen und beweisen, daß es nichts mehr gibt, das auf Ihrer Verbots- und Verzichtsliste steht, indem Sie sicherstellen, daß all die Dinge, die Sie mögen, verfügbar, und zwar reichlich verfügbar sind. Die Frage eines reichlichen Vorrats ist sehr wichtig. Wenn Sie die Nahrungsmittel und Süßigkeiten, die Sie lieben, mit nach Hause bringen, müssen Sie diese in ausreichenden Mengen einkaufen, so daß die Menge, die Sie verzehren, niemals durch die Vorratsmenge in Ihrem Schrank bestimmt wird. Sie werden sich selbst beweisen, daß Sie es ernst meinen und keine halben Sachen mehr machen. Sie werden sich mit Ihren Lieblingsspeisen umgeben, diese essen, wann Sie möchten, und der wichtigste Punkt, sie werden sich am Ende nicht in Selbstvorwürfen ergehen, ganz gleich, wieviel Sie gegessen haben.

Bisher sind Sie nach dem Motto verfahren Aus den Augen, aus dem Sinn«, selbst wenn Sie im Innersten Ihres Herzens wußten, wie mit jedem Mal, da Sie sich die von Ihnen begehrten Leckereien vorenthielten, Ihr Verlangen danach nur noch größer wurde. Fassen Sie den Vorsatz, sich sechs Monate lang keinen Käsekuchen zu genehmigen, stehen die Chancen nicht schlecht, daß Sie während dieser sechs Monate an jedem einzelnen Tag an Käsekuchen denken. Sie schauen sich eine Speisekarte an und wie hypnotisiert verharrt Ihr Blick beim *Käsekuchen*. Sie schlagen eine Zeitschrift auf, und ein Rezept für Käsekuchen sticht Ihnen in die Augen. Alles um Sie herum wird nur noch Gedanken an Käsekuchen auslösen.

Eßverbote erzeugen ein übertriebenes Verlangen. Wann haben Sie das letzte Mal von einem Salat ohne Sauce geträumt? Man kommt nicht um die Tatsache herum, daß ein Blatt Salat ohne Drum und Dran nicht den Reiz von Vanilleeis mit heißer Himbeersauce hat. Sobald Sie Ihre Nahrung jedoch legalisiert und alle Verbote aufgehoben haben, sobald Sie erklärt haben, daß nichts dick machend, schlecht, verboten oder verbannt ist, schwindet die künstlich erzeugte Eßgier, und Sie beginnen wieder ein wirkliches Gespür für die Dinge zu bekommen, auf die Sie tatsächlich Appetit haben. Manchmal werden Sie Lust auf Kuchen und manchmal werden Sie Lust auf Möhren haben. Sobald Kuchen etwas Legales ist, steht es Ihnen frei, zu wählen.

Am Ende wird Ihre Nahrungswahl ausschließlich dadurch bestimmt, was und wieviel Ihr Körper braucht. Unsere natürlichen physiologischen Mechanismen regulieren sich selbst. Wie Sie später noch sehen werden, haben Studien gezeigt, daß Kleinkinder, die man sich selbst überläßt, sich jeweils die Nahrung aussuchen, die sie für ein gesundes Wachstum und eine gesunde Entwicklung benötigen. Ehe Sie sich etwas Eßbares in den Mund schieben, müssen Sie sich nur fragen: »Bin ich hungrig?« Ist die Antwort »ja«, so lautet die natürliche sich anschließende Frage: »Worauf hast du Hunger?« Sie denken nicht an Kalorien, nicht an Kohlenhydrate. Sie denken nicht an Fett oder Dickwerden. Sie denken nur darüber nach, was Sie gerne essen möchten, und holen es sich.

Unverbrüchlicher Bestandteil der Nahrungslegalisierung ist das Konzept der »Gleichstellung von Nahrungsmitteln«. Das heißt, daß Eiscreme weder besser noch schlechter ist als Spinat. Blumenkohl ist nicht wertvoller als Pasta oder Plätzchen, Desserts sind das gleiche wie Hauptgerichte, und so weiter. Natürlich ist auch uns bewußt, daß es Unterschiede in bezug auf den Nährwert gibt und daß jedes Nahrungsmittel individuell unterschiedliche Wirkungen erzielt, sobald es vom Körper absorbiert wurde. Der Punkt, den wir jedoch meinen, ist, alle Nahrungsmittel in einem psychologischen Sinne gleichzustellen.

Das mag in Ihren Ohren so klingen, als wollten wir Ihnen nahelegen, schlicht zügellos und hemmungslos alles zu essen, was Ihnen unter die Augen kommt, dem ist aber nicht so. Das Konzept der Nahrungslegalisierung wurzelt in der Erkenntnis, daß, wenn etwas prinzipiell erlaubt ist, dies automatisch zu einem wesentlich verminderten Verlangen führt. Es ist ein Unterschied, ob man sagt: »Ich möchte Schokoladentorte«, wenn Schokoladentorte nichts Besonderes ist, oder ob es einen danach verlangt, weil sie etwas Verbotenes ist. Auch wenn Sie es kaum glauben mögen, der Zeitpunkt wird kommen, wo man Ihnen ein Stück Schokoladentorte anbietet, und Sie hören sich selbst sagen: »Nein danke. Ich habe im Moment wirklich keine Lust darauf.«

Zum Supermarkt, zum Supermarkt...

Nun ist es an der Zeit, Ihren vielleicht denkwürdigsten Gang zum Supermarkt zu unternehmen. Nachdem Sie den Entschluß gefaßt haben, Nahrungsmittel generell zu legalisieren, steht nun der nächste Schritt an, das heißt, all diese Dinge einzukaufen.

Die Einkaufsliste: Ehe Sie sich auf den Weg zum Supermarkt machen, müssen Sie eine Einkaufsliste erstellen. Da nunmehr alles legalisiert ist, wird diese Liste ganz anders aussehen als diejenigen, die Sie bisher in Ihrem Leben zusammengestellt haben. Auf ihr werden sich all jene Dinge finden, die Sie lieben, bislang aber fürchteten. Dieses Mal müssen Sie nicht Ihre Bohnen- und Sellerievorräte aufstocken, wenngleich wir davon ausgehen, daß die Zeit kommen wird, wenn auch diese Dinge wieder Eingang auf Ihrer Liste finden, und zwar nicht, weil Sie diese essen *sollten*, sondern weil Sie diese essen *möchten*. Die meisten von Ihnen haben ihren Frieden mit Bohnen und Sellerie. Jetzt geht es darum, Ihre Schränke mit all den Dingen zu füllen, die Sie stets begehrt haben, aber nur selten wagten, mit nach Hause zu nehmen. Sie müssen mit jeder Form von Nahrung Frieden schließen und lernen, mit Ihren Wünschen zu leben.

Was essen Sie gern? Haben Sie großes Verlangen nach knusprigem Brot und weichen Brötchen? Oder sind Sie auf Schokolade versessen? Einen Schoko-Eisbecher mit Schokoladenraspeln und einer köstlichen Schokoladensauce? Wie sieht in Ihren Träumen eine perfekte Mahlzeit aus? Ein dickes Lammkotelett mit Kartoffelpürree und Sauce, Pfannkuchen mit Heidelbeeren? Oder geht Ihr Geschmack mehr in Richtung Lasagne, italienisches Brot mit Butter, Cannelloni und Cappuccino? Was ist mit den Milchshakes, die Sie als Kind so gerne tranken? Den gleichen Sirup, den der Süßwarenladen an der Ecke ehedem benutzte, können Sie kaufen und sich ihre Milchshakes zu Hause selbst herstellen, mit mehr oder etwas weniger Sirup, je nach Geschmack. Sie können experimentieren. Sie *sollten* sogar experimentieren.

Diese Einkaufsliste sollte, mehr als je eine zuvor, möglichst alle Zutaten enthalten, die Sie benötigen, um nach Lust und Laune experimentieren zu können. Wichtig ist jedoch, daß Sie sich Zeit nehmen und so präzise wie möglich vorgehen. Wenn Sie sich, zum Beispiel, eine Packung gefüllter Schokoriegel kaufen möchten, die Sie so liebten, als Sie zehn waren, dann sollten Sie sich exakt jene Sorte besorgen, an die Sie denken. Wenn es Sie nach Mars gelüstet, wird Milky Way seinen Zweck nicht erfüllen, und Sie nicht vollends befriedigen.

Es ist nicht ungewöhnlich, wenn eine gewisse Angst und Unruhe in Ihnen aufsteigt, während Sie Ihre Liste erstellen, das geht auch anderen so. Schließlich sind Sie ja dabei, die Namen Ihrer bislang ärgsten Feinde mit der Absicht zu Papier zu bringen, diese nach Hause zu transportieren. Lassen Sie diese Angst ruhig zu, aber lassen Sie nicht zu, daß diese Ihre Liste diktiert. Es geht hierbei mitnichten um eine Anleitung, alles nur erdenkliche, was das Auge erblickt, zu essen, sondern um einen ernsthaften Vorschlag, sich allen Ängsten und Tabus zu stellen und diese zu überwinden.

Genug ist nicht genug: Die Frage der Menge ist für den Legalisierungsprozeß von fundamentaler Bedeutung. Knappheit macht ängstlich; Überfluß erzeugt ein Gefühl des Wohlbefindens und der Entspannung, jenen psychischen Zustand, der erforderlich ist, sich angemessen, das heißt abgestimmt auf die realen Bedürfnisse, ernähren zu können. Der Schlüssel zur Mengenfrage liegt darin, daß Sie überlegen, wieviel Sie bestenfalls von irgendeinem beliebigen Produkt essen könnten, und dann mehr davon einkaufen. In der Vergangenheit definierten Sie Ihren Appetit analog den gegebenen Vorräten in Ihren Regalen. Hatten Sie einen Becher Eis, dann aßen Sie einen Becher Eis. Ihre Lösung des Problems, stets alles essen zu wollen, sah so aus, daß Sie darauf bedacht waren, Ihre Schränke tunlichst leerzuhalten. Fragen wir zwanghafte Esser, was sie in ihrem Kühlschrank haben, kommt oft die traurige Antwort: »nichts«. Nun ist die Zeit gekommen, daß Sie sich mit mehr umgeben als Sie bestenfalls jemals essen könnten.

Stellen Sie sich einen Moment lang vor, daß Sie in einem Eissalon leben. Das ganze Eis, jeder Behälter mit jeder Geschmacksrichtung, ist für Sie da. Was geschieht? Zunächst würden Sie wahrscheinlich sehr ängstlich und nervös reagieren. Ihnen kommt der Gedanke, daß Sie essen und essen könnten und zwischendurch nicht einmal mehr zum Luftholen kämen. An einem Tag vertilgen Sie tatsächlich eine außergewöhnlich große Menge Eis. Am Ende des Tages kommen Sie auf rund zwei Liter, die Sie gegessen haben. Der zweite Tag kann durchaus mehr oder weniger genauso aussehen.

Am dritten Tag jedoch beschleicht Sie ein anderes Gefühl — Sie möchten einfach nicht mehr so viel Eis. Sie haben es satt, sind es leid. Das Eis ist da, und Sie wissen, daß Sie es sich nehmen können, wann immer es Sie danach gelüstet, die Frage, die sich stellt, lautet nun jedoch: »Möchte ich Eis?« Und diese Formulierung unterscheidet sich doch wohl ganz erheblich von der Frage: »Darf ich Eis haben?« Die Philosophie des Architekten Mies van der Rohe lautete: »weniger ist mehr«. Die Philosophie für Eßsüchtige sollte lauten: »mehr ist weniger — zu guter Letzt«. Sie müssen sich selbst überzeugen, daß man Essen nicht zu fürchten braucht, und das erreichen Sie, indem Sie sich eine Umgebung schaffen, in der keine Gefühle des Verzichts und der Entbehrungen aufkommen können.

Wer schon häufiger eine Diät gemacht hat, dem ist das »Sonntagabend-noch-alles-Aufessen«-Syndrom wohlvertraut. Wenn Sie sich für Montag auf eine Hungersnot — eine Diät — eingestellt haben, dann ist es absolut logisch, am Sonntag noch einmal ordentlich zuzulegen. In der Vergangenheit sahen Sie in Ihrem Sonntagabendschmaus den Beweis für Ihre Unfähigkeit, inmitten von Nahrung zu leben. Inzwischen sind Sie jedoch gerüstet, konkret die Erfahrung zu machen, wie ein Leben in einem Eissalon, in einer Bäckerei oder einem Süßwarengeschäft — oder auch in allen dreien gleichzeitig — aussieht. Sobald Sie sich die Gewißheit verschafft haben, daß Sie nie mehr mit einer Hungersnot konfrontiert sein werden, werden Sie entdecken, daß der Drang, sozusagen auf Vorrat zu essen, verschwunden ist.

Ellen hat seit jeher ein Problem mit Kartoffelchips, ihr Problem ist, daß sie diese über alles liebt. Hat sie eine Schüssel Kartoffelchips vor sich, ißt sie eine Schüssel Kartoffelchips. Hat sie zwei Tüten Kartoffelchips, ißt sie zwei Tüten Kartoffelchips. So war es nicht überraschend, daß Kartoffelchips auf Ellens Legalisierungsliste ganz oben standen. Die Entscheidung, wieviele Tüten sie kaufen sollte, fiel ihr jedoch sehr schwer. Schließlich entschloß sie sich, acht aufzuschreiben, versprach sich jedoch für den Fall, daß ihre Vorräte auf vier Tüten schrumpfen sollten, gleich noch weitere vier zu kaufen.

Henry liebt Brot. Als er über seine Liste nachdachte, dachte er an Brot. Seine Träume vom Brot hatten jedoch nichts mit jenem Brot zu tun, das man in den Regalen von Supermärkten findet. Was er meinte, war Bäckerbrot, noch warm, frisch aus dem Ofen. So entschloß er sich zu einem gesonderten Gang zu seiner Bäckerei, um Brot zu kaufen — ein Laib frisches Rosinenbrot, ein Laib Zwiebelbrot. Während er in Gedanken noch seinem Bäckerbrot nachhing, stiegen in ihm Gelüste nach Butter auf — keine salzige Butter, sondern jene süße Butter, die er von seiner Großmutter her kannte. Er ergänzte seine Liste um zwei Pfund Butter, und ganz allmählich wurde ihm schwindlig. Seit Kindheitstagen hatte er nie etwas anderes als Diätmargarine gekauft.

Nochmals, diese Mengen-Einkäufe sind nicht dazu gedacht, Sie zur Völlerei zu verleiten, Sie sollen sich damit vielmehr einen Umstand demonstrieren, der für Ihr zukünftiges Wohlbefinden von entscheidender Bedeutung ist — daß Sie sich nie mehr mit Entbehrungen in bezug auf irgendwelche Nahrungsmittel selbst kasteien. Es ist wichtig, daß Sie diesen Unterschied verstehen. Wenn Sie zehn Schachteln Plätzchen einkaufen und vier davon an einem Abend leeren, gehen Sie am nächsten Tag zum Supermarkt zurück und füllen Ihren Vorrat wieder auf. Der schwere, aber wesentliche Teil dieser Übung besteht darin, daß Sie Ihre Schrankvorräte neuerlich aufstocken, ohne auch nur ein einziges hartes Wort der Selbstanklage oder Selbstkritik über die Menge zu verlieren, die Sie am Vorabend konsumiert haben. Wenn Sie etwas zuvor Verbotenes essen — wie Sie es tun müssen, um sich selbst zu versichern, daß alle Produkte legal sind —, werden Sie versucht sein, in Selbstvorwürfe zurückzuverfallen und diese Dinge für immer aus Ihrem Haus zu verbannen. Es wird Ihnen helfen, wenn Sie sich die simple Wahrheit vor Augen halten, daß Entbehrungen und Knappheit stets das Verlangen erhöhen. Bleiben Sie demgegenüber bei Ihrer exzessiven Vorratshaltung, so wissen wir aus Erfahrung, daß Ihr Eßdrang im Laufe der Zeit schwinden wird.

Wenn Sie das Ganze mit Vorbehalten in Angriff nehmen, sich gedanklich irgendein Hintertürchen offenhalten und sich insgeheim sagen, daß Sie es eine Woche lang ausprobieren, Ihr Haus mit Vorräten aufzustocken, um zu sehen, was passiert, wird dies zwangsläufig hemmungslose Eßanfälle und Gewichtszunahme zur Folge haben. In diesem Fall hätten Sie den Legalisierungsprozeß in nichts anderes als einen neuen Diätplan verkehrt.

Als Rita sich zur Legalisierung entschloß, standen Ritz Cracker und Erdnußmus ganz oben auf ihrer Hitliste. Sie setzte »3 Gläser Erdnußmus« und »5 Schachteln Ritz Cracker« auf ihre Einkaufsliste. Zu Hause angekommen, setzte sie sich hin, aß eine Schachtel Cracker und fast ein ganzes Glas Erdnußmus. Bis zum nächsten Morgen hatte sie eine weitere Schachtel Cracker und auch einen Teil vom zweiten Glas Erdnußmus vertilgt. Anstatt sich auf den Weg zu machen, um das Verzehrte wieder aufzufüllen, geriet Rita in Panik über ihr Gewicht. Es gelang ihr jedoch, die Oberhand über ihre Panik zu gewinnen, und sie ging zum Supermarkt zurück, um fünf weitere Schachteln Cracker und noch drei Gläser Erdnußmus einzukaufen.

Auf dem Nachhauseweg konnte Rita nicht anders, unablässig dachte sie an ihr Gewicht. Da sie die Nahrungsmittel-Legalisierung als Experiment in Angriff genommen hatte, konnte sie gar nicht anders, als hinsichtlich der Resultate nicht allzu optimistisch zu sein. Sie kam nach Hause und machte sich daran, ihre neuen Vorräte zu verschlingen, wobei sie sich die gleiche Standpauke hielt wie in der Vergangenheit. Jedesmal, wenn sie eine weitere leere Cracker-Schachtel in den Mülleimer warf, erlitt ihre Moral einen neuerlichen Tiefschlag. All ihre altvertrauten Gefühle brachen durch. Wie sollte sie abnehmen können, wenn sie beim Essen völlig ausflippte?

An diesem Punkt hörte Rita auf, über ein Wiederauffüllen ihrer Vorräte nachzudenken und ging statt dessen ihre aktuellen Bestände durch. Die vertrauten negativen Stimmen wurden lauter und lauter. »Wenn ich all das aufgegessen habe, werde ich mich auf Diät setzen«, dachte sie reumütig und voller Gewissensbisse. So aß sie und haßte sich selbst mit jedem weiteren Bissen mehr.

Aus Unwissenheit lastete Rita sich selbst die Schuld für dieses Versagen an, und vor genau diesem Fehler können wir Sie gar nicht genug warnen. Ritas Cracker und Erdnußmus waren von Anfang an ein Test, dessen Scheitern sie bereits selbst vorhergesagt hatte. Sie kaufte die Schleckereien, um sich selbst zu beweisen, wie schlecht sie in Wirklichkeit war und wie unverbesserlich eine Gewohnheit wie die ihrige. So erreichte sie erst gar nicht den Punkt, sich selbst die Gewißheit zu geben, daß diese verbotenen Produkte fortan beständig in ihrem Haus bleiben würden.

Man braucht Entschlossenheit, Mut und Geduld, um den ersten Schritt der Legalisierung zu bewältigen. Sie müssen sich selbst auf die gleiche Weise testen, wie Kinder ihre Eltern testen, bis Sie sicher sind, daß Sie es auch meinen, wenn Sie sagen, daß es keinen Unterschied zwischen Eiscreme und Salat gibt. Gelingt es Ihnen, an dieser Strategie und Überzeugung festzuhalten, sind zu guter Letzt auch bei Ihnen keine Nahrungsmittel mehr mit Ängsten verbunden, und alle werden Ihnen ein Leben lang Freunde sein.

Im Supermarkt: Bereiten Sie sich auf ein Abenteuer vor, wenn Sie, bewaffnet mit Ihrer Wunschliste, den Supermarkt betreten. Wir raten Ihnen, direkt auf die Regale zuzusteuern und Spaß an diesem Unternehmen zu haben. Sie sind überzeugt von Ihrem Recht, das zu essen, was Sie möchten. Sie haben die Einsicht gewonnen, daß Sie nur dann eine Chance haben, Ihre Eßprobleme zu überwinden, wenn Sie wirklich das essen, worauf Sie Lust haben.

Für viele zwanghafte Esser ist die Fahrt zum Supermarkt jedoch eine mit Angst verbundene Erfahrung. »Wie kann ich in meinen Supermarkt gehen, wo mich jeder kennt, und meinen Wagen mit riesigen Mengen aller möglichen Dinge beladen?« fragte Helen. »Jeder wird denken, ich bin verrückt«, stimmte Sid zu. »Sie werden sich meinen Einkaufswagen ansehen und denken: ›Kein Wunder, genauso sieht der auch aus.‹« »Wenn ich meinen Wagen mit Unmengen von allem belade, worauf ich Lust habe, weiß ich wirklich nicht, wie ich der Kassiererin in die Augen sehen soll«, folgerte Helen.

Wir verstehen diese Ängste. Sie sind nicht unbegründet. Wenn Sie dick sind und Ihren Einkaufswagen mit verbotenen Leckereien volladen, werden Sie zweifellos einige abschätzige Blicke ernten. Die Wahrheit ist, daß Sie sich bislang exakt mit den gleichen Blicken traktiert haben und strenger als sonst irgendwer mit sich selbst waren. Jetzt ist allerdings die Zeit für Sie gekommen, nett zu sich selbst zu sein. Diese erste Einkaufsexpedition müssen Sie zu einer möglichst erfreulichen Erfahrung werden lassen und versuchen, in jeder nur denkbaren Hinsicht dem vorzubeugen, daß Sie sich durch die Reaktionen anderer stören lassen.

Für manche, mit denen wir arbeiten, ist es wichtig, diese Einkäufe so lange nicht in dem Supermarkt zu tätigen, in dem sie normalerweise einkaufen, bis sie sich mit dem Inhalt ihres Einkaufswagens wohler fühlen. »Das ist mir der weitere Weg wert«, meinte eine Frau, »daß ich irgendwo einkaufen kann, wo mich nicht jeder kennt. Seit zwei Wochen lebe ich jetzt mit der Legalisierung«, fuhr sie fort, »und ich denke, daß ich allmählich anfange, mich bei dem Ganzen wohler zu fühlen.«

In einem Workshop wurde der Vorschlag gemacht, gegenüber der Kassiererin fallen zu lassen, daß man eine Dinnerparty gebe. Viele in der Gruppe empfanden derartige Ausflüchte jedoch als das alte Eßsuchtraster und meinten, daß es besser sei, keine Entschuldigungen vorzuschieben. Eine andere Teilnehmerin sagte, daß es ihr sehr geholfen habe, ihre ersten Bestellungen telefonisch aufzugeben, so daß die Waren angeliefert wurden.

Wie auch immer Sie mit Ihrem anfänglichen Unbehagen umgehen, entscheidend ist die Erkenntnis, daß Sie ein Recht darauf haben, das zu essen, was Ihnen beliebt. Die einzige Möglichkeit, Ihre Eßsucht endgültig zu überwinden, ist nun einmal, daß Sie das essen, worauf Sie Lust haben, ohne es sich zu erschleichen. Egal, was andere Menschen sagen oder denken, Sie haben sich aufgemacht, einen neuen Weg zu beschreiten, ein Weg, der keiner Erklärung bedarf, es sei denn, Sie möchten diese geben — womit wir bei Ihrer Familie und Ihren Freunden wären.

Nach Hause, wieder nach Hause ...

Nicht lange, nachdem Sie Ihre Kinder gebeten hatten, ihre Bounty-Riegel vor Ihnen zu verstecken, weil Sie sonst der Versuchung vielleicht nicht hätten widerstehen können, kommen Sie jetzt gleich mit drei Packungen Milky Way nach Hause. »Hey, Mutti«, sagt Ihr Neunjähriger, »ich dachte, du wolltest nicht dick sein.«

Ihr Mann kommt in die Küche und sieht, wie Sie Erdnußmus und ein riesiges Sandwich essen. »Was ist los, Liebling?« fragt er. »Monatelang hast du gehungert. Willst du jetzt mit einem Mal all die Mühen zunichte machen?«

Ihre Familie liebt Sie. Sie kümmert sich um Ihr Wohlbefinden, und diese Bemerkungen kommen aus Sorge um Sie. Jahrelang haben sie Ihnen zugehört und haben ihre Lektion gut gelernt. In bezug auf Ihr Gewicht waren sie ein aktiver Teil Ihres Hilfssystems. Besser als sonstwer wissen sie, wie sehr Sie Ihren Körper hassen. Sie waren Zeuge, wie Sie sich Jahr für Jahr im Wettlauf mit den

Diätkuren abmühten. Ebenso mußten sie Ihre Selbstvorwürfe mitanhören, wenn Sie gerade in der Völlerei-Phase angelangt waren. Für Ihre Familie ist es nur logisch, Sie bei Ihrem Spiel »Ändere deine Figur und ändere dein Leben« aufzumuntern und Ihnen zu applaudieren. Was in Ihrem besten Interesse ist, liegt ihnen schließlich am Herzen. Ihre Familie ist, wie Sie, besorgt, daß Ihr Gewicht ausufern wird, wenn Sie nicht Verzicht üben.

Wie kann nun Ihre Familie zum aktiven Teil eines Hilfssystems werden, bei dem es erstmals um den Versuch geht, zu lernen, wie Sie sich selbst ernähren und nicht, wie Sie sich Nahrung vorenthalten können? So, wie Sie sich selbst umziehen, werden Sie auch Ihre Familienmitglieder umziehen müssen. Ehe Sie die Lebensmittel nach Hause bringen, müssen Sie Ihre Familie entsprechend vorbereiten.

Eine Frau machte dies so. Sie sagte: »Ich weiß, daß ich auf eure Hilfe dabei gezählt habe, bestimmten Dingen zu widerstehen. Aber ich habe inzwischen eingesehen, daß der Versuch, Essen zu widerstehen, nur dazu führt, daß meine Gier größer wird. Ich möchte meine Angst vor dem Essen verlieren und lernen, weniger suchtartig zu essen. Es mag für euch verrückt klingen, aber ich habe mich entschlossen, all meine Eßschranken und -verbote über Bord zu werfen. Ich weiß nicht genau, was geschehen wird, ich weiß nur, daß ich mit all den Diät- und Hungerkuren brechen muß, die ich fortwährend gemacht habe. Ich brauche auch weiterhin eure Hilfe und Unterstützung, aber diesmal auf eine andere Weise. Diesmal brauche ich euch dazu, daß Ihr aufhört, mich zu überwachen. Ich weiß, daß das, was ich vorhabe, sich für euch höchst seltsam anhört und euch wahrscheinlich verwirrt. Das einzige, worum ich euch bitte, ist, daß Ihr versucht, es zu verstehen. Es wird euch nicht leichtfallen, keine Bemerkungen fallen zu lassen, rutscht euch dennoch eine raus, werde ich euch daran erinnern.«

Vielleicht ist es hilfreich, wenn Sie Ihre Familienmitglieder bitten, dieses Buch zu lesen. Wahrscheinlich fällt es ihnen ebenso schwer wie Ihnen selbst, unsere Ideen zu akzeptieren, seien Sie also nicht überrascht oder ärgerlich, wenn Sie von ihrer Seite anfänglich wenig Unterstützung erfahren. Sie sollten bedenken, daß Sie dabei sind, sich in einem gewissen Sinne von ihnen zu lösen. Nachdem Sie sich jahrelang in bezug auf Ihr Essen nach den Vorschriften und Anleitungen anderer gerichtet haben, verkünden Sie nunmehr, daß Sie vorhaben, Ihren eigenen Weg zu gehen. Die Menschen, die Ihnen am nächsten stehen, werden sich möglicherweise so lange zurückgestoßen fühlen, bis sie den Schritt hin zu einer neuen Form der Unterstützung gefunden und vollzogen haben.

Diesen Weg ohne die Hilfe und Unterstützung Ihrer Familie in Angriff zu nehmen, kann Sie einiges an Überwindung kosten und für Sie ein hartes Stück Arbeit bedeuten. »Am Anfang war mein Mann wütend«, erzählte Anna in ihrer Gruppe. »Ständig hielt er mir vor, was für ein schlechtes Beispiel ich für unsere Kinder abgebe. Damit traf er mich an meiner empfindlichsten Stelle.« Nach einer gewissen Zeit setzte sich im Innersten ihres Herzens jedoch die Überzeugung durch, daß sie mit ihrem neuen Ansatz und ihren neuen Eßgewohnheiten ihren Kindern sehr wohl mit einem guten Beispiel vorangehe. Sie lehrte sie, vor Nahrungsmitteln keine Angst zu haben, Nahrung zu benutzen, um physiologischen Hunger anstelle von emotionalem Hunger zu stillen. Ehe Sie sich jedoch mit dem, was Sie tun, nicht absolut sicher und dingfest fühlen, ist es ratsam, etwaigen Konfrontationen möglichst aus dem Weg zu gehen. Ebenso ratsam ist, mit etwas Einfühlungsvermögen nach Möglichkeiten und Wegen zu suchen, wie Sie Ihrer Familie verständlich machen können, daß sie sich nicht zurückgestoßen fühlen muß, nur weil Sie nunmehr Ihren eigenen Bedürfnissen nachkommen. Wir kennen viele, denen es gelungen ist, diesen Punkt zu verdeutlichen.

Arlene, eine fünfundvierzigjährige Mutter von drei Kindern, brachte jeden in der Familie dazu, seine eigene Wunschliste zu erstellen. So wurde ihre nächste Einkaufsfahrt zu einem für alle aufregenden und besonders befriedigenden Erlebnis. Es dauerte nicht lange, bis jeder in ihrer Familie sich daran gewöhnt hatte, stets das verfügbar zu haben, worauf sie Lust hatten.

Die Speisekammer

In einem Haushalt, in dem jeder seine speziellen Nahrungsvorräte hat, muß unbedingt der Umstand respektiert werden, daß bestimmte Dinge bestimmten Personen vorbehalten bleiben. Wenn

Anna, beispielsweise, für sich ein paar Bananen eingekauft hat, sollte sie sich darauf verlassen können, daß diese noch da sind, wenn sie Appetit darauf hat. Stellt sie nämlich dann, wenn sie diese nehmen will, fest, daß ihre Tochter sie aufgegessen hat, bricht der Grundgedanke der Vorratshaltung mit all seinen Vorteilen zusammen.

Sie müssen sich darauf verlassen können, daß Ihr Lieblingskäse, -brot, -joghurt, -kuchen, -konfekt oder was auch immer Ihnen nicht von jemand anderem weggeschnappt werden. Dieses Programm setzt voraus, daß Sie sich absolut darauf verlassen können, alles, was Sie möchten, dann, wenn Sie es möchten, in ausreichenden Mengen verfügbar zu haben. Erst dann können Sie anfangen, sich bei dem Gedanken an Essen zu entspannen. Müssen Sie sich hingegen darum sorgen, wer zuerst Ihre leckeren Sachen findet und sie sich gut schmecken läßt, werden Sie genauso ängstlich wie zuvor sein und feststellen, daß Sie aus der Angst heraus essen, nichts mehr vorzufinden, statt dann wenn Sie hungrig sind.

Wir schlagen Ihnen deshalb vor, im Kühlschrank und im Küchenschrank jeweils ein Fach mit Ihrem Namen zu kennzeichnen. Eine andere Möglichkeit ist die, jedes Produkt, das Sie legalisieren möchten, mit Ihrem Namen zu versehen, und Ihrer Familie zu sagen, daß Sie nicht möchten, daß von Ihren Vorräten gegessen wird. Jenen Familienmitgliedern, die durch den Inhalt Ihres Fachs in Versuchung geraten könnten, können Sie sagen, daß sie ihre Fächer jeweils mit exakt den gleichen Dingen auffüllen können. Sie dürfen sich jedoch nicht an Ihrem Vorrat vergreifen, weil Sie diese Dinge ansonsten nicht dann verfügbar haben, wenn Sie sie brauchen. Jeder wird es nach einer gewissen Zeit lernen, daß das Reservieren und Sicherstellen bestimmter Nahrungsmittel nichts damit zu tun hat, diese anderen vorzuenthalten, sondern daß es hierbei vielmehr darum geht, den eigenen Bedürfnissen gerecht zu werden. Obwohl diese Vorgehensweise auf den ersten Blick vielleicht als unvereinbar mit dem Gedanken erscheinen mag, in der Familie alles miteinander zu teilen, werden Sie doch alle entdecken, daß Sie so lange nicht wirklich mit diesem Teilen anfangen können, ehe Sie nicht die Sicherheit haben, daß das, was Sie haben, auch tatsächlich Ihnen gehört.

»Zuerst war jeder wütend, als ich meinen Namen auf sechs

Tafeln Schokolade schrieb«, erzählte Irene. »Mein Mann sagte: ›Du brauchst doch wohl nicht sechs Stück. Das reicht für uns alle.‹ Ich konnte verstehen, warum er das aus seiner Sicht so sagte, aber ich ließ mich nicht unterkriegen. Ich war sogar ärgerlich. Der springende Punkt ist doch, daß *er* mir erzählen wollte, was genug für mich sei. Ich muß das selbst für mich herausfinden, und herausfinden kann ich es nur, wenn ich *mehr* habe als ich brauche. Ich fragte ihn und anschließend die Kinder, wieviel Schokolade sie haben wollten. Augenblicklich zog ich mir meinen Mantel an und ging los, um ein Dutzend Tafeln Nußschokolade für jeden einzukaufen, und ab sofort setzte ich die Regel in Kraft, daß das, was in einem persönlichen Fach lag, um was es sich dabei auch handelte, ohne die ausdrückliche Erlaubnis des Besitzers von sonst niemandem gegessen werden dürfe.«

»Ich habe eine ähnliche Erfahrung gemacht«, erzählte Herb. »Ich habe das Problem allerdings so gelöst, daß ich vier Blanko-Zettel mit den jeweiligen Namen — je einen für meine Kinder, einen für meine Frau und einen für mich — an den Kühlschrank hängte. Ich erklärte ihnen meinen Plan, nach dem jeder im Laufe der Woche das aufschreibt, was er gerne haben möchte, und am Samstag, wenn wir unseren großen Familieneinkauf tätigen, werden die Besorgungen anhand dieser Listen erledigt. Das hat sich mit der Zeit bei uns wirklich gut eingespielt.«

Es gibt viele Möglichkeiten, wie man sicherstellen kann, daß jedermanns Appetit Rechnung getragen wird. Wichtig ist nur, nie das Ziel dieser Übung aus den Augen zu verlieren, das heißt, so viele Ihrer Lieblingsspeisen wie nur möglich nach Hause zu bringen und diese griffbereit zu haben, wann immer Sie Lust danach verspüren.

Die Kosten der Legalisierung

Inzwischen werden sich die meisten von Ihnen auch erste Gedanken über die mit dem Legalisierungsprozeß verbundenen Kosten gemacht haben. Es ist eine Sache, darüber zu sprechen, dicke Lammkoteletts einzukaufen, aber eine ganz andere, dann ins Portemonnaie zu greifen und das Geld hinzulegen. »Natürlich möchte ich mir gerne all das kaufen, worauf ich Lust habe«, meinte ein Mann. »Ich würde mir gerne all die Lebensmittel kaufen, die ich haben möchte, genau wie ich mir auch gerne all die Kleidung oder die Stereoausrüstung kaufen würde, die ich haben möchte. Die Wirklichkeit sieht aber so aus, daß ich nicht all das *Geld* habe, das ich haben möchte.«

Unser gesamtes Leben spielt sich innerhalb der Grenzen ab, die durch das, was wir uns leisten und nicht leisten können, abgesteckt sind, und der Prozeß der Nahrungslegalisierung hört sich sehr teuer an. Wir können dazu nur sagen, daß die Geldauslagen anfänglich am höchsten sind, die Gewinnausschüttung diese Ausgaben allerdings allemal rechtfertigen. In einem gewissen Sinne handelt es sich hierbei um eine Investition. Es ist für uns nichts Außergewöhnliches, in Dinge, wie eine gute Ausbildung, zu investieren, wovon wir dann auf lange Sicht profitieren. Machen wir diese Investition nicht, zahlen wir dafür in Form einer stetig abnehmenden Lebensqualität für den Rest unseres Lebens.

Sue erzählte uns, daß sie aus dem Staunen nicht herauskam, wieviel Geld sie im Laufe des ersten Monats der Legalisierung ausgegeben hatte. »Ich kaufte wirklich alles, was ich wollte, und außerdem riesige Mengen davon. Nach drei Monaten habe ich dann festgestellt, daß sich die Kosten senkten. Bei bestimmten Dingen bevorzuge ich zwar die teureren Markenartikel, aber im Vergleich zu der ersten Zeit brauche ich jetzt nicht mehr so viel einzukaufen. Zum einen esse ich weniger, und zum anderen brauche ich mir nicht länger zu beweisen, daß ich das kaufen kann, was ich benötige. Wenn ich auf irgend etwas Lust verspüre und es nicht habe, gehe ich ohne viel Aufhebens los und besorge es mir.«

Die Nahrungslegalisierung ist in gewisser Hinsicht damit zu vergleichen, sich auf das Abenteuer eines neuen Geschäftes einzulassen. Bei einer Geschäftsneueröffnung müßten Sie zunächst auch eine ganze Menge Kapital für die Erstausstattung hinlegen. Im Laufe der ersten Geschäftsmonate würde sich herauskristallisieren, welche Posten gehen und welche nicht. Ist dann der Zeitpunkt für die erste Nachbestellung gekommen, werden Sie wesentlich besser Bescheid wissen, was und in welchen Mengen Sie einkaufen müssen. Ihre zweite Order werden Sie analog der Nachfrage seitens Ihrer Kundschaft zusammenstellen.

Das gleiche Prinzip gilt für die Anfangsphase des Legalisierungsprozesses. Sobald Sie wissen, was Sie haben möchten und griffbereit haben müssen, stellt sich automatisch der Effekt ein, daß Sie Ihre Vorräte nicht mehr auf die gleiche Art und Weise aufstocken müssen. Nur wenige von uns verfügen über unbegrenzte Geldmengen, die sie ausgeben können, und wir müssen alle sehen, wie wir mit unseren begrenzten Budgets zurechtkommen. Vergessen Sie jedoch nicht: Wenn Sie das Prinzip, in einer Welt des Überflusses zu leben, verinnerlicht und eine Weile praktiziert haben, werden Sie bei weitem nicht mehr die gleichen Vorratsmengen benötigen, um sich selbst zu beweisen, daß Sie alles, was Sie essen möchten und wann immer Sie es essen möchten, griffbereit haben.

Das Thema, Einkaufen im Überfluß, läßt unweigerlich die Frage nach der Verschwendung aufkommen, die anfänglich zwangsläufig mit dem Legalisierungsprozeß verbunden ist. Wenn Sie mehr frisches Brot einkaufen als Sie essen können, wird einiges davon wahrscheinlich hart oder schimmelig werden. Wenngleich sich jeder von uns bei dem Gedanken, daß Essen verschwendet wird, unwohl fühlt, wissen wir dennoch alle, daß die Frage, ob wir unseren Teller leermachen, keine direkten Auswirkungen auf das Problem des Welthungers hat, und daß das Essen, das wir wegwerfen, ansonsten auch nicht nach Biafra geschickt worden wäre. Essen wir es hingegen auch dann, wenn wir nicht hungry sind, wird es ebenfalls verschwendet.

Sobald Sie sich als Esser besser einschätzen können, werden Sie auch wissen, wieviel Sie einkaufen müssen und damit weniger Nahrungsmittel verschwenden. Die anfänglich mit dem Legalisierungsprozeß verbundenen Kosten und einhergehende Verschwendung sind notwendig, um Ihnen zu helfen, das, was wahrscheinlich das zentrale Problem Ihres Lebens ist — Ihre suchtartige Beziehung zu Nahrungsmitteln —, zu überwinden.

Wenn Sie sich die von Ihnen im Laufe der Jahre aufgrund Ihrer Eßsucht durchlittenen Schmerzen vor Augen halten und die Geldsummen addieren, die Sie für Diätkuren, Diätbücher und »Heilverfahren« — ganz zu schweigen von den Eßanfällen — ausgegeben haben, werden Sie feststellen, daß es auf lange Sicht einfacher und billiger ist, auf Ihren Appetit einzugehen als dagegen anzukämpfen.

Phase 2
Die Selbst-Ernährung

Kapitel 9
Essen nach Bedarf

Jede Form von Nahrung zu legalisieren und Ihr Leben in der Gegenwart so zu gestalten, daß Sie sich wohl fühlen, sind die ersten entscheidenden Schritte, um Ihr Eßsuchtproblem zu überwinden. Erst wenn Sie sich in der Welt der Nahrungsmittel frei fühlen und unbeschwert leben, können Sie sich der Hauptfrage, die sich jedem zwanghaften Esser stellt, zuwenden, der Frage nämlich, wie soll man essen.

In den nachfolgenden Kapiteln möchten wir Sie wieder mit dem Ihnen einst wohlvertrauten, aber lange in Vergessenheit geratenen Eßmodus vertraut machen — die Nahrungsaufnahme nach Bedarf, die unserer Auffassung nach das Gegenmittel zur Eßsucht darstellt. Diese Kapitel werden Ihnen helfen, jene drei Fragen zu beantworten, die sich hinter dem »wie soll man essen« verbergen: Wann sollte man essen? Was sollte man essen? Wieviel sollte man essen?

Unser Konzept baut auf der Überzeugung auf, daß Selbst-Annahme und Selbst-Erkenntnis Veränderungen bewirken. Das heißt, daß Sie Ihre gegenwärtigen Eßstrukturen solange nicht verändern können, wie Sie diese nicht akzeptiert und verstanden haben. Wie essen Sie, wie sehen Ihre Eßgewohnheiten *konkret* aus?

Der Drang zu essen

Fragen Sie irgendwen, warum wir essen müssen, erhalten Sie die Antwort: »Das ist ganz einfach. Wir müssen essen, weil wir sonst sterben.« Essen ist unser Brennstoff. Es gewährleistet, daß wir funktionieren. Bei einem Eßsüchtigen erfüllt die Nahrung diese Funktion jedoch nur am Rande. Nur selten ist das »Hunger«-Signal das auslösende Moment, das einen Eßsüchtigen zu Nahrung greifen läßt. Wesentlich häufiger ist die Nahrungsaufnahme bei einem

Eßsüchtigen eine Reaktion auf Angst oder Nervosität. Aus diesem Grunde ist es unseres Erachtens sinnvoll, zwei Formen von Hunger zu unterscheiden: den Magenhunger und den Mundhunger.

Magenhunger: Magenhunger — womit *physiologischer* Hunger gemeint ist — hängt mit unserem physiologischen Bedürfnis, dem von unserem Körper ausgehenden Verlangen, ihn mit Brennstoff zu versorgen, zusammen. Es ist jene Art von Hunger, die Menschen am Leben erhält. Zwanghafte Esser erfahren Magenhunger nur selten. Die Eßsucht ist in der Tat per Definition ein Eßverhalten, das andere Funktionen als die Befriedigung von physiologischem Hunger erfüllt.

Mundhunger: Bei zwanghaften Essern wird die Nahrungsaufnahme größtenteils durch Mundhunger gesteuert. Mundhunger — oder *psychologischer* Hunger — hat nichts mit der Erhaltung des Lebens zu tun. Die hierunter fallenden Eßpraktiken sehen etwa so aus, daß Sie essen, »nur, weil es da ist«, »weil Sie sich etwas in den Mund stecken müssen«, »weil es gut schmeckt«, »weil es so köstlich aussieht«, »weil es Zeit zum Frühstück/Mittagessen/Abendessen ist«, »weil sich jemand die Mühe gemacht hat, es zuzubereiten«, »weil es eine Schande wäre, es wegzuwerfen«, »weil Sie sich einsam/ängstlich/nervös/depressiv fühlen« oder »weil Sie glücklich/aufgeregt sind« oder auch »weil Ihnen nach Feiern zumute ist«. Der Mundhunger ist es, der Sie zum Kühlschrank zitiert, sobald Sie sich hingesetzt haben, um zu arbeiten. Und der Mundhunger ist es, der Sie zwingt, um 23.30 Uhr auf der Suche nach einer noch geöffneten Eisdiele auf die Straße zu gehen. Der Mundhunger ist es schließlich auch, der Sie immer noch einen Löffel Eis in den Mund schieben läßt, lange nachdem Ihnen bereits ganz elend zumute ist.

Bislang kennen Sie von Ihren praktischen Erfahrungen her kaum einen Unterschied zwischen Mundhunger und Magenhunger. Mundhunger ist jene Variante, die Sie mittels Diätkuren unter Kontrolle bringen wollten. Bis vor kurzem haben Sie darauf noch mit Selbstbestrafungen reagiert. »Was ist nur los mit mir?« fragten Sie. »Diese Plätzchen waren ja wohl das Letzte, was ich brauchte. Ich habe mich einfach nicht in der Kontrolle. Warum nur habe ich das gemacht?«

Es ist wichtig für Sie, den Unterschied zwischen Mundhunger und Magenhunger zu sehen und in der jeweiligen Situation wertneutral, statt (ver)urteilend zu erkennen, welche Variante gerade im Spiel ist, wenn Sie den Drang zu essen verspüren.

Die Tabelle

Würden Sie eine Tabelle mit zwei Spalten anlegen, wobei die eine mit MUNDHUNGER und die andere mit MAGENHUNGER überschrieben ist, und Ihr Eßverhalten entsprechend während der nächsten Tage beobachten, sähe das Ergebnis, sofern Sie unter zwanghaftem Essen leiden, wahrscheinlich so aus, daß die Mundhungerspalte viele und die Magenhungerspalte nur sehr wenige Eintragungen zeigt.

Vielleicht wäre es keine schlechte Idee für Sie, eine solche Tabelle anzulegen, anhand derer Sie dann verfolgen können, wann Sie aufgrund von Magenhunger und wann Sie aufgrund von Mundhunger essen, um auf diese Weise mit Ihren derzeitigen Eßstrukturen vertraut zu werden. Diese Tabelle ist aber nur dann hilfreich, wenn Sie darin Ihr Eßmuster wertneutral, ohne negative Wertungen, festhalten, also praktisch analog der gleichen Vorgehensweise, die wir Ihnen ans Herz legten, um Ihren Körper in einem Spiegel betrachten zu können.

Um bei dieser Selbstbeobachtung eine wertfreie Sicht wahren zu können, ist es mitunter hilfreich, sich in die Situation eines Anthropologen hineinzuversetzen, der die Eßgewohnheiten irgendeines Menschen aus einer fremden Kultur beobachtet. Jedesmal, wenn Sie essen oder an Essen denken, fragen Sie sich: »Warum möchte ich gerade jetzt essen? Habe ich Hunger? Oder wird mein Wunsch nach Essen durch irgend etwas anderes ausgelöst?« Immer wieder und immer wieder werden Sie sich daran erinnern müssen, daß Sie schlicht wertfreie Feststellungen zu machen und Daten zusammenzutragen haben, und daß es nicht Ihre Aufgabe ist, irgendwelche Beurteilungen oder Maßregelungen zu treffen. Sollten Sie jedoch entdecken, daß diese Tabelle neuerlich die alte Diätmentalität in Ihnen fördert, daß Sie wiederum zu Selbstkasteiungen neigen und jedesmal, wenn Sie eine Eintragung in der Mundhungerspalte gemacht haben, sich vom Essen abzuhalten versuchen, sollten Sie die Tabelle zugunsten eines rein gedanklichen Registrierens fallenlassen.

Sobald Sie sich einen Überblick über Ihr Eßverhalten verschafft haben, sind Sie in der Lage, etwas dagegen zu unternehmen. Als erstes müssen Sie das Problem definieren. Sofern Sie unter zwanghaftem Essen leiden und in der Lage waren, von einem wertfreien Standpunkt aus eine Tabelle zu führen, können Sie, buchstäblich, Ihr Problem auf dem vor Ihnen liegenden Blatt erkennen. Ihre Tabelle offenbart, daß die überwältigende Mehrzahl Ihrer Eintragungen unter der Rubrik »Mundhunger« fällt. Die Eintragungen in jener Spalte spiegeln die Realität wider, daß es meist Ihre Gefühle sind und nicht Ihr Magenhunger, die Sie dem Essen zutreiben. Sie greifen nach Nahrung, statt daß Sie versuchen, Ihrem Problem einen Namen zu geben und dieses zu überdenken, wenn Sie sich ängstlich, nervös oder unwohl fühlen. Sie benutzen Nahrung als Erste-Hilfe-Mittel. Sie fallen hin, schlagen sich das Knie auf und laufen hilfesuchend zum Kühlschrank, um sich eine Portion Eis zu holen.

Der Selbsthilfe- und -heilungsversuch mittels Essen hat natürlich viele Ursachen, die wir zu einem späteren Zeitpunkt noch eingehender untersuchen werden. Aufgrund Ihrer jahrelangen Praxis, Ihre Wunden mit Essen zu heilen, haben Sie jedoch völlig vergessen, daß Nahrung in Wahrheit eine andere Funktion hat. Sie haben vergessen, was Magenhunger ist.

Die Verbindung zum Hunger

Zur Überwindung Ihres Eßsuchtproblems müssen Sie die Verbindung zwischen Nahrungsaufnahme und Magenhunger wiederherstellen. Um ein nichtzwanghafter oder »normaler« Esser zu werden, müssen Sie wie ein normaler Esser handeln und der Nahrung wieder den ihr gebührenden Stellenwert zurückgeben. Im wesentlichen geht es hierbei darum, eine schwerpunktmäßige Verlagerung Ihrer Tabelleneintragungen von der Mundhungerspalte hin zur Magenhungerspalte zu erreichen.

Diese Verschiebung Ihrer Eintragungen ist nicht so leicht zu bewerkstelligen, wie es sich anhört. Schließlich konnten Sie Ihr zwanghaftes Eßbedürfnis trotz unzähliger Versuche, dagegen anzukämpfen, bislang nicht besiegen. Im Laufe der Jahre ist Ihnen Essen aufgrund von Mundhunger zu einem vertrauten Gefährten geworden, der Sie beruhigte, wenn ansonsten nichts dazu imstande war. Gehen Sie nicht davon aus, daß Sie einfach sagen können: »Ab jetzt werde ich nur noch bei Magenhunger essen« und dann dazu auch in der Lage sind. Eine derartige Erklärung reflektiert einen Wunsch oder eine Phantasievorstellung, hat aber nichts mit Ihren wahren Bedürfnissen zu tun. Wenn Sie Ihre Eßsucht durch bloßes Wunschdenken beenden könnten, hätten Sie dies längst getan.

Wir denken nicht, daß Sie aufhören sollten, aufgrund von Mundhunger zu essen. Unsere Zielsetzung ist vielmehr, Ihnen zu helfen, die Erfahrung von Mundhunger als solche gänzlich auszuschalten, das heißt, daß Sie aufhören, sich dem Essen zuzuwenden, wenn Sie nicht wirklichen Hunger verspüren. Der Unterschied zwischen Kontrollieren und Ausschalten von Mundhunger ist das Entscheidende. Es ist ebenjener Unterschied zwischen einem zwanghaften und einem normalen Eßverhalten, zwischen dem Kontrollieren Ihres Eßverhaltens und dem Überwinden, dem Heilen Ihres Eßsuchtproblems.

Wir möchten nicht, daß Sie sich auf Biegen und Brechen von Ihrer Kühlschranktür losreißen. Wir möchten, daß Sie so lange aufgrund von Mundhunger essen, wie Sie Mundhunger *verspüren*. Wir möchten allerdings auch, daß Sie den Tag anstreben und sich darauf freuen, an dem Sie keinen Mundhunger mehr haben.

Bedarfsorientierte Ernährung — für Erwachsene

Sie werden sich aus Ihrem Eßproblem herausessen, indem Sie das Essen wieder an seinen ihm angestammten Platz zurückstellen. Jedesmal, wenn es Ihr hungriger Magen ist, der die Nahrungsaufnahme auslöst, werden Sie zwei wichtigen Aufgaben gerecht — Sie ernähren sich physiologisch und versorgen sich psychisch. Sie wiederholen hiermit einen Vorgang, der von Kindheitstagen an Vertrauen symbolisierte. Durch eine angemessene Selbst-Ernährung werden in der Tat zwei grundlegende menschliche Bedürfnisse befriedigt — Sie sorgen damit für Ihr körperliches und seelisches Wohl.

Nach unserem Konzept setzt eine Heilung der Eßsucht voraus, daß Sie in bezug auf Ihr Eßverhalten an die Anfänge Ihres Lebens zurückgehen und noch einmal ganz von vorne beginnen. Wir bezeichnen diesen Ansatz als bedarfsorientierte Ernährung für Erwachsene und bauen damit auf der These auf, daß jeder von uns, wohlwissend, wie er auf normale, nichtzwanghafte Weise zu essen hat, geboren wird.

Alle Kinder wissen, wie sie zu essen haben, wenn sie hungrig sind, und hören mit dem Essen auf, wenn ihr Magen voll ist. Kinder, die von einem Gefühl der Sicherheit getragen sind, haben durch die endlose Folge von Hungergefühl und Ernährtwerden gelernt, daß die Welt zuverlässig auf ihre Bedürfnisse reagiert. Kinder, die gelernt haben, daß sie sich auf die Menschen, die sie versorgen, verlassen können, lernen durch einen langen und komplizierten Entwicklungsprozeß auch, daß sie sich auf sich selbst verlassen können. Bei einem Kind, das, jedesmal wenn es nach Nahrung schreit, ernährt wird, setzt sich die Einsicht und Überzeugung durch, daß es sich selbst als effektiv betrachten kann. Jedesmal, wenn ein hungriges Kind nach Nahrung schreit und ernährt wird, verstärkt sich in der Tat die Botschaft, daß seinen Bedürfnissen Rechnung getragen werden kann, und es gewinnt ein wenig mehr psychologische Stärke und Stabilität.

Bedingt durch Ihren Eßzwang ging Ihnen leider irgendwo auf der Strecke zwischen Kindheit und Erwachsensein die Fähigkeit verloren, Ihren Magenhunger noch erkennen und entsprechend befriedigen zu können. Viele von Ihnen mögen sich gefragt haben, wie es dazu kommen konnte. Einige Mißverständnisse und irrige Auffassungen, die in diesem Zusammenhang vertreten werden, möchten wir gerne richtigstellen.

Ihre Eßsucht ist nicht das Ergebnis einer Einzelursache; die Ursachen sind vielschichtiger Natur. Ein Mensch gerät nicht in die Gänge der Eßsucht, nur weil die Mutter seinen Willen zu sehr ignorierte, oder weil er nach einem festen zeitlichen Plan, anstatt nach Bedarf, ernährt wurde. Viele Menschen entwickeln sich zu zwanghaften Essern, weil sie als Reaktion auf gesellschaftlich-kulturelle Diktate mit Diätkuren beginnen. Andere beginnen mit zwanghaften Eßgewohnheiten, wenn sie sich außerstande sehen, eine neue Entwicklungsphase oder schwerwiegende Konflikte zu bewältigen. Der Griff nach Essen ist für sie das Symbol eines früher erfahrenen Gefühls der Sicherheit, ähnlich wie jemand anderes in der gleichen Situation als Flucht- oder Verdrängungslösung dazu übergehen mag, viel zu reden, das Haus sauberzumachen, Geld auszugeben oder Sport zu treiben. Unsere jeweiligen Vorliegen für bestimmte Entspannungsmethoden gehen von ihrem Ursprung her auf die uns angeborene innerste seelische Verfassung, die in unserer Familie praktizierten Umgangs- und Bewältigungsmuster und unsere Erziehung zurück.

Was auch immer die Genesis sein mag, Eßsucht zeichnet sich stets durch die Trennung von Nahrung und Magenhunger aus. Die Tatsache, daß so viele von Ihnen den Kontakt zu dieser frühesten und grundlegenden Erfahrung, Magenhunger zu stillen, verloren haben, ist mehr als bedauerlich. Im Grunde bedeutet dies, daß Sie Ihren grundlegenden Existenzwegweiser verloren haben. Sie wissen nicht mehr, wann es an der Zeit ist, für Nachschub zu sorgen. Ein Leben ohne diesen Überlebensmechanismus ist, gelinde ausgedrückt, dazu angetan, das Gleichgewicht zum Kippen zu bringen, aber fassen Sie sich ein Herz. Die Situation ist nicht hoffnungslos.

Ihr Eßzwang hat Ihre Fähigkeit, Ihren Magenhunger erkennen und stillen zu können, lediglich überdeckt, nicht zerstört. Jeder von Ihnen verfügt nach wie vor über jenen inneren Mechanismus, der sich meldet, wenn Ihr Magen leer beziehungsweise voll ist. Sobald Sie den Kontakt zu ebenjenem Mechanismus wiedergefunden haben, werden Sie in der Lage sein, diesem zu antworten.

Vor diesem Hintergrund besteht Ihre erste Aufgabe darin, daß sie sich selbst wieder auf einen bedarfsorientierten Ernährungsfahrplan zurückbringen. Sie müssen sich erlauben, hungrig zu werden und nach Ihrem eigenen Zeitplan zu essen, genauso wie Kinder hungrig werden und entsprechend ihrem eigenen Zeitplan ernährt werden. An einem Tag essen Sie vielleicht zweimal, an einem anderen Tag sechsmal, an einem weiteren achtmal, und so weiter. Entscheidend ist nur, daß Sie Ihren Eßrhythmus nach Ihrem Hunger und nicht nach der Uhr ausrichten. Sind Sie um vier Uhr hungrig, müssen Sie um vier Uhr essen, auch wenn das »Abendessen«

erst um sechs serviert wird. Ein zweistündiges Warten hätte zur Folge, daß Sie den Kontakt zu Ihrem Hunger verlieren. Ihr Ziel besteht für den Augenblick darin, daß Sie äußere Zwänge, wie Kalorientabellen, feste Mahlzeiten oder vermeintliche gesellschaftliche Pflichtübungen gänzlich außer acht und fallenlassen, so daß Sie die vor Jahren verschütteten inneren Zwänge und Stimuli wiederentdecken können. Ihr Körper wird den Prozeß bestimmen.

Jedesmal, wenn Sie physiologischen Hunger wahrnehmen und darauf antworten, indem Sie sich Nahrung zuführen, lernen Sie, daß Sie sich auf effektive Weise selbstversorgen können, daß Sie Ihren eigenen Bedürfnissen gerecht werden und daß Ihre Bedürfnisse es wert sind, beachtet und befriedigt zu werden. Die auf diese Weise vermittelte Botschaft ist so stark, daß, je häufiger Sie diese erfahren, Ihr psychologisches Fundament um so fester wird und Sie sich um so besser fühlen werden. Daraus ergibt sich die Konsequenz, je häufiger Sie pro Tag aufgrund von Magenhunger essen, desto besser. Ironischerweise liegt die Lösung für Ihre Eßsucht in dem Wiedererwecken exakt jener Erfahrung, die Sie sich während eines Großteils Ihres Lebens mühten auszulöschen. Wieder und wieder haben Sie vesucht, um Ihren Hunger herumzukommen und *nicht* zu essen. Nunmehr ist es an der Zeit, exakt umgekehrt zu verfahren und möglichst häufig aufgrund von Magenhunger zu essen.

Es ist nicht zu spät für diese Kehrtwende. Die zweiteilige Aufgabe, die sich Ihnen stellt, lautet, Magenhunger zu erkennen und anzufangen, darauf zu antworten.

Magenhunger erkennen

So simpel sich für viele die Frage: »Bist du hungrig?« auch anhören mag, für zwanghafte Esser ist sie tiefgründig und inhaltsschwer, da Hunger im allgemeinen das Letzte ist, woran Sie denken, wenn sie nach Essen greifen. Die meisten zwanghaften Esser erzählen uns, daß sie mit Erreichen des Erwachsenenalters den Kontakt zu einem Magenhungergefühl entweder völlig verloren haben oder daß dieses Signal nur noch sehr schwach und undeutlich vernehmbar ist.

Die Vorstellung, als Antwort auf Magenhunger zu essen, ist zwanghaften Essern derart fremd, daß sie regelrecht schockiert sind, wenn sie hören, daß ein nichtzwanghafter Esser die Einladung zu einem Essen mit einem »Danke, aber ich habe jetzt keinen Hunger« ablehnt. Was, fragen sie sich verwundert, hat denn Hunger damit zu tun? Je mehr Sie die Verbindung zwischen Magenhunger und Nahrungsaufnahme verloren haben, desto mehr Eintragungen finden sich in der Mundhungerspalte Ihrer Tabelle, und desto weniger haben Sie möglicherweise die psychologischen Vorteile nutzbar machen und genießen können, die sich dann einstellen, wenn Sie Ihr eigener Ernährer und Selbstversorger sind.

Wenn das Signal schwach ist: Wenn Sie zu jenen zwanghaften Essern zählen, die Magenhunger *erfahren*, bei denen lediglich das Signal schwach ist, raten wir Ihnen, bewußte Anstrengungen zu unternehmen, um sich wieder auf Ihren Hunger einzustellen. Solange Sie aufgrund von Mundhunger essen, werden die Magenhungersignale natürlich nur vereinzelt und in weiten Abständen auftreten. Wenn Sie Ihren Magen gerade, um irgendeinem anderen Gefühl Rechnung zu tragen, gefüllt haben, kann er Ihnen unmöglich mitteilen, daß er hungrig ist. Je mehr Sie jedoch die Erfahrung des Magenhungers suchen, desto eher werden Sie ihn finden.

Ihr Bestreben, aufgrund von Magenhunger zu essen, bringt automatisch eine Verschiebung Ihrer Tabelleneintragungen von der Mundhunger- hin zur Magenhungerspalte mit sich. Wenn Sie eifrig bemüht sind, in sich hineinzuhorchen, um jene Gelegenheiten zu erkennen, bei denen Sie aus Magenhunger heraus essen, wird es Ihnen zeitweilig auch möglich sein, den Drang von Mundhungergelüsten zu übersehen.

Wenn das Signal verschwunden ist: Leider ist vielen zwanghaften Essern jegliches Empfinden von Magenhunger oder auch der Befriedigung, die sich aus dem Stillen dieses Hungers ergibt, verlorengegangen. Im Laufe unserer Arbeit mit solchen Personen haben wir festgestellt, daß die bloße Vorstellung von Magenhunger für sie etwas wahrhaft Erschreckendes hat. Diese Ängste können auf verschiedene Ursachen zurückgehen.

Das Gefühl von Magenhunger erinnert diejenigen, die in ihrem

Leben schon einmal wirkliche Entbehrungen erlebt haben, an schlechte Zeiten. Sie können kein Hungergefühl wahrnehmen, ohne daß dabei gleichzeitig all jene Emotionen wachgerufen werden, die in ihrer Erinnerung den Hunger begleiteten. Die Kinder solcher Personen leiden für gewöhnlich unter einer ähnlichen Angst — jedesmal, wenn sie in ihrer Kindheit zum Essen gedrängt wurden, wurde ihnen damit die elterliche Sorge über eine potentielle Hungersnot vermittelt und so sehr anerzogen, daß sie nach wie vor unterschwellig fürchten, ein Hungergefühl sei gleichbedeutend mit einem potentiellen Unglück oder einer Katastrophe.

Manche zwanghaften Esser fürchten die Intensität des Hungers. Sie fürchten, daß ein derart starkes Gefühl sie überwältigen oder bei ihnen ein Gefühl der Kontrollosigkeit hervorrufen könne. Was wäre, wenn ihr Hunger nicht befriedigt werden könnte? Was wäre, wenn sie mit Essen angefangen hätten, dann aber nicht mehr aufhören könnten?

Schließlich gehen viele zwanghafte Esser einem Hungergefühl auch aus der Abneigung heraus aus dem Weg, sich in bezug auf ihre Versorgung und Verpflegung auf sich selbst verlassen zu müssen. Das bloße Gefühl des Magenhungers läßt in ihnen Erinnerungen an ihre frühesten Bedürfnisse wach werden, die nicht befriedigt wurden. Nach wie vor schwelt in ihnen der Ärger und die Beunruhigung darüber, was ihnen vor langer Zeit von anderen vorenthalten wurde. Der mit diesen Gefühlen verbundene Widerwille, ihr eigener Ernährer sein zu müssen, läßt sich auf dieser Ebene nicht mit der freudigen Erfahrung und dem Genuß in Einklang bringen, den sie andernfalls empfänden, wenn sie feststellen könnten, daß sie sich selbst auf angemessene, fürsorgliche Weise dauerhaft versorgen können.

Interessant ist in diesem Zusammenhang, daß viele sich nicht in jedem Fall der Tatsache bewußt sind, daß sie Angst vor einem Hungergefühl haben. Sie machen diese Entdeckung erst, wenn sie sich ihrer Unfähigkeit bewußt werden, mit dem Essen solange warten zu können, bis diese Erfahrung eintritt.

Sofern Sie zu denjenigen zählen, die sich vor dem Auftreten von Magenhunger fürchten, müssen Sie sich Ihrer Angst offen stellen und diese aus einer objektiven Sicht betrachten. Realistisch gesehen handelt es sich bei physiologischem Hunger um eine Sinneswahrnehmung, der mit einer angemessenen Nahrungsmenge auf recht einfache Weise Rechnung getragen werden kann. Die Angst, die Sie mit einem Magenhungergefühl verbinden, ist ein Relikt Ihrer Kindheitssorgen hinsichtlich der Befriedigung Ihrer Bedürfnisse. Sie müssen die Selbstsicherheit erreichen, daß Sie bereit, willens und fähig sind, sich selbst zu versorgen und zu pflegen. Es geht kein Weg daran vorbei, daß alle zwanghaften Esser Magenhunger wiederum als etwas Positives begrüßen, indem sie sich die Selbstsicherheit geben, daß sie sich all die Nahrung, die sie benötigen, und wann immer sie diese benötigen, selbst zuführen können und werden.

Natürlich haben die vielen Jahre des selbstauferlegten Verzichts, der Abmagerungskuren und der Selbstverachtung Ihnen eine exakt gegenteilige Botschaft vermittelt. Zwanghaften Essern mangelt es an der Basis, auf der sie ihren eigenen Fähigkeiten, sich selbst zu ernähren, vertrauen können. Da sie sich in der Vergangenheit nicht selbst ernährt haben, sehen sie weder Grund noch Anlaß, nunmehr zu glauben, daß sie es in Zukunft tun werden. In der Vergangenheit haben sie sich mit Selbstvorwürfen überhäuft, beharrlich ein Dasein in Abstinenz gefristet, sich die Freude versagt, die ihnen aufgrund der Nahrung hätte zuteil werden können, und sich mit Sicherheit niemals die Mühe gemacht, sich selbst die Frage zu stellen: »Bin ich hungrig?«

Der erste Schritt, um die Geschichte eines nichtfürsorglichen Verhaltens in den Griff zu bekommen, ist eine völlige Kehrtwende. Die Unsicherheit, die Sie als Ernährer Ihrer eigenen Person empfinden, kann überwunden werden, indem Sie sich Nahrung in großen Mengen verfügbar halten und ein und für allemal mit Ihren von Selbstverachtung getragenen Selbstvorwürfen Schluß machen.

Gehören Sie zu jenen zwanghaften Essern, die nicht mehr wissen, wie Magenhunger sich überhaupt äußert, dann schlagen wir Ihnen vor, daß Sie anfangen, mit Freunden darüber zu sprechen. Bitten Sie diese zu beschreiben, was sie meinen, wenn sie sagen: »Ich bin hungrig.« Sie werden feststellen, daß jeder von ihnen Hunger individuell, auf verschiedene Weise und zu verschiedenen Zeiten empfindet. Manche werden ein Leeregefühl in der Magengrube beschreiben; andere werden von einem leichten Brechreizgefühl sprechen; wiederum andere werden von einem Gefühl erzählen, das ihnen in der Kehle sitzt.

Natürlich ist es ein Unterschied, ob ich Hunger empfinde oder abwarte, bis ich zu hungrig bin. Wenn wir davon sprechen, daß Sie sich bedarfsorientiert ernähren sollen, meinen wir damit das erste auftretende Hungersignal. Der erste Schritt der eigenbedarfsgerechten Ernährung besteht darin, daß Sie auf Ihren Hunger mit Enthusiasmus reagieren. »Oh, wundervoll, ich bin hungrig. Das heißt, es ist Zeit zu essen!«

Auf Magenhunger reagieren

Da Sie den Magenhunger nunmehr entdeckt haben, was machen Sie jetzt damit? Die Antwort ist ganz einfach — sie stillen ihn. Sie ernähren sich sooft und wann immer Sie sich hungrig fühlen. Wir leben inmitten einer Gesellschaft, deren Kultur mehr darauf ausgerichtet ist, Hunger zu vermeiden als darauf einzugehen. »Vielleicht esse ich jetzt besser etwas, falls ich später Hunger bekomme«, ist eine weitaus üblichere Feststellung als etwa: »Toll, ich bin hungrig. Ich werde jetzt etwas essen.« Wenn Sie beginnen, sich auf das Magenhungergefühl zu konzentrieren, vergessen Sie nicht, daß Sie bemüht sind, eine Verschiebung Ihrer Tabelleneintragungen aus der Mundhungerspalte hin zur Magenhungerspalte zu erreichen. Es ist gut, häufig Hunger zu verspüren. Je häufiger Sie mit tatsächlichem Hunger essen, desto schneller wird diese Verschiebung Ihrer Tabelleneintragungen sichtbar werden.

Die Relation zwischen Magen- und Mundhunger bedingt einen Umkehrschluß. Je mehr Sie aufgrund von Magenhunger essen, um so weniger werden Sie das Bedürfnis haben, aufgrund von Mundhunger zu essen. Dies liegt vor allem daran, daß Ihr Eßverlangen voll befriedigt wird, wenn Sie häufig aufgrund von Magenhunger essen. Es gibt jedoch noch eine wesentlich weitreichendere Erklärung für den Umstand, warum es zu dieser Verschiebung der Eintragungen von der Mundhunger- hin zur Magenhungerspalte kommt.

Nach langjährigen Eßmustern, die auf Mundhunger ausgerichtet waren, handelt es sich bei der Frage, aufgrund von Magenhunger essen zu lernen, nicht simpel um eine Veränderung eines gewohnheitsmäßigen Verhaltens, noch um eine bloße Neu-Konditionierung Ihres Eßverhaltens. Mit jedem Mal, da Sie sich selbst ernähren, wenn Sie hungrig sind, demonstrieren Sie sich, daß Sie Ihren Bedürfnissen entsprechen können. Sie müssen das so sehen: In dem Maße, wie Sie mehr auf sich selbst eingehen, mehr auf Ihre Bedürfnisse abgestimmt sind, in dem Maße werden Sie sich auch sicherer fühlen. Am Ende werden Sie ein ausgezeichneter Selbst-Ernährer sein. Sie haben gelernt, sich selbst zu ernähren, wenn Sie hungrig sind, und mitfühlend und positiv mit sich umzugehen, wenn Sie aus Gründen, die jenseits von Hunger lagen, den Drang verspürten, im Essen Zuflucht zu suchen. Die Gewißheit, daß Sie sich an jemanden wenden können, der Ihnen derart fürsorglich und liebevoll gesinnt ist — diesen Jemand, den Sie in sich selbst finden —, macht es unwahrscheinlicher, daß Sie sich angesichts von Sorgen und Problemen dem Essen zuwenden müssen.

Seit mehreren Wochen versuchte Nina sich bedarfsorientiert zu ernähren, und sie erzählte uns, daß sie einem bevorstehenden Besuch bei ihren Eltern mit Angst und Unruhe entgegensehe. »Normalerweise«, sagte sie, »gehe ich von der Haustür aus gleich zum Kühlschrank meiner Mutter und esse dann während der ganzen Zeit meines Besuches. Ich kann nicht sagen, daß ich mich unglücklich fühle, während ich dort bin, es müssen wohl die Erinnerungen an früher sein, die dieses Verlangen bei mir auslösen. Die meiste Zeit meines Lebens habe ich mit dieser oder jener Diätkur verbracht, und dieses Haus ist für mich mit fortwährenden Kämpfen gegen das Essen verbunden.«

Diesmal sollte der Besuch für Nina jedoch anders verlaufen. Wie in der Vergangenheit ging sie in ihrem Elternhaus auch dieses Mal nachsehen, was im Kühlschrank war. Zum ersten Mal in ihrem Leben sah der volle Kühlschrank ihrer Eltern jedoch nicht sehr viel anders als ihr eigener aus, da Nina ihren eigenen Kühlschrank nun nicht länger leer hielt, um damit möglichen Versuchungen vorzubeugen. Diese Entdeckung verstärkte ihr Selbstsicherheitsgefühl. Etwas niedergeschlagen stellte sie fest, daß sie zwar hungrig gewesen war, als sie sich zum Abendessen hinsetzten, dann aber viel zuviel gegessen und auf ihrer Heimfahrt gleich auch noch alle Reste, die ihre Mutter ihr eingepackt hatte, aufgegessen hatte. Sie war ärgerlich darüber, dann aber doch froh, daß sie während dieses Besuches bei ihrer Familie im großen und ganzen weniger eßgierig gewesen war als in der Vergangenheit. Diese Erkenntnis ließ in ihr Optimismus für die Zukunft aufkommen.

Wenn Sie Ninas Erfahrung mit der bedarfsorientierten Ernährung als Versuch sehen, wieder Vertrauen zu sich selbst zu gewinnen und sich selbst zu umsorgen, werden Sie feststellen, daß ihr Optimismus wohl begründet ist. Aus dieser Perspektive sieht die Reise zu ihren Eltern folgendermaßen aus: Vor dem Besuch hatte sie sich zwei Wochen lang bedarfsorientiert ernährt. Wir gehen einmal davon aus, daß sie während dieser Zeit viele Erfahrungen sammeln konnte, aufgrund von Magenhunger zu essen, und sich selbst auf diese Weise viele Male gezeigt hatte, daß sie ihre eigenen Bedürfnisse zuverlässig befriedigen konnte. Obwohl Nina ihre Eltern gerne sieht, lassen die Besuche doch Spannungsgefühle in ihr aufsteigen. Vielleicht fürchtet sie eine allzu starke Abhängigkeit von ihren Eltern. Möglicherweise sind auch die Geister ihrer Diätkuren-Vergangenheit, die noch in ihrem elterlichen Haus herumstreunen, mit allzu schmerzlichen Erinnerungen verbunden.

Was auch immer Ninas Spannungsgefühle verursacht, ist von Bedeutung, und letztlich wird sie verstehen wollen, um was es sich dabei genau handelt. Wir glauben jedoch nicht, daß zwanghafte Esser all ihre Konflikte verstehen müssen, um Ihre Abhängigkeit vom Essen überwinden zu können. In diesem Augenblick ist es nicht erforderlich, daß Nina der Ursache ihrer Spannungsgefühle auf den Grund geht. Alles, was sie zum Überwinden ihres zwanghaften Essens tun muß, ist, daran festzuhalten, sooft wie möglich aufgrund von Magenhunger zu essen.

Wenn Nina ihre Eltern in zwei Wochen wieder besucht, wird sie bis dahin jene zusätzliche Zeit gehabt haben, ihr eigenverantwortliches »Selbst-Bemuttern« zu verstärken. Man kann wohl davon ausgehen, daß Nina bis dahin zwei- oder dreimal häufiger aufgrund von Magenhunger gegessen haben wird als dies bei ihrem vorhergehenden Besuch der Fall war. Die zunehmende Zahl ihrer magenhungerbezogenen Eßerfahrungen wird bis dahin eine entsprechend verstärkende Wirkung auf Nina gehabt haben, so daß sie zu diesem Zeitpunkt eine ganz andere sein wird.

Wir wollen damit nicht sagen, daß Nina bis zu ihrem zweiten

Besuch all ihre Probleme gelöst haben wird. Eine Veränderung mag weder für Sie noch für uns noch für Nina selbst sehr augenscheinlich sein. Da sie sich jedoch selbst ernährt und ihre Eßgewohnheiten und ihr Gewicht mitfühlend und positiv, statt selbstverleumderisch kommentiert hat, wird Nina von ganz anderen Gefühlen über ihre eigene Person getragen sein.

Bei der Ankunft in ihrem Elternhaus wird sie möglicherweise nicht den gleichen verzweifelten Eßdrang wie in der Vergangenheit verspüren. Irgendwann, entweder bei diesem oder bei einem späteren Besuch, wird sie den Punkt erreichen, daß sie beim Abendessen Messer und Gabel hinlegen kann, sobald ihr Hunger gestillt ist, und sie wird auch nicht unter dem Zwang stehen, die Reste gleich auf dem Nachhauseweg hinunterzuschlingen. Der Zeitpunkt wird kommen, an dem Nina ihre Eltern besuchen und das essen kann, worauf sie hungrig ist, und nicht aufgrund einer inneren Unruhe Essen in sich hineinstopft. Wenn es soweit ist, wird Nina sich wahrscheinlich wohl genug fühlen und wissen, was sich in ihrem Gefühlsleben abspielt, und anfangen, darüber nachzudenken, was die eigentliche Ursache für ihre innere Unruhe ist.

Unmöglich? Überhaupt nicht. Ninas Fortschritt ist nicht nur möglich, er ist wahrscheinlich. Aber Nina, und alle, die in der gleichen Situation sind, müssen sich selbst einen Ruck in die richtige Richtung geben.

Der Ruck: Wenn Sie mit der bedarfsorientierten Ernährung beginnen, finden sich die meisten Eintragungen in Ihrer Tabelle in der Mundhunger- und nur sehr wenige in der Magenhungerspalte. Sie werden sich nun selbst einen Ruck in Richtung Magenhunger geben.

Jedesmal, wenn Sie etwas essen möchten, fragen Sie sich: »Bin ich hungrig?« Lautet die Antwort ja, sagen Sie: »Prima. Das ist eine Gelegenheit, mich bedarfsorientiert zu ernähren.« Jedesmal, wenn Sie auf Ihren Hunger mit Nahrung antworten, wird damit jene Verbindung verstärkt, die an irgendeinem Punkt in Ihrer Vergangenheit verschüttet wurde. Es braucht viele solcher Erfahrungen, um diese grundlegende Verbindung zwischen Hunger und Nahrungsaufnahme wiederzubeleben, aber sie sind unbedingt notwendig. Diese Verbindung spielt schließlich eine zentrale, lebenswichtige Rolle.

Was geschieht aber, wenn die Antwort auf die Frage »Bin ich hungrig?«: »Nein, ich möchte nur etwas essen!« lautet? Es steht ganz außer Frage, daß es jene Male geben wird, in denen Sie nach wie vor von dem Bedürfnis getrieben werden, aufgrund von Mundhunger zu essen. Bei solchen Gelegenheiten schlagen wir Ihnen den nachfolgenden inneren Dialog vor:

Ernährer: Möchtest Du versuchen, solange zu warten, bis Du hungrig bist? Denk daran, daß Du gerade dabei bist anzufangen, aufgrund von Magenhunger zu essen, wenn Du jetzt aufgrund von Mundhunger ißt, wirst Du damit Deinen Magenhungerfahrplan durcheinanderbringen.
Esser: Nein, ich möchte nicht warten. Ich möchte essen.
Ernährer: Schön. Was genau möchte Dein Mund essen? Denk daran, wenn Dein Magen nicht hungrig ist, dann mußt Du Dir keine Gedanken darüber machen, diesen zu sättigen. Alles, woran Du denken mußt, ist, Dir genau das, was Du haben möchtest, in den Mund zu schieben.
Esser: Ich möchte einen Vanille-Eisbecher mit heißer Himbeersauce.
Ernährer: Schön. Dann wollen wir uns diesen besorgen. Übrigens, es tut mir leid, daß irgend etwas Dich so beunruhigt, daß Essen das einzige ist, womit Du Dich beruhigen kannst. Denk daran, Dir nach dem Essen keine Selbstvorwürfe zu machen, vielleicht wird es Dir ja später möglich sein herauszufinden, was Dich in Wirklichkeit bedrängt, und wieder zum Magenhunger zurückfinden.

Eßanfälle

Wenn Sie mit der bedarfsorientierten Ernährung beginnen, müssen Sie darauf gefaßt sein, daß Ihre Fortschritte durchaus Schwankungen unterliegen. Die meisten lernen recht schnell, nett zu sich selbst zu sein, sich hin und wieder Fehltritte zuzugestehen und davon auszugehen, daß sie gelegentlich aufgrund von Mundhunger essen werden. Sie lernen ebenso, wenn sie anläßlich derartiger Ausrutscher auf Selbstvorwürfe verzichten, bei diesem Eßtrip auch weniger zu essen.

Wenn ein zwanghafter Esser, der gerade dabei ist, ein nichtzwanghafter Esser zu werden, sich jedoch in Völlereisituationen wiederfindet, neigt er dazu, all das Gelernte zu vergessen und in Panik zu geraten. Je größer seine Panik, um so größer auch die Wahrscheinlichkeit, daß er versuchen wird, sich in einem äußerst ärgerlichen Ton wegen dieses Eßanfalls in Selbstbeschimpfungen zu ergehen. »Kannst du dich nicht im Zaum halten? Dein Essen ist *wirklich* außer Kontrolle. Du machst dich selbst krank. Du mußt einfach aufhören.«

Denken Sie an Ihren letzten Eßanfall zurück. Haben Ihre Selbstbeschimpfungen dazu beigetragen, daß Sie aufhörten? Ohne jeden Zweifel verlängerten sie den Eßanfall nur. Der Versuch, einen Eßanfall durch Selbstvorwürfe zu beenden, ist, als wollten Sie versuchen, einen schleudernden Wagen mit dem Durchtreten der Bremse zum Stehen zu bringen. Jeder erfahrene Fahrer weiß, wenn er bei Glatteis ins Rutschen gerät und auf die Bremsen tritt, dann wird durch das Trägheitsmoment des Wagens dieses Rutschen nur noch intensiviert; versuchen Sie demgegenüber, sich auf das Rutschen einzustellen, wird der Wagen schließlich von selbst zum Stehen kommen.

Genauso ist es mit einem Eßanfall. Versuchen Sie mit Ärger und Selbstbezichtigungen dagegen anzukämpfen, wird dieser sich nur verlängern. Stellen Sie sich demgegenüber auf Ihren Heißhunger ein, wird dieser von selbst zum Halten kommen. Was heißt das, sich »auf einen Eßanfall einstellen«?

— Keine abfälligen Bemerkungen mehr. Wenn Sie sich bei Selbstvorwürfen ertappen, erinnern Sie sich daran, daß negative Gedanken nur bewirken, daß Sie sich schlecht fühlen, und Sich-Schlecht-Fühlen bewirkt, daß Sie sich vollstopfen möchten.
— Ihre Selbstvorwürfe ersetzen Sie durch die Selbst-Ermahnung, daß Ihr Eßanfall nur das Symptom einer inneren Unruhe ist. Irgend etwas verursacht Ihnen Unbehagen, und Sie suchen Beschwichtigung und Trost. Sie brauchen Mitgefühl, nicht Tadel.
— Sagen Sie sich, daß Sie nicht wissen müssen, *warum* Sie besorgt und aufgebracht sind, ehe Sie nicht mitfühlend und in einem positiven Sinne mit sich umgehen können.
— Seien Sie während eines Eßanfalls sich selbst gegenüber so

fürsorglich und liebevoll wie nur möglich. Genehmigen Sie sich die Dinge, nach denen es Sie wirklich verlangt.
— Gehen Sie wieder an den Ausgangspunkt dieses neuen Ernährungsansatzes zurück, und stellen Sie sicher, daß Sie Lebensmittel in großen Mengen verfügbar haben, bequeme Kleidung tragen, die Sie mögen, und sich von der Waage fernhalten.

Denken Sie daran, jede Völlerei hat ein Ende. Alles, was Sie tun müssen, ist, wieder an Land zu kommen und sich neuerlich einen Ruck in Richtung Magenhunger zu geben.

Ellen wußte, daß ein Eßanfall in der Luft lag, denn als sie nach Hause kam, ging sie schnurstracks auf den Schrank zu, wo sie als erstes eine Schachtel Salz-Cracker und ein Glas Marmelade entdeckte, ihre alten Eßtrip-Gefährten. Als sie dann aber nach den Crackern und der Marmelade griff, überwand sie sich, einmal kurz nachzudenken. »In Wirklichkeit mag ich Salzgebäck nicht einmal«, sagte sie zu sich selbst. »Das sind meine alten Freß-Genüsse. Wenn ich mich jetzt schon mal einem Freßtrip hingebe, möchte ich wenigstens etwas essen, worauf ich wirklich Lust habe. Wozu Kompromisse schließen?«

Ellen geriet nicht in Panik. Statt dessen ging sie zum Gefrierschrank, nahm ihr neu-legalisiertes Waldmeister-Waffeleis heraus und machte sich darüber her. Später erzählte sie uns: »Es macht schon einen Unterschied, ob man sich während eines Eßanfalls gut behandelt. Ich habe festgestellt, wenn ich mir meine Lieblingsschleckereien genehmige, statt mich mit einem zweitklassigen Ersatz zu bestrafen, dann esse ich am Ende weniger und mein Eßanfall dauert auch nicht so lange.« Ellen entdeckte, daß Selbst-Fürsorge wesentlich effizienter ist als Selbstkritik.

Stephen machte eine ähnliche Entdeckung. »Ich hatte neulich abends einen wüsten Eßanfall«, erklärte er, »und ich wachte am nächsten Morgen voller Wut über mich selbst auf. Ich besann mich, daß selbstquälerische Vorwürfe alles nur noch schlimmer machen würden. So beschloß ich, mir keine Vorhaltungen wegen meiner verzweifelten Gefühle zu machen. Statt dessen zwang ich mich, den neuen Anzug, den ich mir vorige Woche gekauft hatte, anzuziehen. An jenem Tag gab ich mich auch weiterhin dem Mundhunger hin, ich fühlte mich dabei jedoch erheblich entspannter.

Spät abends war ich schließlich in der Lage, neuerlich Magenhunger wahrzunehmen. Und Sie können mir glauben, das war ein *gutes* Gefühl. Es ist wirklich wahr, wenn man weiß, daß man sich wegen seiner Eßanfälle nicht selbst mit Vorwürfen überhäufen wird, dann ißt man nicht einmal annähernd soviel.«

Wir haben gesagt, daß ein Überwinden der Eßsucht voraussetzt, daß Sie sich bedarfsorientiert ernähren, das heißt dann essen, wenn Sie hungrig sind. Das Essen ist insgesamt jedoch noch etwas komplizierter. Sie müssen nicht nur wissen, wann Sie essen sollen, sondern auch, was und wieviel. Wann, was und wieviel sind die Themen, die in den nächsten drei Kapiteln besprochen werden.

Kapitel 10
Wann essen?

Wann? Was? Wieviel? Die Antworten auf diese Fragen sind das Kernstück jeder Diät, da Sie sich nunmehr aber von Schlankheitskuren losgesagt haben, sind Sie auf sich selbst gestellt. Nachdem wir betont haben, wie wichtig es ist, daß Sie wieder ein Gefühl für Ihren individuellen Hunger entwickeln, dürfte es nicht überraschen, daß wir diese Fragen nicht für Sie beantworten wollen. Wir denken nicht, daß es einer außenstehenden Autorität — eines Diätplans, gesellschaftlicher Konventionen oder des Anblicks und des Duftes von etwas Verführerischem — bedarf, die Ihnen sagt, wann Sie essen sollen, was Sie essen sollen und ab welchem Punkt Sie genug haben. Wir glauben vielmehr, daß Sie die Antworten bereits selbst haben.

Sie verfügen zwar noch nicht über viel Erfahrung, als Reaktion auf Ihre inneren Signale zu essen, diese Signale sind jedoch da, und sie verdienen es, beachtet und geachtet zu werden. Sie wissen sicherlich viel über Ihr Ich als Arbeitnehmer/in, Ehepartner/in, Liebhaber/in, Freund/in, Elternteil, Bruder/Schwester, und so weiter. Als jemand, der noch bis vor kurzem Hungerkuren frönte, wissen Sie allerdings sehr wenig darüber, wer Sie als Esser/in sind. Es ist jetzt an der Zeit, das festzustellen, und man sollte mit der Frage nach dem »Wann?« damit beginnen.

Wann esse ich?

Der Zeitpunkt zum Essen ist dann gekommen, wenn Sie hungrig sind. Sofern diese Antwort allzu sehr vereinfacht klingt, sollten Sie sich in Erinnerung rufen, daß das Wiederfinden der Verbindung zu Ihrem Magenhunger alles andere als eine leichte Aufgabe war. Sie haben bisher weitestgehend als Reaktion auf Mundhunger gegessen. Automatisch haben Sie Ihre Hand nach etwas Eßbarem ausgestreckt, ohne nachzudenken, ob Ihr Eßimpuls irgend etwas mit einem leeren Magen zu tun hatte. Wenn Sie erst einmal angefangen haben, die Signale von Magenhunger wahrzunehmen, können Sie sich selbst keinen größeren Gefallen tun als zu versuchen, darauf einzugehen, indem Sie dann essen, wenn Sie Hunger verspüren.

Wenn Sie sich nach Ihrem Magen und nicht nach festgelegten Uhrzeiten richten, werden Sie bald entdecken, daß die Frage des Appetits keine festen Regeln kennt. Sie haben Ihre eigene innere Uhr, die Ihren Hungerfahrplan regelt. Manche von Ihnen werden zum Beispiel morgens nach dem Aufstehen nicht gleich hungrig sein, obwohl Ihre Eltern und deren Eltern sowie wiederum deren Eltern, gleich einem Generationenvertrag, die Wichtigkeit eines herzhaften Frühstücks betont haben. Andere benötigen demgegenüber vielleicht ein Steak, Eier und Bratkartoffeln, ehe sie klar denken können. Einige von Ihnen werden das Bedürfnis haben, sich noch kurz vor dem Schlafengehen den Magen vollzuschlagen, wohingegen andere mit vollem Magen Einschlafschwierigkeiten haben. Viele von Ihnen werden eventuell entdecken, daß Ihr Hungerrhythmus an jedem Tag variiert, und manche werden feststellen, daß dieser Rhythmus zunächst zwar mehr oder weniger gleichbleibend ist, sich dann im Laufe der Zeit jedoch allmählich verändert. Das Wichtige ist, daß Sie Ihren Hunger, genau wie Ihre Unterschrift, als etwas Einmaliges begreifen und verstehen lernen.

Die Bedeutungslosigkeit von Mahlzeiten

Eine am Hunger orientierte Ernährungsweise bedeutet, alle herkömmlichen Vorstellungen über »den richtigen Zeitpunkt zum Essen« aufzugeben. Unsere Nahrungsaufnahme ist im allgemeinen mehr nach der Uhr an der Wand als nach unserer inneren Uhr ausgerichtet. Erst wenn Sie mit der Gewohnheit von drei Mahlzeiten am Tag oder einem Geschäftsdrink um fünf oder dem Abendessen um sechs gebrochen haben, können Sie beginnen, darüber nachzudenken, wann Sie wirklich essen müssen.

Natürlich ist diese Umstellung für Menschen schwer, die damit groß geworden sind, daß es Frühstück, Mittagessen und Abendessen gibt, und die nun plötzlich anfangen sollen, dann zu essen, wenn sie hungrig sind, und nicht zu essen, wenn sie kein Hungergefühl verspüren. Zu Beginn, wenn Sie Ihren Eßrhythmus Ihrem Hunger anpassen, mag es mitunter erforderlich sein, die Worte *Frühstück*, *Mittagessen* und *Abendessen* aus Ihrem Vokabular zu streichen. Für den Anfang glauben wir, daß es hilfreich ist, in der Begriffsvorstellung von Eßerfahrungen, anstelle von Mahlzeiten, zu denken.

Viele reagieren mit großer Traurigkeit auf unseren Vorschlag, traditionelle Mahlzeiten aufzugeben, und das ist kein Wunder. Viele haben sich in der Vergangenheit die Freude und den Genuß einer Mahlzeit vorenthalten, um statt dessen Kohl und Grapefruit zu essen, überdies ohne positiven und bleibenden Erfolg. Hören sie nunmehr von uns, daß sie von traditionellen Mahlzeiten loslassen sollen, kommt in ihnen die Sorge auf, daß sie sich nie mehr zum Frühstück mit ihrer Familie zusammensetzen oder sich in einem Lieblingsrestaurant mit Freunden zum Abendessen treffen können. Wir versichern Ihnen gerne, daß eine derartige Sorge unbegründet ist.

Der Zeitpunkt wird kommen, wo Sie für sich innerhalb der Rahmenbedingungen einer traditionellen Mahlzeit wieder einen Platz finden, an dem Sie sich wohl fühlen, auch wenn Sie selbst währenddessen vielleicht nicht essen. Gesellschaftliche Zwänge in Form festgelegter Ernährungszeiten sind ein Hindernis, wenn Sie gerade am Anfang stehen, sich an Ihrer eigenen inneren Uhr zu orientieren. Sobald Sie in der hungerorientierten Ernährungsweise erfahrener sind, werden Sie auch in der Lage sein, sich mit Ihrem Hunger auf einen bestimmten Zeitpunkt oder ein bestimmtes Ereignis einzustellen. Für den Anfang müssen Sie sich die vor Ihnen liegende Aufgabe jedoch so einfach wie möglich gestalten. In diesem Sinne wird sich die nachfolgende Übung als nützlich erweisen.

Eine Eßübung

Das Ziel dieser Übung ist, im Laufe eines Tages so häufig wie möglich hungrig zu werden. Wir schlagen vor, daß Sie sich hierfür einen Tag aussuchen, an dem Sie von dem Gefühl getragen werden,

Ihr Leben weitestgehend unter Kontrolle zu haben, ein Tag, an dem Sie sich relativ entspannt fühlen. Für manche eignet sich das Wochenende, an dem der Streß der Alltagsroutine wegfällt, am besten. Andere werden diese Übung wochentags bevorzugen, wenn ihr Tagesablauf infolge der Arbeitszeiten feste Rahmenbedingungen hat. Welchen Tag Sie sich für dieses Experiment auch aussuchen, Sie müssen jegliche routinemäßigen Eßgewohnheiten zugunsten der Wahrnehmung Ihrer Körpersignale aufgeben, und Sie müssen sich einen reichhaltigen Nahrungsvorrat bereithalten.

Für diese Übung ist es hilfreich, jedesmal, wenn Sie Hunger verspüren, nur kleine Mengen zu essen. Auf die Frage, welche Nahrungsmenge genau Ihrem Hungergefühl entspricht, werden wir an späterer Stelle noch eingehen. Zum Zweck dieser Übung möchten wir jedoch, daß Sie Ihre Mengen begrenzen, um auf diese Weise möglichst viele Hungererfahrungen zu gewährleisten. Wenn Sie nur eine kleine Menge essen, wird es nicht allzu lange dauern, bis Sie neuerlich Hunger wahrnehmen.

Begrüßen Sie den Tag, den Sie für diese Übung ausgewählt haben, indem Sie auf Ihren Magen horchen, ehe Sie aufstehen. Geben Sie sich nach dem Wachwerden im Bett noch ein paar ruhige Momente und fragen Sie sich, ob Sie hungrig sind oder nicht. Signalisiert Ihr Magen keinen Hunger, nehmen Sie sich die Zeit zu duschen, sich anzuziehen und mit Ihren allmorgendlichen Erledigungen zu beginnen. Setzen Sie sich eine halbe Stunde später hin und geben Sie sich einen weiteren ruhigen Moment, um in Ihren Magen hineinzuhorchen. Sind Sie jetzt hungrig?

Lautet die Antwort ja — registrieren Sie ein Leeregefühl in Ihrem Magen —, nehmen Sie sich etwas zu essen. Sollten Sie jedoch nach wie vor keinen Hunger haben, dann übergehen Sie Ihr übliches Frühstück und beginnen mit Ihren Tagesaktivitäten. Während Sie das tun, denken Sie vielleicht einmal darüber nach, wie oft Sie gefrühstückt haben, obwohl Sie nicht hungrig waren, wie oft Sie nach der Müsli-Schüssel griffen, weil Sie dachten, daß Sie später, wenn Sie wirklich hungrig wären, keine Zeit mehr dafür hätten. Dieses Eßverhalten, mit dem Sie Hunger vorbeugen, nennen wir »prophylaktisches Essen«, eine Eßweise, mit der Sie sich in einem Dauerzustand des Sattseins halten und die die von innen kommenden Signale des Magenhungers überlagert.

Horchen Sie den ganzen Tag über immer wieder auf Ihren Magen. »Bin ich hungrig?« ist die Schlüsselfrage. Sobald Sie diese mit ja beantworten, ist es Zeit zu essen. Meldet sich zum Beispiel um 11 Uhr ein Leeregefühl in Ihrem Magen, heißt das, daß Sie um 11.01 Uhr essen sollten. Ihre Aufgabe erfordert es, daß Sie sofort auf Ihren Hunger eingehen, anstatt noch eine weitere Stunde bis zur Mittagessenszeit zu warten. Nehmen Sie sich um elf die Zeit, unterbrechen Sie Ihre Arbeit und essen Sie etwas. Anschließend gehen Sie Ihrer Beschäftigung weiter nach.

Gleich zu Beginn hatten wir gesagt, daß die Zielsetzung dieses Tages darin besteht, Hunger so häufig wie möglich zu erfahren. Bis zu dem Zeitpunkt, wo Sie abends zu Bett gehen, sollten Sie eine reale Vorstellung und ein konkretes Gespür dafür entwickelt haben, was ein Hungergefühl ist. Lassen Sie den Tag noch einmal Revue passieren. Denken Sie darüber nach, wie oft Sie hungrig waren. Denken Sie über jede Situation nach, in der Sie gegessen haben und wie Sie sich anschließend fühlten. Nehmen Sie sich die Zeit, sich bewußtzumachen, wie das Gefühl war, aufgrund von Magenhunger zu essen. Fragen Sie sich, inwieweit sich dieses Gefühl von demjenigen unterschied, das Sie verspürten, wenn Sie aufgrund von Mundhunger aßen. Die meisten Menschen sind überrascht, um wie vieles genußreicher ihr Essen ist, wenn ihr Magen tatsächlich danach verlangt. Dieser Genuß läßt sie nach weiteren solchen Erfahrungen suchen und ermutigt sie, diese Übung nicht als einen isolierten, einmaligen Vorgang, sondern als exemplarisch dafür zu sehen, wie das Leben sein kann und sein sollte, wenn man sich bedarfsorientiert ernährt.

Um den Erfolg dieser Übung und der bedarfsorientierten Ernährung zu gewährleisten, müssen Sie jederzeit einen reichlichen Vorrat an Nahrungsmitteln bereithalten. Was uns zum Thema »Provianttasche« bringt.

Die Provianttasche

»Oh, gegen drei Uhr bekam ich im Büro Hunger, mußte dann aber bis sechs warten, bis ich nach Hause kam, um etwas zu essen zu bekommen.« »Zum Frühstück hatte ich nur eine Tasse Kaffee und wurde nicht hungrig bis elf. Zu diesem Zeitpunkt rechnete ich mir aus, daß es nur noch eineinhalb Stunden bis zum Mittagessen wären, so daß ich durchhielt.«

Wenn es darum geht, sich selbst zu beweisen, daß Sie Ihre Bedürfnisse auf liebevolle, fürsorgliche Weise selbst befriedigen können, müssen Sie jederzeit Nahrungsmittel mit sich führen, um derartige Situationen zu vermeiden. Ein Durchhalten von ein oder zwei Stunden ist für einen zwanghaften Esser, der sich um eine magenhungergerechte Ernährung bemüht, so ziemlich die schlimmste Verfehlung, die er begehen und mit der er sich praktisch selbst Im-Stich-Lassen kann. Die einzige Möglichkeit sicherzustellen, daß Sie dann, wenn Sie hungrig sind, etwas essen können, ist, daß Sie dieses Essen mit sich führen.

Was wird eingepackt?: Je erfahrener Sie im Umgang mit der Selbst-Ernährung werden, desto besser werden Sie ein Gespür dafür entwickeln, wie Sie sich mit den Produkten, die Sie essen möchten, auf Ihren Hunger einstellen können. Je ausgeprägter dieses Gespür wird, desto einfacher wird es für Sie werden, Ihre Bedürfnisse vorauszusehen und entsprechend Ihre Proviantasche zu packen. Bis es soweit ist, schlagen wir vor, daß Sie jederzeit ein reichhaltiges Sortiment mit sich führen.

Hierzu ist es nicht erforderlich, jedesmal, wenn Sie aus dem Haus gehen, eine Kühltasche zu packen. Es bedeutet lediglich, daß Sie ein paar der Dinge mitnehmen, von denen Sie glauben, daß Sie Lust darauf haben könnten. Haben Sie gerade erst mit der Legalisierung bestimmter Produkte begonnen, dann können Sie sicher sein, daß es diese Dinge sind, für die Sie einen Nachholbedarf haben: Pistazienkerne, Konfekt, Plätzchen, Obst, Käse. Überlegen Sie, was Sie mögen, und gehen Sie sicher, diese Dinge in Reichweite zu haben.

Denken Sie daran, daß es sich bei dieser »mitgeführten« Nahrung nicht um kleine Imbisse oder Knabbereien für den Zwischendurch-Hunger handelt. Sobald Sie sich von den Ideen von Frühstück, Mittagessen und Abendessen verabschiedet haben, müssen Sie sich auch von der Idee kleiner Zwischenmahlzeiten verabschieden. Bei dem Proviant, den Sie in Ihre Tasche packen, handelt es sich schlicht um Nahrungsmittel, die gegessen werden, wann immer Ihr Magen leer ist.

Sie können diesen Proviant in Ihrer Handtasche, Ihrer Aktentasche, Ihrer Manteltasche, einem Rucksack oder in einer Papiertüte mitnehmen. Wir waren oft der Meinung, daß es eine gute Idee sei, eine Tragetasche mit dem Aufdruck ESSEN zu benutzen. Schreibtischschubladen, Bürokühlschränke und Turnhallenschließfächer sind sämtlich als »außerhäusliche Schränke« gut geeignet. Die mitzunehmenden Nahrungsmittel werden individuell von Person zu Person variieren. Der Schlüssel liegt allein darin, das zu haben, was Sie möchten und wann Sie es möchten.

Reaktionen auf die Provianttasche: Viele Menschen haben gegenüber der Vorstellung, Essen mit sich herumzutragen, eine starke Abneigung. »Es ist zuviel Durcheinander«, meinte ein Mann. »Ich wüßte nicht, was ich mitnehmen sollte«, sagte ein anderer. »Die Sachen werden verderben.« »Ich finde immer einen Laden oder ein Restaurant, wenn ich etwas brauche.«
Interessant ist, daß viele von denen, die das sagen, irgendwann in ihrem Leben voller Stolz irgendwelche spezielle Diätnahrung mit sich herumgetragen haben. Warum ist es wohl in Ordnung, Diätnahrung ins Büro zu schleppen, nicht aber die Dinge, auf die Sie wirklich Appetit haben?
Zwanghafte Esser geraten, wenn es vermeintlich um ein Offenlegen Ihres Eßdrangs und Ihres Interesses am Essen geht, in Verlegenheit. Ein Leben lang haben Sie sich bemüht, ihre Eßgewohnheiten geheimzuhalten, so daß das Mitführen einer Provianttasche für sie praktisch gleichbedeutend mit dem Gang an die Öffentlichkeit ist. »Wie kann ich Essen mit mir herumtragen, wenn jeder denkt, daß ich Diät halten sollte?« werden wir gefragt.
Bemerkenswerterweise sind die meisten Eßsüchtigen, die an diesem Punkt unseres Programms angelangt sind, bereits besser auf diesen Schritt vorbereitet, als ihnen selbst bewußt ist. So entdecken sie zum Beispiel, daß jene, die an ihrem mitgeführten Essen das größte Interesse haben, gleichzeitig auch diejenigen sind, deren Reaktionen sie am meisten fürchten. Eine Frau erzählte uns: »Heute nachmittag bekam ich Hunger und griff in meiner Schreibtischschublade nach ein paar Cashew-Nüssen. Als ich merkte, daß die Frau an meinem Nachbarschreibtisch mir dabei zusah, fühlte ich mich sehr unwohl. Schließlich sagte sie: ›Ich *liebe* Cashew-

Nüsse. Kann ich auch ein paar haben?‹ Damit war das erledigt.«

Wenn Sie einmal ohne Vorbehalte, wertfrei darüber nachdenken, dann ist die Idee, »etwas für unterwegs« bei sich zu haben, äußerst sinnvoll. Um sich zu diesem Schritt durchzuringen, sollten Sie sich vor Augen halten, daß Ihre Verlegenheit auf einem Gefühl des Nicht-Berechtigtseins beruht, und daß Sie, ganz im Gegenteil, doch sehr wohl dieses Recht haben. Essen ist kein Vergehen. Es ist Ihr grundlegendes Recht.

Manche Menschen reagieren nicht so sehr aus einer Verlegenheit heraus, sondern eher mit Befremden oder auch etwas ärgerlich, wenn die Rede auf das Mitführen von Nahrungsmitteln kommt. »Das ist doch lächerlich«, sagen sie. »Ich kann mir doch nicht die Arbeit machen, jedesmal meine Küche zusammenzupacken, wenn ich aus dem Haus gehe.« Ihr Tonfall läßt unmißverständlich erkennen, daß das Packen einer Provianttasche für Sie einen enormen Aufwand darstellt.

In Wahrheit hat ihre Abneigung wohl mehr etwas damit zu tun, daß sie sich selbst versorgen sollen, als mit den Dingen, die im einzelnen mit dem Packen einer Provianttasche zusammenhängen. Sie haben einen Widerwillen dagegen, Vertrauen zu sich zu finden und zu lernen, sich selbst zu »bemuttern«, wobei sie »Bemuttern« möglicherweise mit Ablehnung und Abneigung gleichsetzen. Vielleicht haben ihre Eltern, ihre Mütter ihnen vermittelt, daß sie nicht der Mühe wert waren, und diese gleiche Einstellung haben sie in der Folge sich selbst gegenüber übernommen. Wie dem auch sei, zwanghafte Esser, die eine Abneigung gegen die Vorstellung hegen, Essen mit sich zu führen, müssen mit dieser Abneigung fertig werden, ehe sie ihre Abhängigkeit vom Essen, ihre Eßsucht überwinden können. Wenn Sie Ihr Essen gerne in eigenverantwortlicher Regie, ohne Fremdautoritäten übernehmen möchten, müssen Sie sich auch entsprechend darum kümmern, und dazu gehört, daß Sie sich die Nahrungsmittel, die für diesen Prozeß wichtig sind, durch Mitnehmen verfügbar halten.

Frieden schließen mit der Provianttasche: Die Erfahrung zeigt, daß unser anfängliches Widerstreben gegenüber dem Mitführen von Nahrung nur kurzlebig ist. Diejenigen, die sich an die Provianttasche gewöhnt haben, sagen häufig, daß sie diese so selbstverständlich wie ihre Aktentasche mitnehmen. »Es ist schon lustig«, erzählte uns eine Frau. »Zuerst war ich etwas befangen und gehemmt, als ich mir meine Lieblingssachen in die Handtasche packte, inzwischen habe ich mich aber so daran gewöhnt, daß ich mir nicht mehr vorstellen kann, einmal ohne sie aus dem Haus zu gehen. Wenn ich früher hungrig wurde, habe ich mich umgesehen, was ich Eßbares finde und habe mich dann mit dem begnügt, was gerade verfügbar war, ich hatte jedoch niemals ein befriedigtes Gefühl, wenn ich auf diese Weise Kompromisse schloß. Werde ich jetzt hungrig, esse ich, worauf ich Lust habe und gehe anschließend weiter meinen Beschäftigungen nach. Ich möchte es nie mehr anders haben. Es ist so natürlich, daß ich mir nicht mehr vorstellen kann, warum ich die Idee jemals abstoßend fand.«

Nochmals, der Sinn und Zweck des Mitführens von Nahrung ist, sicherzustellen, daß Sie etwas, das Sie mögen, zur Hand haben, wenn Sie hungrig werden. Manchmal werden Sie genau das haben, was Ihren Gelüsten entspricht; ein anderes Mal werden Sie Kompromisse schließen müssen. Sofern Sie nicht exakt das von Ihnen Gewünschte haben, schlagen wir vor, daß Sie nur eben ein oder zwei Bissen essen, um Ihren Hunger so lange zu stillen, bis Sie das, was Sie lieber mögen, bekommen können.

Bei der Idee, die Nahrungsmittel, die Sie mögen, mit sich zu führen und diese dann zu essen, wann immer Sie Hunger wahrnehmen, anstatt zu drei reichlichen Mahlzeiten Platz zu nehmen, handelt es sich um einen völlig neuen Eßstil. In den Medien wurde dieser Eßmodus als »Grasen« beschrieben, und wir freuen uns, daß Grasen offenbar die Welle der Zukunft ist.

Menschen gleich grasenden Tieren

In dem Maße, wie Sie beginnen, Ihrem Magenhunger Beachtung zu schenken und die Nahrungsmittel, die Sie mögen, bei sich zu führen, wohin Sie auch gehen, werden Sie wahrscheinlich feststellen, daß Sie tagsüber häufiger essen. Denjenigen gegenüber, die in dieser Phase der Entwicklung berichten, daß sie jenseits von Frühstück, Mittagessen und Abendessen absolut nicht hungrig waren, sind wir höchst mißtrauisch. Wir wissen, wie schwierig es ist, mit

Traditionen zu brechen und die Führung Ihrem Magen und nicht der Uhr anzuvertrauen. Wir sind uns andererseits aber auch der Tatsache bewußt, daß der Mensch von Natur aus zum Grasen neigt.

Personen, die lange Arbeitszeiten und wenig Zeit zum Einkaufen, Kochen und Essen haben, neigen dazu, hier und da einen Happen zu nehmen, wenn sich die Gelegenheit bietet. Durch die Bereitstellung aller Arten von Schnell- und Fertiggerichten erleichtert unsere Konsumgesellschaft diesen neuen Eßstil. Den herkömmlichen Restaurants haben sich Spezialitäten-Schnellimbißstuben zugesellt, die gebackene Kartoffeln, Pizza, Popcorn und Schaschlik anbieten. All diese Einrichtungen florieren als Ergebnis dieser neuen Eßmode. Anstatt sich für ein Steak und Kartoffeln hinzusetzen, zieht der moderne Esser es mitunter vor, seine Pellkartoffeln mit Käsecreme und Schnittlauch im Stehen einzunehmen. Grasen — das Essen kleiner Mengen, wann immer Sie das Bedürfnis haben — ist chic geworden, und es sieht ganz danach aus, als ob die bedarfsorientierte Ernährung die Modewelle der Zukunft ist. Auf lange Sicht wird Ihr Eßstil also mit den in Ihrer Kultur vorherrschenden Gepflogenheiten in Einklang stehen.

Es wird natürlich auch solche Zeiten geben, in denen Sie, statt zu grasen, Lust auf ein Abendessen haben, und vielleicht werden Sie sogar feststellen, daß Sie Gefallen daran finden, allabendlich ein volles Abendessen einzunehmen. Sofern sich diese Feststellung mit dem wahrhaftigen Stillen Ihres Hungers deckt, ist das uneingeschränkt gut. Alles, worauf wir drängen, ist, daß Sie sich selbst die Freiheit zu Experimenten lassen und auf diese Weise feststellen können, *wann* Sie hungrig werden.

Kapitel 11
Was essen?

Nachdem Sie gelernt haben, das Gefühl des Magenhungers zu identifizieren, müssen Sie als nächstes herausbekommen, welche Art von Nahrung genau Ihre Bedürfnisse am besten befriedigt. Um dies herauszufinden, müssen Sie sich fragen: »Auf was bin ich hungrig?« Die Beantwortung dieser Frage setzt voraus, daß Sie lernen, Ihr Hungergefühl jeweils mit einer spezifischen Nahrung zu befriedigen, das heißt, »Ihren Hunger zu lesen«.

Ihren Hunger lesen bedeutet als erstes, daß Sie jegliche Regeln über etwaige Auswahlkriterien und die Zusammenstellung von Nahrungsmitteln vergessen. Wir haben uns an die Vorstellung gewöhnt, wonach Müsli, Toast, Eier und Säfte ein »gutes« Frühstück ausmachen; daß belegte Brote, Suppen und Salate sich als Mittagessen eignen und daß Fleisch, Fisch und eine Vielzahl von Gemüsesorten ein angemessenes Abendessen darstellen. Selbst die Reihenfolge, in der die Speisen innerhalb einer Mahlzeit einzunehmen sind, haben wir festgelegt. So kommt die Suppe beispielsweise immer als erstes und das Dessert zum Schluß. Ein fünfjähriges Kind kann Ihnen bereits erzählen, daß Gemüse das ist, »was man essen muß, ehe man den Nachtisch bekommt«.

Derartige Konventionen schließen die Möglichkeit einer Ernährungsweise, die auf ein natürliches Verlangen eingeht, aus. Wenn Sie zum Beispiel eines Morgens aufwachen und hungrig auf den gefüllten Truthahn sind, der vom gestrigen Abendessen übriggeblieben ist, diesen jedoch nicht als angemessenes Frühstück betrachten, werden Sie sich wahrscheinlich eine Schüssel mit Cornflakes machen, statt die Truthahn-Reste aus dem Kühlschrank zu holen. Gleichermaßen stellt sich die Situation, wenn Sie auf »angemessenes« Essen Wert legen, daß Sie zur Abendessenszeit Lust auf Hafergrütze mit braunem Zucker und Sahne haben, es statt dessen jedoch vorziehen, sich einen Teller mit Truthahn und Gemüse herzurichten. Wenn Sie es jedoch tatsächlich ernst damit meinen, dann, wenn Sie hungrig sind, das zu essen, worauf Sie Lust haben, werden Ihre »unangemessenen« Wünsche für Sie zu wirklichen Alternativen werden.

In diesem Zusammenhang ist unsere Beobachtung interessant, wonach ein Großteil der Überernährung dadurch verursacht wird, daß man vielfach starr an Eßtraditionen festhält und folglich scheitert, den eigenen Hunger noch angemessen lesen zu können. Infolge dessen enden die meisten zwanghaften Esser, die ihre Eßgier einzudämmen versuchen, indem sie das essen, »was sie sollten«, in der Regel dort, daß sie das, was sie ursprünglich wollten, *zusätzlich* zu dem konsumieren, was sie sollten.

Stellen Sie sich vor, daß Sie um 18 Uhr hungrig auf Süßigkeiten sind, sich jedoch entschließen, statt dessen zu Abend zu essen. Sie essen eine Suppe, Fisch, Brokkoli und einen Salat. Wenn Sie mit all dem fertig sind, fühlen Sie sich immer noch nicht befriedigt, so daß Sie sich mit einem kleinen Nachschlag helfen. Inzwischen fühlen Sie sich vollgestopft, aber immer noch nicht befriedigt. Als nächstes wird das Dessert angeboten und, ganz gleich, wie voll Sie sich fühlen, Sie stopfen es noch in sich hinein. Nachdem Sie mit dem Dessert fertig sind, fühlen Sie sich schließlich vollgestopft *und* befriedigt. Hätten Sie nur das Dessert genommen, hätten Sie weniger verzehrt, das unangenehme übermäßige Völlegefühl vermieden und, natürlich, Ihren speziellen Hunger befriedigt.

Bei allem Respekt, der der Weisheit unserer Fünfjährigen gebührt, die die nahrungsbezogenen Zweckmäßigkeiten unserer Kultur bereits verinnerlicht haben: Sie sind nicht verpflichtet, zuerst Gemüse zu essen, ehe Sie eine Nachspeise genießen dürfen! Leider haben die Regeln, die wir und unsere Kinder über das Essen gelernt haben, mehr mit dem Leugnen spezifischer Hungerfühle als mit dem Eingehen darauf zu tun.

Die Frage des Nährwerts

Die große Sorge in Zusammenhang mit einer lustorientierten Eßweise ist, daß man ernährungsbedingt Schaden nehmen könne. Gemeinhin wird angenommen, daß uns beigebracht werden muß, was wir essen sollen und daß wir das essen müssen, was uns beigebracht wurde. Dem ist nicht so. Wir glauben, daß Ihr Körper in jedem Augenblick am besten weiß, welche Nahrung er exakt benötigt.

Es ist wichtig zu erkennen, daß sich der Körper in Wirklichkeit selbst reguliert. In jedem Augenblick kann Ihr Körper Ihnen sagen, wann und exakt welche Nahrung Sie zu sich nehmen müssen, um Ihr Hungerbedürfnis zu stillen. Zahlreiche Untersuchungen kamen zu dem Schluß, daß Kleinkinder, denen man den entsprechenden eigenständigen Handlungsspielraum ließ, die Fähigkeit besitzen, sich gesund zu ernähren.

Gestützt auf eine Reihe von Experimenten, die als die »Cafeteria Studien« bekannt wurden, zog Dr. Clara Davis das Fazit, daß Kleinkinder, die sich selbst überlassen werden, sich all die Nahrung auswählen, die sie benötigen, um ein gesundes Wachstum und eine gesunde Entwicklung zu gewährleisten. Ernährungswissenschaftler warten mit der Empfehlung auf, daß wir uns, statt uns auf das zu konzentrieren, was wir bei jeder x-beliebigen Mahlzeit oder auch im Laufe eines Tages essen, lieber auf die Zusammensetzung unserer Nahrungspalette in der Spanne von ein oder zwei Wochen konzentrieren und dann auf dieser Grundlage entscheiden sollten, ob wir die für eine gute Gesundheit erforderlichen Nährstoffe erhalten.

Diese Studien gehen davon aus, daß Sie sich heute beim Mittag- und Abendessen zwar für Kartoffeln entscheiden, dafür morgen oder übermorgen jedoch gierig Salate verschlingen. Zu einem anderen Zeitpunkt wird Ihr Körper nach Fleisch oder anderen Nahrungsmitteln verlangen, die Ihren Ernährungsplan ausgleichen. Wenn Sie das essen, wonach es Ihren Körper wirklich gelüstet, statt sich einzureden, daß Sie etwas anderes essen sollten, werden Sie feststellen, daß Sie binnen eines relativ kurzen Zeitraumes Ihre Nahrungszufuhr variieren und das essen, was Sie benötigen. Sie werden allen nährwertrelevanten Anforderungen entsprechen, wenn Sie auf Ihre inneren Signale vertrauen und auf diese spezifisch eingehen. Vor diesem Hintergrund sind drei Mahlzeiten am Tag, die sorgfältig aus den Gruppen der Grundnahrungsmittel zusammengestellt sind, nicht einmal die sprichwörtliche Dose Bohnen wert — es sei denn, diese Dose Bohnen ist das, worauf Sie wirklich Lust haben.

Was der Magen begehrt

Auf was Sie hungrig sind, lernen Sie identifizieren, indem Sie sich fragen: »Welche Form von Nahrung wird das Hungergefühl in meinem Magen jetzt, in diesem Moment befriedigen?« Sie werden natürlich etwas essen wollen, das geschmacklich und von seiner Beschaffenheit her Ihr Eßverlangen befriedigt, die wichtigste Fragestellung ist jedoch, ob das was Sie essen, auch den Hunger, der Ihrem Magen entspricht, befriedigen wird.

Für zwanghafte Esser klingen unsere Diskussionen, mit einem speziellen Nahrungsmittel auf Magenhunger einzugehen, befremdlich. Nichtzwanghafte Esser wissen demgegenüber auf Anhieb, wovon hier die Rede ist. Sagt eine nichtzwanghafte Esserin: »Ich habe das Gefühl, ich möchte heute abend ein Steak essen«, bringt sie damit zum Ausdruck, daß ihr Körper nach einem Steak verlangt. Sofern Sie wirklich alle Produkte legalisiert haben und Sie sich jedesmal, wenn Sie Magenhunger wahrnehmen, konkret fragen, auf was Sie hungrig sind, werden Sie auch in der Lage sein, Ihr Eßverlangen entsprechend zu befriedigen. Sie stellen sich das erste Nahrungsmittel, das Ihnen in den Sinn kommt, vor und versuchen festzustellen, welche Gefühle es in Ihrem Magen hervorrufen würde. Ist es vom Gewicht und seiner Beschaffenheit her das Richtige? Ist es zu heiß oder zu kalt? Zu fade oder zu würzig? Ihr Magen weiß, daß sich Nahrungsmittel von ihrer Beschaffenheit, ihrem Geschmack und ihrer Wirkung her unterscheiden. Er erkennt den Unterschied zwischen Proteinen, Kohlenhydraten, Obst und Gemüse, bewertet die einzelnen Kategorien aber nicht. Er weiß einfach nur, was er haben möchte, und wenn Sie seine Wünsche befriedigen, läßt Ihr Magen Sie wissen, daß er glücklich ist. So und nicht anders funktioniert es.

Sie sind hungrig. Sie denken als erstes an ein Roastbeef-Sandwich und stellen sich dieses Sandwich in Ihrem Magen vor. Glauben Sie, daß es das Richtige ist? Wenn nicht, was ist daran nicht in Ordnung? Ist es zu schwer? Der Gedanke an das Sandwich mag verlockend sein, wenn es jedoch in diesem Augenblick für Ihren Magen nicht das Richtige ist, müssen Sie eine Alternative finden. Erscheint Ihnen das Roastbeef bei näherem Überlegen als zu schwer, versuchen Sie an etwas Leichteres zu denken. Rühreier? Das kommt der

Sache schon näher, aber die Eier alleine erscheinen etwas zu leicht. Rührei auf einem Brötchen? Wenn Sie lernen, jedesmal, wenn Sie hungrig sind, eine Vielzahl von Speisen gedanklich durchzuspielen, dann werden Sie letzten Endes in der Lage sein, genau das zu treffen, worauf Sie Lust haben. Haben Sie jene spezielle Nahrung im Moment nicht verfügbar, können Sie diese durch etwas Vergleichbares ersetzen oder nur ein paar Bissen von etwas anderem nehmen, bis Sie das Nahrungsmittel bekommen können, das Sie wirklich haben möchten.

Manche Menschen machen die Erfahrung, daß ihr Eßverlangen in bestimmten Zyklen abläuft — eine Zeitlang sind Sie auf ein oder zwei Dinge versessen, dann verspüren sie plötzlich den Drang nach etwas ganz anderem. So ist es beispielsweise nichts Ungewöhnliches, wenn sie sich für eine gewisse Zeit in einem »weißen« Eß-Zyklus befinden — Käse, Pasta, Huhn. Kaum beginnen sie sich zu fragen, ob sie wohl jemals wieder Lust auf einen grünen Salat haben, kommt der entsprechende Drang auch schon in ihnen auf und setzt sich durch.

In einem Aufsehen erregenden Artikel von Trish Hall im *New York Times Magazine* vom 27. September 1987 mit der Überschrift »Eßgier« wird von zahlreichen Studien berichtet, die im Hinblick auf das Beziehungsgeflecht zwischen Physiologie und den Nahrungsmitteln, die wir für uns auswählen, durchgeführt wurden. Obwohl die bisher ermittelten Daten noch nicht als abgesichert betrachtet werden können, legen sie doch die Vermutung nahe, daß sowohl Tiere als auch Menschen nach der Nahrung verlangen, die sie jeweils benötigen.

Gibt es ein Leben jenseits von Schokolade?

»Wenn ich esse, was immer ich möchte, wenn ich hungrig bin«, meinte Lila, ehe sie das Programm der bedarfsorientierten Ernährung in Angriff nahm, »würde ich nur Schokolade und Eis essen. Wie kann ich *nicht* Gewicht zunehmen, wenn ich die ganze Zeit nur Schokolade esse?«

Es ist leicht nachvollziehbar, warum Lila, wie auch andere Eßsüchtige in ihrer Situation, sich vorstellen, sie würden ausschließlich von Schokolade — oder irgendeinem anderen vormals verbotenen Produkt — leben, wenn sie ihr Essen jeweils ihren spezifischen Hungergelüsten anpassen. Die meisten zwanghaften Esser haben sich ein Leben lang mit Eßgelüsten auseinandergesetzt, die für sie tabu waren, mit der Gier nach Produkten, die für gewöhnlich kalorienträchtig sind. Überlegen sie nunmehr, das zu essen, wonach es sie verlangt, drehen sich ihre Gedanken automatisch um ebenjene verbotenen Leckereien. In der Anfangsphase werden die meisten von Ihnen vermutlich große Mengen jener Nahrungsmittel verzehren, die zuvor unter Quarantäne standen.

Lila war da keine Ausnahme. Sie erzählte später: »Ich wartete darauf, daß ich hungrig wurde, und jedesmal, wenn es dann soweit war, verspürte ich den Drang nach einem Schokoladen-Milchshake. Ich fuhr dann zu meinem Lieblingscafé, bestellte mir zwei und ging wieder. Einerseits kam ich mir wie eine Milchshake-Süchtige vor; andererseits fühlte ich mich großartig. Zeitweise trank ich durchschnittlich zwei Milchshakes am Tag. Ich wartete, bis ich hungrig war, was für gewöhnlich gegen 11.30 Uhr der Fall war, dann genehmigte ich mir meine Milchshakes. Irgendwann fing ich an, mir Sorgen über mein Gewicht zu machen, nachdem ich aber einmal näher über mein Essen nachgedacht hatte, machte ich eine interessante Entdeckung. Ehe ich mit diesem Konzept begann, hatte ich um 8 Uhr mein übliches Frühstück und zur Mittagszeit ein Sandwich und eine Diät-Cola. Jetzt esse ich weder jenes Frühstück noch jene Mittagsmahlzeit und habe nur meine Milchshakes. In Wahrheit esse ich also weniger als früher und genieße es mehr.«

Nach einem Monat Milchshakes begann Lilas Eßverlangen sich zu verändern. Obwohl es zu Anfang für sie so ausgesehen hatte, als ob ihr Interesse an Milchshakes niemals nachlassen werde, gewannen doch ihre Wünsche nach anderer Nahrung die Oberhand, sobald sie sich selbst die Gewißheit verschafft hatte, daß sie, wann immer es sie danach gelüstete, einen Milchshake haben konnte.

Wenn Sie beginnen, an dieser Anpassung zu arbeiten, müssen Sie für Experimente offen sein. Sie werden mitunter feststellen, daß Sie alle möglichen Dinge essen, die jeglichen Konventionen Hohn sprechen. Vielleicht stellen Sie sogar fest, daß Sie Dinge essen, die Sie seit jeher als ungesund betrachteten. Sorgen Sie sich um Ihre Gesundheit, dann sollten Sie sich täglich Vitamine zuführen, um sich zu beruhigen. Wir denken jedoch, daß Sie selbst überrascht feststellen werden, daß sich Ihr Verlangen nach Gemüse nur unter den Milchshakes versteckt hält. Personen, die sich von Diät- und Schlankheitskuren beherrschen ließen, machen in der Tat eine unvermutete Entdeckung, wenn sie eine genaue Anpassung zwischen Nahrungsmitteln und Eßbedürfnissen vornehmen: sie stellen fest, daß ihr Körper zu seinem natürlichen, für gewöhnlich niedrigeren Gewicht zurückkehrt.

Eine gewichtige Frage

Wann immer wir davon sprechen, daß Sie das essen sollen, worauf Sie in diesem Augenblick Lust haben, in dem Sie hungrig sind, sehen wir uns mit der Frage des Gewichtes konfrontiert. »Was wird mit meinem Gewicht passieren?« ist die Frage, die allgegenwärtig in den Köpfen aller zwanghaften Esser herumspukt.

In dem Zuge, wie Sie Ihre zwanghaften Eßmuster durch eine bedarfsorientierte Ernährungsweise ersetzen, werden Sie auch Veränderungen bei Ihrem Gewicht feststellen. Denken Sie daran, wenn Sie es Ihrem Körper überantworten, Ihnen zu sagen, wann, was und wieviel Sie essen sollen, dann überlassen Sie diesem damit auch den Prozeß des Gewichtsverlustes. Sobald Sie diesen Schritt vollzogen haben, sind die Anfänge auf dem Weg zu dem für Sie natürlichen Gewicht gemacht. Mit anderen Worten, sobald Sie Ihre Abhängigkeit vom Essen durchbrechen, sobald Sie zwanghaftes Essen durch eine bedarfsorientierte Ernährungsweise ersetzt haben, wird Ihr Körper diese Veränderung reflektieren.

Im Hinblick auf die Gewichtsfrage lassen sich zwanghafte Esser in zwei allgemeine Kategorien aufteilen. Entweder liegt ihr tatsächliches Gewicht als Ergebnis des Diät/Eßanfall-Kreislaufs erheblich über Ihrem natürlichen Gewicht oder aber aufgrund fortwährender, selbstauferlegter Entbehrungen erheblich darunter. Sofern es Ihnen gelungen ist, mittels Diäthalten auf einem künstlichen Niveau ein niedriges Gewicht zu halten, kann es durchaus sein, daß Sie, nach Aufhebung aller Eßschranken, ein wenig zunehmen. Entscheidend ist jedoch, diese Gewichtszunahme nicht mit einer solchen zu verwechseln, die sich aufgrund von übermäßigem Essen einstellt. Diese Gewichtszunahme wird da enden, wo der Körper seine Fettpegelmarke erreicht — bei dem Gewicht, das für Sie von Ihrer Konstitution her »bestimmt« ist. Sollten Sie eine gravierende Gewichtszunahme feststellen, so ist diese wahrscheinlich darauf zurückzuführen, daß Sie insgeheim mit der Drohung eines Nahrungsentzugs operieren und folglich für bevorstehende Entbehrungsphasen vorsorgen.

Liegt Ihr tatsächliches Gewicht erheblich über Ihrem natürlichen Gewicht, werden Sie anfangen, Gewicht zu verlieren, sobald Sie aufgrund von Magenhunger essen. Dieses überschüssige Gewicht ist das Ergebnis Ihrer Eßpraktiken, nach denen Sie gegessen haben, wenn Sie nicht hungrig waren, oder Dinge gegessen haben, auf die Sie keinen wirklichen Appetit hatten, oder auch mehr Nahrung zu sich genommen haben, als Ihr Magen wollte. Wenn Sie mit derartigen Eßgewohnheiten aufhören, wird Ihr Gewicht fallen, vorausgesetzt, Ihr Stoffwechsel hat durch Ihre Diätkuren nicht allzusehr Schaden genommen. Am Ende wird Ihr Gewicht sich an dem Punkt einpendeln, der Ihren genetischen Voraussetzungen entspricht.

Einige von Ihnen werden die Feststellung machen, daß Ihre Diät-Jahre Spuren hinterlassen haben und Ihr Stoffwechsel seinen Preis zahlen mußte, mit der Konsequenz, daß Sie, um Gewicht zu verlieren, erheblich weniger essen müßten als Ihr Körper braucht. Personen, die merken, wie schädlich ihr Diäthalten war, sind zu Recht verärgert. Hoffnungsvoll stimmt jedoch, auch wenn sich Ihr Gewicht nicht gravierend verändert, daß Sie dennoch eine große Erleichterung erfahren werden: Sie können Ihre Abhängigkeit vom Essen durchbrechen, Ihre Eßsucht überwinden.

Was mit Ihrem Gewicht wird, hängt größtenteils von dem Grad der Entschlossenheit ab, mit dem Sie dem Diät/Eßanfall-Kreislauf abgeschworen haben. Wenn Sie die Aufgabe, das zu essen, was Sie wirklich möchten, wahrhaft ernst und genau nehmen, wenn Sie wissen, egal was dabei herauskommt, daß Sie nie wieder Diät- oder Schlankheitskuren machen und nie wieder zu Selbstvorwürfen über Ihr Essen oder Ihr Gewicht greifen werden, dann haben Sie nichts zu befürchten. Die Beweise sind überwältigend: *Je entspannter Sie sich im Hinblick auf Ihr Eßbedürfnis fühlen, desto weniger werden Sie essen.*

Die ersten Erfolge

Ruth erzählte uns, daß sie den Dreh schließlich heraushatte, ihren Hunger zu lesen. »Gestern nachmittag war ich hungrig«, erklärte sie, »und dachte, daß ich Lust auf etwas Süßes hätte. Ich bin absolut auf Schokolade versessen, und das erste, das mir in den Sinn kam, war Schokolade. Ich dachte an einen Eclair, aber als ich mir dann vorstellte, wie ich ihn essen würde, merkte ich, daß er zu süß, zu schwer und zu klebrig wäre. Dann kam ich auf Plätzchen und anschließend auf Kuchen, aber weder das eine noch das andere erschien mir das Richtige. Dann fiel mir ein, wie sehr ich als Kind Pudding geliebt hatte. Seit Jahren hatte ich keinen mehr probiert. Als ich darüber nachdachte, fiel mir ein, daß der Delikatessenladen nahe meinem Büro ein Schild aushängen hatte, auf dem für hausgemachten Reispudding geworben wurde. Ich war mir sicher, das wäre genau das Richtige — er ist süß und leicht und hat genau die richtige Beschaffenheit, und nicht zuletzt verbinde ich alle möglichen positiven Erinnerungen damit. Ich denke, daß Reispudding nunmehr eine Zeitlang in meiner Ernährung eine ganz große Rolle spielen wird.«

Arthur hatte eine ähnlich erfolgreiche, wenngleich auch unterschiedliche Erfahrung. »Es war Samstag morgen«, erzählte er uns, »und nach dem Aufwachen fühlte ich mich sehr hungrig. Mein erster Gedanke war, daß ich Lust auf etwas wirklich Herzhaftes hatte, etwa Rührei und Schinken. Als ich dann versuchte, mir diese Pfannkuchen vorzustellen, merkte ich, daß sie nicht wirklich das waren, worauf ich Appetit hatte. Ich stellte sie mir in meinem Magen vor und konnte dabei einfach kein befriedigtes Gefühl empfinden. Das gleiche tat ich mit dem Schinken und hatte auch hier eine negative Reaktion. Das Salz und das Fett störten mich. An dem Punkt fing ich an, über andere Essensvarianten nachzudenken. Ich dachte an Hafergrütze und Omeletts, aber auch sie waren nicht das Richtige. Ich kam schließlich darauf, daß es etwas zum Beißen sein mußte. Ich versuchte es mit einem Hörnchen und das paßte genau. Aber ich brauchte noch etwas dazu, irgend etwas Proteinhaltiges. Quark reichte nicht ganz, kam dem Ganzen aber schon nahe. Nachdem ich mir verschiedene andere Dinge vorgestellt hatte, kam mir schließlich die Idee von einem mit Käse überbackenen Hörnchen. Das schien geradezu ideal, so bereitete ich ihn zu und aß ihn, und Sie können mir glauben, es *war* ideal!«

Arthur fügte hinzu, daß er in der Vergangenheit so verfahren wäre, daß er die Rühreier und den Schinken, die ihm zuerst in den Sinn kamen, gegessen hätte. Er hätte sich damit den Magen in der Hoffnung vollgeschlagen, anschließend ein befriedigtes Gefühl zu empfinden. »Inzwischen habe ich jedoch festgestellt«, erklärte er, »daß, ganz gleich, wieviel ich von etwas esse, das ich nicht wirklich möchte, ich mich nicht befriedigt fühle. Ehe ich anfing, mit spezifischen Nahrungsmitteln auf meinen Hunger einzugehen, habe ich mich stets überessen. Nachdem ich Rühreier und Schinken in mich hineingestopft hätte, hätte ich den Rest des Tages damit verbracht, das zu essen, was immer mir über den Weg gekommen wäre, und das nur, weil ich kein befriedigtes Gefühl gehabt hätte. Jetzt, wo ich darüber nachdenke, auf was ich Lust habe, und das dann esse, fühle ich mich befriedigter, und das mit wesentlich kleineren Mengen.«

Komplikationen

Es ist nicht immer ganz einfach zu lernen, auf Ihren Hunger passend mit einem spezifischen Nahrungsmittel einzugehen. Viele durchleben hier eine harte Zeit, vor allem am Anfang. Es ist oft nur eine Frage von Versuch und Irrtum, bis Sie den Dreh schließlich heraushaben. Manchmal ist das Problem jedoch ein wenig komplizierter.

Für Andrea war es fast ein Ding der Unmöglichkeit, sich von der Kalorientabelle loszureißen, die die Diätjahre in ihr Gehirn eingemeißelt hatten. »Sie nennen ein Nahrungsmittel«, erzählte sie uns, »und sofort erscheint in meinem Kopf schlaglichtartig eine Zahl. Ich habe nicht das Gefühl, daß ich wirklich frei darüber entscheiden kann, auf was ich Lust habe, da mir all diese Zahlen in die Quere kommen.«

Andere sehen sich mit der Schwierigkeit konfrontiert, sich von den traditionellen Vorstellungen über Mahlzeiten zu befreien. »Die Vorstellung, nur ein Dessert zu essen, selbst wenn es das ist, wonach ich in Wahrheit verlange«, meinte ein Mann, »ist dennoch etwas, was ich kaum fertigbrächte. Selbst wenn ich nach dem Aufwachen morgens hungrig auf Eis wäre, hätte ich ein ungutes Gefühl, es zu essen.«

Wenn Ihnen einmal nichts Passendes einfällt, das den Nagel auf den Kopf trifft — und solche Situationen gibt es —, schlagen wir Ihnen vor, daß Sie sich nochmals rückversichern, ob Sie auch wirklich hungrig sind. Sind Sie es, dann essen Sie irgendeine Kleinigkeit, nichts Spezielles oder Besonderes. Erwarten Sie nicht bei jeder Eßerfahrung, die Sie machen, daß gleich alle Glocken läuten. Vergessen Sie nicht, daß Sie dabei sind, zu versuchen, so viele Male wie möglich am Tag aufgrund von Magenhunger zu essen. Wenn Sie irgendwann einmal nichts wirklich Passendes finden können, essen Sie keine großen Mengen von etwas, bei dem das I-Tüpfelchen fehlt, so daß Sie nach nicht allzu langer Zeit neuerlich die Gelegenheit haben, Ihren Hunger mit einem speziellen Nahrungsmittel zu befriedigen. Sollten Sie jedoch entdecken, daß Sie in Wirklichkeit gar nicht hungrig sind, schlagen wir Ihnen vor, nichts zu essen. Warten Sie fünfzehn Minuten, und starten Sie dann einen weiteren Leseversuch.

Sobald Sie gelernt haben, Ihren Hunger zu lesen, wird diese Anpassung fast automatisch vonstatten gehen. Sie werden jenen speziellen Genuß entdecken, der sich dann einstellt, wenn Sie etwas essen, das für Ihren Hunger genau das Passende ist. Essen ist einer der wenigen Bereiche des Lebens, in dem Sie weitestgehend exakt das bekommen können, was Sie sich wünschen. Wenn Sie Lust auf die Kruste eines Roggenbrotes haben, legen wir Ihnen nahe, den inneren Teil des Brotes zu vergessen. Haben Sie Lust auf ein Dessert, lassen Sie das Fleisch und die Kartoffeln wegfallen. Wenn Sie Verlangen nach der dicken Schokoladenglasur auf einem Stück Sachertorte verspüren, essen Sie die Glasur und lassen den Kuchen auf dem Teller zurück. Und achten Sie darauf, in bezug auf die jeweilige Marke oder Variante sehr präzise zu sein, wenn Sie sich entscheiden. Wir alle wissen, daß es keine zwei Sorten von Schokoladenkeksen mit dem gleichen Geschmack gibt.

Bei Ihrem Erkundungsprozeß, was Sie gerne essen möchten, ist es hilfreich, wenn Sie sich mit einem möglichst großen, vielfältigen Nahrungssortiment eindecken, das Ihnen ein Optimum an Wahlmöglichkeiten läßt. Es wird natürlich immer wieder vorkommen, daß das, worauf Sie Lust haben, nicht verfügbar ist, und in solchen Fällen müssen Sie bemüht sein, Ihrem Eßverlangen so nahe wie möglich zu entsprechen. Wenn Sie um Mitternacht Hunger auf Muscheln verspüren und keine vorrätig haben, müssen Sie nicht auf Muschelfang gehen. Stellen Sie sich den Geschmack und die Beschaffenheit von Muscheln vor — welches Gefühl sie in Ihrem Magen hervorrufen würden — und versuchen Sie, mit einer Alternative aufzuwarten. Ein Hamburger würde wohl kaum so gut passen wie etwa Thunfisch.

Aber es gibt noch ein weiteres, sehr praktisches Problem, wenn Sie versuchen, etwas Passendes für Ihren spezifischen Hunger zu finden: Wie planen Sie Mahlzeiten im voraus, wenn doch Ihr Hunger an einen bestimmten Moment gebunden ist? Morgens um sieben können Sie unmöglich wissen, was Sie abends um neunzehn Uhr essen möchten. In diesem Zusammenhang dürfte der Hinweis wohl überflüssig sein, daß die Zubereitung einer adäquaten Mahlzeit um so einfacher sein wird, je reichhaltiger das Vorratssortiment ist, aus dem Sie auswählen können. Je versierter Sie beim Lesen Ihres Hungers werden, desto besser werden Sie ein Gespür dafür entwickeln, nach welchen Nahrungsmitteln es Sie am häufigsten drängt. Das ist dann Ihre Hauptnahrung, und Sie werden von sich aus Wert darauf legen, diese Produkte in reichlichen Mengen griffbereit zu haben.

Den Prozeß des Auswählens werden wir in einem späteren Kapitel noch eingehender behandeln. Für den Augenblick mag es reichen, Sie daran zu erinnern, daß Sie beim Essen im Restaurant erst Ihren Magen konsultieren sollten, *ehe* Sie die Speisekarte studieren.

Denken Sie daran

Wenn Sie anfangen, Ihren Hunger zu lesen, sollten Sie nicht erwarten, daß Sie sich für Nahrungsvarianten entscheiden, die Ähnlichkeiten mit »traditionellen« Mahlzeiten haben. Wenn Sie Ihren Magen fragen, auf was er Hunger hat, wird er kaum antworten: Aperitif, Vorspeise, Gemüse und Dessert. Er ist erheblich anspruchsloser. Normalerweise wird Ihr Magen Ihnen ein starkes Signal geben. Hören Sie sorgsam darauf und versuchen Sie, möglichst präzise darauf einzugehen. Wenn Sie mit einem bestimmten Nahrungsmittel auf Ihren Hunger reagieren, wird Ihnen das zwar nicht das Mahl Ihres Lebens bescheren, es wird Ihnen jedoch alle denkbaren aufregenden Eßerfahrungen erschließen.

Kapitel 12
Wieviel essen?

Wieviel ist genug?

Zu lernen, wann Sie genug gegessen haben, ist nur eine abgewandelte Form des Lernens, wann Sie hungrig sind. Auch hierbei ist es erforderlich, sich auf die vom Magen ausgesandten Signale einzustellen. Wenn Ihr Magen während der Nahrungsaufnahme seinen Sättigungsgrad erreicht hat, hört er auf, Hungersignale auszusenden, und Sie können mit dem Essen aufhören. Sendet Ihr Magen während der Nahrungsaufnahme weiterhin Hungersignale aus, bedeutet dies, daß Sie noch nicht genug hatten.

Die Idee der Hungersignale klingt für Sie vielleicht etwas befremdlich, sobald Sie jedoch angefangen haben, diese zu erfahren, werden sie Ihnen vermutlich vertraut vorkommen. Drehen sich Kinder von der Flasche oder Brust weg, wenn sie genug hatten? Manchmal leeren sie die Flasche ganz, manchmal lassen sie sie halb voll, und manchmal trinken sie sie ganz, schreien nach mehr und bekommen es sofort. In jedem Fall entscheidet ihr Appetit und nicht die Größe der Flasche darüber, wieviel sie trinken. Leider sieht die Praxis bei den meisten Kindern dann aber, wenn sie zu fester Nahrung übergehen, so aus, daß ihr Recht, selbst zu entscheiden, wieviel genug ist, nicht länger respektiert wird. Die Erwachsenen kümmern sich mit zunehmender Sorge darum, was und wieviel Kinder essen. »Ein Löffel für Oma« und der Club der Leeren Teller sind die Erkennungszeichen der allgegenwärtigen Haushaltskämpfe um den Titel ›Herr über das Essen‹.

Die Mitgliedschaft im Club der Leeren Teller zum Beispiel geht bei den meisten von Ihnen bis in Ihre Kindheit zurück. Die einzige Voraussetzung für diese Mitgliedschaft war, alles aufzuessen, was Ihnen vorgesetzt wurde. Nahmen Sie diese Aufforderung einmal nicht so ernst, folgte dem prompt ein Appell an Ihr Gewissen. »In Indien/Afrika/Äthiopien verhungern Kinder.« Indem Sie alles aufaßen, was Ihnen serviert wurde, trugen Sie irgendwie Ihren Teil dazu bei, diesen Kindern zu helfen oder zeigten damit Ihre angemessene Dankbarkeit, daß Ihnen dieses Leid erspart blieb. Die Frage Ihres Sättigungsgespürs geriet gegenüber der Frage der leeren Teller und der Welthungersnot ganz klar ins Hintertreffen.

Es fällt schwer, über derartige Ernährungsmethoden keine Witze zu machen, wie auch immer, wir müssen wohl anerkennen, daß unseren Müttern und deren Müttern sowie deren Müttern zuvor stets nur unser Bestes am Herzen lag. Es war ihre Aufgabe, Mahlzeiten zuzubereiten, um uns zu ernähren, und ihren Lohn und ihre Anerkennung erhielten sie, wenn wir aßen. Wenn Sie nun jedoch bemüht sind, die Verbindung zwischen Hunger und Nahrungsaufnahme wiederherzustellen, ist es wichtig, daß Sie sich die nachhaltig intensive Wirkung jenes Clubs der Leeren Teller und jenes Gewissensappells mit verhungernden Kindern auf Ihre Eßmuster einmal vor Augen halten.

»Wann immer ich einen Rest auf meinem Teller zurückließ«, erinnert sich June, fünfundvierzig, »sah meine Mutter mir in die Augen und erzählte mir, daß in Indien kleine Mädchen verhungerten und daß ich jeden Bissen aufessen sollte. Ich erinnere mich, daß ich an irgendeinem Punkt versuchte, eine Verbindung herzustellen. Ich dürfte fünf gewesen sein, als ich allen Ernstes fragte, ob ich die Reste meines Hamburgers an sie schicken könne. Meine Mutter lachte und meinte, daß das nicht ginge. Ich weiß nicht mehr genau, was dann geschah, aber ich weiß, daß, wann immer ich einen nicht leergegessenen Teller beiseite schob, ich mich schlecht fühlte.«

Obwohl in diesem Fall in gewisser Weise ein Punkt erreicht wurde, der June zu denken gab, verstand sie andererseits doch, daß es hier um Frustration ging — die ihrer Mutter, die etwas zubereitet hatte, was ungegessen blieb. Und die »Mahnung an die Verhungernden« trug in sich die Drohung, daß June sich auch in die Schlange der Verhungernden einreihen könne, wenn sie nicht dankbar war und ihre Dankbarkeit zum Ausdruck brachte. Obwohl Junes Mutter niemals die Absicht hatte, ihr zu drohen, waren doch Mutter und Tochter in einen gesellschaftlich sanktionierten Kampf über die Kontrolle verstrickt, wer letztlich entscheiden würde, wieviel genug sei.

Sie sind der Boss!

Ehe Sie Herr/Herrin über Ihr eigenes Essen werden können, ehe Sie lernen können, selbst zu entscheiden, wann Sie genug hatten, müssen Sie ein sehr präzises Bewußtsein für all die Wege und Formen entwickeln, über die Sie derzeit auf diesen Herrschaftsanspruch verzichten.

Zur Frage der Portionierung: Sie gehen zum Essen aus und bestellen sich ein Menü — T-Bone-Steaks, gebackene Kartoffeln, gartenfrische Möhren und ein Endiviensalat. Als das Essen kommt, sehen Sie zwei große, dicke Scheiben Rindfleisch, eine davon mit Knochen, vor sich, eine dicke gebackene Kartoffel, die in der Mitte zerteilt und mit einer Quarkcreme gefüllt ist, etwa eine halbe Tasse Möhrengemüse und eine hölzerne Schüssel von etwa 20 Zentimeter Durchmesser mit Endiviensalat. Sie sind hungrig und langen zu. Nach etwa zwanzig Minuten merken Sie erstmals, daß Ihr Magen anfängt, voll zu werden, Sie schauen jedoch auf Ihren Teller und sehen, daß Sie die Kartoffel noch kaum angerührt haben, die Hälfte der Möhren ist noch übrig und auch bei dem Fleisch liegt noch ein Stück des Weges vor Ihnen. Die Salatschüssel ist jedoch leer. Was tun Sie?

Die meisten zwanghaften Esser atmen einmal tief durch und essen weiter. Ihre Logik sagt ihnen schließlich, daß sie ihre »Portion« nicht aufgegessen haben. Es ist nunmehr an der Zeit zu fragen, was eigentlich die Entscheidungskriterien für eine ›Portion‹ sind. Kann es sein, daß, wer auch immer das Essen auf Ihrem Teller portionierte, besser weiß als Sie selbst, wieviel Sie essen müssen? Stellen Sie sich vor, Sie haben Ihren Teller geleert und möchten mehr haben? Daraus leitet sich die Schlußfolgerung ab, daß an den Ihnen servierten Mengen etwas richtig, und an den von Ihnen gewünschten Mengen etwas falsch ist.

Ihre Logik hinsichtlich der Ihnen servierten Portionen legt doch die Vermutung nahe, daß der Töpfer, der Ihren Teller entwarf, irgendwelche speziellen Kenntnisse darüber hatte, wieviel Sie zu Abend essen müßten, und daß der Bäcker wußte, welche Menge Brot Sie haben möchten, als er seine Brötchen formte. Was der Restaurantbesitzer jedoch jeweils als Portion erachtet, kann oder kann auch nicht der Eßmenge entsprechen, die Sie in einem bestimmten Moment benötigen. Servierte Portionen haben mit Ihnen und Ihrem Sättigungsgrad nichts zu tun.

Wenn Sie mit anderen zusammen essen, werden Sie feststellen, daß nichtzwanghafte Esser oft kleine Essensreste auf ihren Tellern zurücklassen. Irgendwann in der Zukunft werden auch Sie zu ihnen gehören, und Sie werden ebenso handeln, ohne auch nur darüber nachzudenken. Um an diesen Punkt zu kommen, müssen Sie allerdings Ihren Herrschaftsanspruch zurückfordern und geltend machen und von innen heraus Ihre eigenen Wieviel-Entscheidungen treffen.

Die Methode: Mit Hilfe der nachfolgenden Methoden können Sie lernen, die »Satt«-Signale Ihres Magens zu erkennen.

— *Nehmen Sie ein paar Bissen, hören Sie dann auf zu essen.* Sind Sie Sie immer noch hungrig? Sind Sie es, dann nehmen Sie ein paar weitere Bissen und hören neuerlich auf. Sind Sie schon zufriedengestellt? Manchmal ist es hilfreich, eine Pause einzulegen, eine Zeitlang ein paar Schritte auf und ab zu gehen, ehe Sie sich aufs neue die Frage nach dem Hunger stellen. Konnten Sie dann die Frage, ob Sie genug hatten, anschließend mit einem Ja beantworten, ist der Zeitpunkt, mit dem Essen aufzuhören.

— *Experimentieren Sie mit Ihrem Sättigungsgefühl.* Es gibt verschiedene Stufen der Sättigung. Sie können essen, bis Sie kein Hungersignal mehr wahrnehmen, Sie können essen, bis Sie einen gewissen Sättigungsgrad erreicht haben, oder Sie können essen, bis sich Ihr Magen voll fühlt. Sie können auch über diesen Grad des Vollseins hinaus essen, bis Sie sich vollgestopft fühlen. Der Punkt, an dem wir bereit sind, mit dem Essen aufzuhören, ist bei jedem von uns verschieden. Sie werden den Punkt, an dem Sie sich am wohlsten fühlen, herausfinden und sicherstellen müssen, daß Sie nicht alle möglichen Werturteile darüber fällen, was dieser Punkt ist. Manche Menschen müssen sich zum Beispiel vollgestopft fühlen, um sich sicher fühlen zu können — Essen und Völlegefühl im besonderen verkörpern wesentlich mehr als eine rein physische Sättigung. Bei dem Bedürfnis, sich sehr voll zu fühlen, handelt es sich unseres Erachtens mehr um ein psychologisches als um ein physiologisches Bedürfnis. Genau wie Sie den Schritt vom Mundhunger zum Magenhunger vollziehen mußten, müssen Sie sich auch in diesem Fall in die Richtung Ihres körperlichen Sättigungsbedürfnisses bewegen, wenn Sie Ihr natürliches Gewicht wiederfinden möchten. Genau wie beim Mundhunger, reicht auch in diesem Fall nicht einfach der Wille, mit dem Essen aufhören zu wollen, sobald der physiologische Grad des Sattseins erreicht ist. Dieser Übergang wird sich erst dann vollziehen, wenn Sie eine akzeptierende, fürsorgliche Umgebung geschaffen haben, in der Sie lernen können, wieviel für Sie genug ist.

Abschiednehmen ist schwer

Viele von uns haben Schwierigkeiten mit dem Abschiednehmen. Als jemand, der unter zwanghaftem Essen leidet, werden Sie möglicherweise auch feststellen, daß sich diese Schwierigkeit mit dem Abschiednehmen bei Ihnen ebenfalls auf den Bereich der Nahrung erstreckt. Diejenigen, die eine suchtartige Beziehung zur Nahrung haben, messen dieser alle möglichen nur denkbaren Bedeutungen bei. So kann Essen ein Freund oder ein vertrauter Gefährte sein, der Ihnen ein Gefühl der Sicherheit gibt, so daß Sie sich von diesem vermutlich ebenso widerstrebend trennen, wie von jemandem, der Ihnen sehr nahesteht.

Nachdem Sie jedoch alle Nahrungsmittel legalisiert haben, dürfte diese Sorge um das Abschiednehmen weitestgehend ausgeräumt sein. Sobald Sie erkennen, daß jede Form von Nahrung legal und verfügbar ist, daß Sie von jedem Produkt haben können, soviel Sie nur wollen, werden Sie auch verstehen, daß es kein Abschiednehmen für immer gibt. Sie haben den Luxus, frei zu entscheiden, wieviel Sie in irgendeinem Moment haben möchten, da Sie sich selbst das Versprechen gegeben haben, sich mehr zu gewähren, wenn Sie das entsprechende Bedürfnis verspüren.

Alice war bei einer Hochzeitsfeier zu Gast. Das Menü war für sie eine wahre Delikatesse, Fisch gefüllt mit Garnelen und Krebsfleisch, mit einer außergewöhnlichen Sauce übergossen. Die Gastgeberin servierte reichhaltige Portionen, und Alice genoß das Ganze in vollen Zügen. Nachdem sie etwa die Hälfte geschafft hatte, merkte sie, daß sie nicht mehr hungrig war. »In der Vergangenheit«, erklärte Alice, »hätte ich weitergegessen. Ich hätte unmöglich aufhören können, ehe mein Teller nicht leer war. Diesmal machte ich jedoch zwei Dinge. Ich sagte der Gastgeberin, daß ich es ausgesprochen delikat fand, bat sie, ob ich den Rest mit nach Hause nehmen könne, und fragte sie außerdem, ehe ich die Gesellschaft verließ, nach dem Rezept. Mir kam der Gedanke, daß ich es mir jederzeit zubereiten könne und somit nicht über meinen Appetit hinaus essen mußte.«

In zweifacher Hinsicht profitierte Alice von dem Umstand, daß sie auf ihren Magen hörte. Zum einen entwickelte sie ein Bewußtsein dafür, wieviel Fisch sie bei einer Mahlzeit benötigte, um ihren Hunger zu stillen. Zum zweiten war sie in der Lage, den Fisch, den sie verzehrte, wirklich vollauf genießen zu können. Eine Nahrungszufuhr, die über den Hunger hinausgeht, ist mit einem wahren Eßgenuß nicht vereinbar.

Der primäre Grund, mit Essen aufzuhören, wenn Sie genug haben, ist interessanterweise der, daß Sie dann schon bald wieder zum Essen zurückkehren können. Während Sie lernen, sich aufgrund von Magenhunger zu ernähren, sollten Sie Ihr Ziel nicht aus den Augen verlieren, das darin besteht, möglichst viele Tabelleneintragungen in der Magenhungerspalte zu sammeln, was bedeutet, daß Sie bemüht sein müssen, sich möglichst häufig bedarfsorientiert zu ernähren. Wenn Sie sich von Ihrem Essen just in dem richtigen Moment verabschieden, werden Sie schon sehr bald wieder in der glücklichen Lage sein, es neuerlich begrüßen zu können.

Alices spontane Idee, den Fisch mit nach Hause zu nehmen, ist ausgesprochen positiv zu sehen. Ein Großteil der Überernährung erfolgt aus der Sorge heraus, daß, wenn Sie nicht auf der Stelle alles aufessen, Ihre Gaumenfreuden dann später, wenn Sie Lust darauf haben, nicht mehr da sein werden. Nehmen Sie die Reste hingegen mit nach Hause, können Sie sicher sein, daß diese da sein *werden*. Wenn Sie mit dem Essen aufhören, sobald Sie ein Gefühl des Sattseins erreicht haben, werden Sie häufig feststellen, daß Ihr Hunger sich schon sehr rasch wieder meldet. Wenn er es tut, müssen Sie sich fragen, auf was Sie Hunger haben. Ist es wiederum das, was Sie eben gerade gegessen haben, und Sie haben noch Reste verfügbar, so ist es ein Leichtes, Ihren Hunger zu befriedigen.

Manche Menschen kultivieren regelrecht die Gewohnheit, wenigstens einen Mundvoll ihres Essens auf dem Teller zurückzulassen. Wenn Sie versuchen, Lernerfahrungen mit dem Sattsein zu machen, kann dies ein Weg sein, der Ihnen hilft, möglichst angenehme Varianten des Abschiednehmens finden zu können.

Sich mit weniger zufrieden fühlen

Wenn jemand lernt, dann mit dem Essen aufzuhören, wenn der Magen voll ist, entdeckt er häufig, daß sein Körper wesentlich weniger Nahrung braucht als er ursprünglich annahm. »Nach ein paar Bissen merkte ich, daß ich eigentlich aufhören könnte.« »Ich hatte genug, aber ich aß weiter, ich habe einfach keine Lust, schon wieder aufzuhören, wenn ich nur so wenig hatte.«

Manche Menschen sträuben sich dagegen, mit dem Essen aufzuhören, wenn sie merken, daß sie genug haben, weil es sie irritiert, daß eine so kleine Menge ihren Hunger befriedigt haben könnte. Nachdem sie stets dachten, daß sie »eine Menge« benötigen, empfinden sie es als verwirrend, sich schon mit »einem bißchen« befriedigt zu fühlen.

Wiederum andere geraten geradezu in Panik, wenn sie feststellen, wie wenig sie insgesamt essen würden, wollten sie jedesmal aufhören, sobald sie sich satt fühlen. »Kann ich mit so wenig Essen wirklich bei Kräften bleiben?« fragen sie. Die Antwort ist natürlich, daß der Körper sich selbst reguliert, und daß sie lange Zeit im Übermaß gegessen haben. Gelingt es ihnen, ihre Sorge zu überwinden, werden sie sich bei dem Gedanken, weniger zu essen, wohler fühlen.

Bei einer anderen Gruppe sind die Einwände dagegen, nur bis zur Befriedigung des Hungergefühls zu essen, noch wieder anderer Natur. »Die Vorstellung, ich soll den Rest meines Lebens so wenig essen, behagt mir nicht. Essen ist schließlich etwas sehr Erfreuliches, und ich möchte es genießen.« Was diese Gruppe zu Beginn dieses Prozesses nicht wissen kann, ist, daß sich die Nahrungsanforderungen im Laufe der Zeit verändern. Wenn Sie übermäßigem Essen verhaftet waren, benötigen Sie wesentlich weniger Nahrung, um Ihr natürliches Gewicht zu erreichen. Ihr Gewicht wird sich letztlich an einem Punkt stabilisieren, was Sie an Nahrung benötigen, wird sich entsprechend verändern, und Sie werden weniger essen.

Zum Schluß etwas Süßes

Wenn Sie es geschafft haben, sich wirklich auf Ihr Gefühl des Sattseins ein- und umzustellen, werden Sie mitunter die Feststellung machen, daß Sie sich zwar satt fühlen, aber dennoch das Bedürfnis haben, Ihrer Eßerfahrung noch mit etwas Süßem einen krönenden Abschluß zu geben. Der Drang nach etwas Süßem ist selbst nach einer befriedigenden Mahlzeit etwas sehr Übliches. Das ist auch der Grund, warum das Dessert in vielen Kulturen seinen festen Platz hat. Wenn Sie wirklich in der Welt der Nahrungsmittel frei leben, dürfte dies kein Problem darstellen.

Der Drang nach einem süßen Nachtisch hat für gewöhnlich nichts mit Magenhunger zu tun. Es ist eine Tatsache, daß manche, die jede Form von Nahrung legalisiert haben, die Entdeckung machen, daß ihr Magenhunger sie nur in seltenen Fällen in die Richtung von Süßigkeiten treibt. »Jedesmal, wenn ich hungrig bin, versuche ich mir konkret vorzustellen, welche Gefühle durch verschiedene Lebensmittel in meinem Magen geweckt werden«, erzählte eine Frau. »Schokoladeneis, seit Jahren mein absoluter Spitzenreiter, erschien mir meistens zu süß. Soweit bin ich gekommen, daß ich es geschafft habe, in meinem Kopf Eis mit grünem Salat gleichzusetzen, und ich habe nie mehr wirklich eine solche Gier nach Eis. Es ist eigentlich unfair, daß ich jetzt, wo ich mir die Dinge erlaube, auf die ich immer wie versessen war, nie mehr Hunger danach verspüre.«

Wenn Süßigkeiten selten das Passende für Ihren Magenhunger sind, dann ist der Nachtisch der Platz, an dem sie in Ihren neuen Eßmodus passen könnten. Da der Drang, nach einer Mahlzeit etwas Süßes zu essen, nichts mit Magenhunger zu tun hat, müssen Sie sich Ihrem Drang nach Süßigkeiten auf andere Art und Weise als bei den meisten anderen Nahrungsmitteln nähern und diesen Drang mehr als etwas sehen, das von Ihrem Mund ausgeht. Wenn

Sie in diesem Fall fragen: »Was möchte ich essen?«, dann versuchen Sie Ihre Entscheidung davon, welchen Geschmack Sie in welcher Form genießen möchten, abhängig zu machen — Fruchteis, Milcheis, Nougat, Obstkuchen, Sahnetorte, Süßspeise, Obst, Likör?

Je erfahrener Sie darin werden, sich einen krönenden Abschluß mit etwas Süßem zu genehmigen, desto größer ist die Wahrscheinlichkeit zu entdecken, daß nur ein oder zwei Bissen erforderlich sind, um Ihren Drang zu befriedigen. Denken Sie daran, wenn Sie nicht essen, um Ihren Magen zu füllen, dann werden Sie vermutlich nicht viel essen müssen. Wenn Süßigkeiten nicht länger etwas Verbotenes sind, werden Sie nichts Außergewöhnliches daran finden, ein paar Happen davon zu nehmen. Es geht Ihnen nur um den Geschmack von etwas Süßem, und Sie können immer wieder darauf zurückgreifen, wenn es Sie nach mehr verlangt. Sofern Sie natürlich von vornherein vorhaben, mehr als nur eine kleine Kostprobe des Desserts zu nehmen, so müssen Sie bei Ihren Planungen den entsprechenden Platz für eine größere Portion einkalkulieren. Auch hier gilt, Sie sind der Boss!

Die Feinabstimmung — wann, was und wieviel

Im allgemeinen meistern zwanghafte Esser diese Probleme, wann, was und wieviel sie essen sollen, in dieser genannten Reihenfolge. Es braucht seine Zeit, bis man sich zu einem auf den Körper abgestimmten Ernährer entwickelt hat. Obwohl Sie vielleicht versucht sein mögen, zu jubilieren: »Großartig! Jetzt habe ich die Antwort. Ich werde nur noch essen, wenn ich hungrig bin, exakt das, worauf ich Lust habe und in den Mengen, die ich haben möchte«, so wäre es Ihnen dennoch unmöglich, so einfach mit der richtigen Ernährung zu beginnen, ohne daß sich dabei Probleme ergeben. Würde es so funktionieren, wäre das im Prinzip nichts anderes, als wenn Sie sich auf Diät setzten. Sie wären versucht, Ihren zwanghaften Drang nach Essen zu kontrollieren, statt ihn zu heilen.

Vergessen Sie nicht, daß Sie in Richtung Magenhunger aufgebrochen sind. In dem Zuge, wie Sie besser in der Lage sein werden, präzise auf die jeweiligen Fragen einzugehen, werden Sie abnehmend das Bedürfnis verspüren, aufgrund von Mundhunger zu essen.

Als Ergebnis davon werden die meisten von Ihnen beginnen, auf ihr natürliches Gewicht zurückzusteuern. Der Übergang von zwanghaftem Essen hin zu einer feinabgestimmten bedarfsorientierten Ernährungsweise kann sich in bestimmten Situationen durchaus ein wenig schwierig gestalten. Kapitel 13 wird Ihnen helfen, diese Schwierigkeiten zu meistern.

Kapitel 13
Bedarfsorientierte Ernährung im Alltag

Obwohl die bedarfsorientierte Ernährung für den Menschen der natürlichste und vernünftigste Weg für die Nahrungszufuhr ist, ist doch unser Alltagsleben, auf den ersten Blick zumindest, in vielerlei Hinsicht so strukturiert, daß es diesen Prozeß vermeintlich eher kompliziert. Diese Komplikationen lassen sich am besten lösen, wenn wir sie uns anhand der Fragen anschauen, die zwanghafte Esser uns immer wieder im Laufe der Jahre gestellt haben.

Frage: Die meiste Zeit meines Lebens habe ich mit Diätkuren verbracht, wobei ich mich, was das Essen anging, im Vergleich zu anderen, immer ein bißchen als Außenseiter fühlte. Während meine Freunde einen Hamburger und Pommes frites aßen, begnügte ich mich mit Grapefruit. Die bedarfsorientierte Ernährung erscheint mir dazu angetan, mich noch mehr zum Außenseiter werden zu lassen. Wird es für mich je die Zeit geben, in der ich wirklich normal essen kann?

Antwort: Wir definieren »normal« so, daß Sie dann essen, wenn Sie hungrig sind, das essen, worauf Sie hungrig sind, und aufhören, wenn Sie genug hatten. Die meisten nichtzwanghaften Esser sind in der Lage, ihren Eßrhythmus in Frühstück, Mittagessen und Abendessen zu unterteilen, da sie es sich antrainiert haben, zu diesen vorgegebenen Zeiten hungrig zu werden. Hören Sie nichtzwanghaften Essern jedoch einmal eine Zeitlang zu, werden Sie typische Sätze der bedarfsorientierten Ernährung aufschnappen.
— Danke, aber ich habe jetzt im Moment keinen Hunger.
— Ich habe bereits gegessen, ich setze mich aber gerne zu dir, während du etwas ißt.
— Oh, das war köstlich, und ich hätte gerne mehr genommen, aber ich bin wirklich zu satt.

— Das sieht verlockend aus, aber ich denke, ich warte auf mein Menü. Wenn ich das jetzt esse, werde ich nicht mehr hungrig sein, wenn meine Bestellung kommt.

Nichtzwanghafte Esser schaffen es, gesellschaftlichen Normen zu entsprechen, ohne dabei ihre Hungersignale zu mißachten. Natürlich ist es so, daß auch sie gelegentlich solange essen, bis sie sich vollgestopft fühlen oder sich irgend etwas in den Mund schieben, »nur weil es gut aussieht«. Wenn sie es tun, betrachten sie es allerdings nicht als eine große Sache. Sie klagen, wie voll sie sind, und damit ist es dann auch schon vergessen. Von der Gewichtigkeit her kann Essen für sie von notwendig über angenehm bis hin zu exquisit rangieren, es ist jedoch nichts Magisches und Verbotenes, zu dem der Zutritt versperrt bleiben oder das bis auf den letzten Bissen gierig verschlungen werden muß.

Es wird auch für Sie eine Zeit kommen, wo es Ihnen möglich sein wird, falls Sie das möchten, Ihren Hunger besser mit den traditionellen Mahlzeiten in Einklang zu bringen. Am Anfang jedoch, während Sie nach Ihrer Identität als Esser suchen, ist es wichtig, daß Sie sich möglichst frei von äußeren Zwängen, das heißt, frei von »fremdbestimmten« Essenszeit-Fahrplänen halten. In dieser Phase ist es schwierig genug herauszufinden, wann Sie hungrig sind und auf was Sie hungrig sind, ohne daß Sie sich noch zusätzlich damit belasten, sich den Zeiten und Wünschen anderer anzupassen. Während dieser Selbst-Entdeckungs- und -Erforschungsphase, die Sie auf die richtige Fährte in Richtung »normal« essen bringt, werden Sie für sich selbst entscheiden müssen, ob Sie lieber alleine oder in Gesellschaft anderer, bei einer sogenannten Mahlzeit, essen. Der Schlüssel zur Lösung des Problems liegt darin, daß Sie stets Ihren Hunger bewußt wahrnehmen und sich auf diesen ein- und umstellen.

Frage: Wenn ich nur dann esse, wenn ich hungrig bin, was wird dann aus dem Vergnügen, in ein Restaurant zu gehen? Ihr Ansatz zielt darauf ab, Entbehrungen zu vermeiden, ich würde es aber als Entbehrung empfinden, wenn ich darauf verzichten sollte, mit Freunden zum Essen auszugehen.

Antwort: Das zu essen, worauf Sie Lust haben, und dann zu essen, wenn Sie hungrig sind, läßt sich am leichtesten praktizieren, wenn Sie zu Hause oder auf sich gestellt im Büro sind. Wenn Sie sich mit Ihrem neuen Eßmodus auf das öffentliche Terrain eines Restaurants hinausbegeben, werden eine ganze Reihe von Fragen aufgeworfen. Allerdings lassen sich diese auf recht einfache Art und Weise lösen. Wir möchten mit der Zusicherung beginnen, daß Sie in der Tat auch weiterhin mit Freunden in ein Restaurant zum Essen gehen können, selbst wenn Sie gerade erst dabei sind, zu lernen, sich bedarfsorientiert zu ernähren. Wie sieht das Auswärts-Essen aus dem Blickwinkel des Wann, Was und Wieviel aus?

Das *Wann* entscheidet sich, wenn Sie sich mit jemandem in einem Restaurant zum Essen verabreden. In dem Moment greifen Sie dem Kriterium, wenn Sie essen, vor und geben demgegenüber dem gesellschaftlichen Beisammensein und dem ungezwungenen Genuß, in einem Restaurant zu speisen, den Vorrang. Der potentielle Konflikt, der mit derartigen Verabredungen zum Essen verbunden ist, besteht darin, daß Sie einerseits bei Ihrer Mahlzeit hungrig sein, andererseits aber auch keine möglicherweise vorher auftretenden Hungersignale ignorieren möchten. Haben Sie sich zum Beispiel um dreizehn Uhr zum Mittagessen verabredet, merken jedoch um zwölf, daß Sie hungrig sind, müssen Sie eine Lösungsmöglichkeit finden, um sowohl auf Ihren vorzeitigen Hunger einzugehen, als auch nach wie vor hungrig zu sein, wenn Sie im Restaurant ankommen.

Sie möchten sowohl das eine als auch das andere, und Sie können beides haben. Um zwölf sagen Sie einfach: »Ich bin jetzt hungrig. Was kann ich essen, um auf meinen Hunger einzugehen, was es mir gleichzeitig möglich macht, neuerlich hungrig zu sein, wenn ich im Restaurant ankomme?« Wenn Sie beispielsweise auf Brot und Käse stehen, könnten Sie ein paar Bissen von einem Käsebrötchen nehmen. Nachdem Sie eine kleine Menge gegessen haben, warten Sie ein paar Minuten und überprüfen nochmals Ihren Hunger. Mit etwas Übung werden Sie lernen herauszufinden, welche Essensmenge Sie exakt benötigen, um Ihren momentanen Hunger zu befriedigen, ohne daß Sie sich die Tür verschließen, nach einer einstündigen Pause neuerlich Hunger wahrzunehmen.

Selbstverständlich wird es sich nie ganz ausschließen lassen, daß

Sie in einem Restaurant zum Essen eintreffen und nicht hungrig sind. Wenn es Ihnen nicht möglich war, Ihren Hunger so zu »arrangieren«, daß er mit Ihrem Zeitplan übereinstimmt, werden Sie lernen müssen, wie man sagt: »Ich dachte, ich wäre um diese Zeit hungrig, ich bin es aber nicht. Laß dich dadurch bitte nicht stören und bestell dir etwas. Ich möchte im Moment nur etwas trinken, sollte ich später noch hungrig werden, bestelle ich mir dann noch etwas.« Handelt es sich um ein Restaurant, in dem ein Mindestverzehr pro Person üblich ist, können Sie diesen ohne weiteres bezahlen oder sich eine Portion zum Mitnehmen bestellen.

Ein Restaurant ist der ideale Ort, um sich die Frage zu stellen: »*Was* möchte ich essen?« Die Wahlmöglichkeiten sind für gewöhnlich größer als zu Hause. Der Schlüssel zur Lösung des Problems liegt auch hier wiederum darin, daß Sie Ihren Magen fragen, *ehe* Sie die Speisekarte aufschlagen.

Das Problem, das sich Neulingen in der bedarfsorientierten Ernährung am häufigsten in einem Restaurant stellt, hat mehr etwas mit äußeren Erwartungshaltungen, Konventionen als mit Hunger zu tun. Wenn es darum geht, was man essen sollte und in welcher Reihenfolge etwas gegessen werden sollte, sehen wir uns in einem Restaurant irgendwie mit einer höheren Erwartungshaltung konfrontiert. Konsultieren Sie Ihren Magen, ehe Sie die Speisekarte öffnen, dann laufen Sie weniger Gefahr, sich von Überschriften wie VORSPEISEN, HAUPTGERICHTE und DESSERTS gefangennehmen zu lassen. Ehe Sie mit dem Lesen anfangen, werden Sie wissen, ob Sie Appetit auf etwas Süßes, etwas Leichtes, etwas Kräftiges haben, so daß Sie die Speisekarte als Smörgasbord betrachten können, bei dem Sie die freie Wahl haben. Wenn Sie auf einen Garnelen-Cocktail, eine Tasse Kaffee und ein Stück Apfelkuchen Lust haben, bestellen Sie es sich. Wenn Ihre Freunde nur etwas Leichtes essen möchten, Sie dagegen Appetit auf ein Steak haben, bestellen Sie es.

In einer idealen Welt würden Ihre individuellen Eßpräferenzen kein Problem darstellen. In der weniger perfekten Welt, in der wir hingegen leben, kann Ihnen schon jemand das Leben schwermachen, wenn Sie das bestellen, worauf Sie wirklich Lust haben. So erzählte uns eine Frau, daß sie das Gefühl hatte, daß ihr Kellner leicht mürrisch reagierte, als sie anstelle eines Hauptgerichts lediglich eine Vorspeise bestellte. »Ich fühlte mich unwohl«, erklärte sie. »Dann fiel mir ein, daß sein Trinkgeld für gewöhnlich auf der Grundlage der Rechnung kalkuliert wird und daß es ihn, um mich zu bedienen, die gleiche Mühe und Zeit kostete wie bei jemandem, der ein volles Menü bestellt. Anstatt es bei meinem Unbehagen zu belassen, dachte ich darüber nach und nahm das Problem geradewegs in Angriff. Als er dann an unseren Tisch zurückkam, erklärte ich ihm, daß ich zwar nicht hungrig sei, unabhängig davon aber die Absicht hätte, ihm ein volles Trinkgeld auf der Grundlage meines Aufenthalts und nicht auf der Grundlage meiner Bestellung zu geben. Eine Minute lang war er offensichtlich verlegen, was aber recht schnell vorbei war, und er wurde ausgesprochen freundlich. Nun waren wir beide glücklich.«

Die Antwort auf die Frage nach dem *Wieviel* ist in einem Restaurant die gleiche wie zu Hause. Essen Sie immer so viel, wie Sie Hunger haben — nicht mehr, nicht weniger. Die Größe der Restaurantportionen wird durch Wirtschaftlichkeitsrechnungen und Üblichkeiten und nicht durch den Appetit einzelner Gäste bestimmt. Wenn Sie nach Ihrem Essen, beim Überprüfen Ihres Hungers feststellen, daß Sie noch mehr haben möchten, können Sie stets nochmals um die Speisekarte bitten. Stellen Sie jedoch fest, daß Ihr Hunger nicht reicht, um alles, was Ihnen serviert wurde, aufessen zu können, sollten Sie darauf vorbereitet sein, die entsprechenden Reste auf dem Teller zu lassen. Wenn Sie mutig sind, könnten Sie auch darum bitten, diese einpacken zu lassen. Angesichts der gegebenen Restaurantpreise ist es nichts Ungewöhnliches, die Reste für sich selbst und nicht für den Hund mit nach Hause zu nehmen.

Der Schlüssel zur Lösung des Problems in all diesen Situationen ist Ihr Gefühl, daß Sie das Recht haben, so zu handeln. Wenn Sie Ihre Bedürfnisse respektieren, gibt es keinen Grund, warum diese nicht mit den Bedürfnissen anderer vereinbar sein sollten.

Frage: Es ist eine Sache, ein Essen in einem Restaurant zu überstehen, aber eine ganz andere, wenn eine Freundin Sie zu sich nach Hause zum Abendessen einlädt. Wie gehen Sie damit um?

Antwort: Wenn Sie glauben, daß es etwas Natürliches und Notwendiges ist, sich mit den Nahrungsmitteln zu ernähren, auf die man Hunger hat, und dann zu essen, wenn man Hunger hat, wird es keine Situation geben, ganz gleich in welcher gesellschaftlichen Konstellation, die Ihnen Schwierigkeiten bereitet.

Akzeptieren Sie eine Einladung zum Abendessen in der Wohnung einer Freundin, so geben Sie damit Ihre Zustimmung, zu einem verabredeten Zeitpunkt hungrig zu sein und das zu essen, was Ihre Gastgeberin zubereitet. Sie sagen damit, daß Sie Ihren Hunger für das Vergnügen des Abends entsprechend zeitlich einstellen werden, was nicht schwierig ist. Wege und Möglichkeiten, wie Sie bewerkstelligen können, zu einer bestimmten Zeit hungrig zu sein, haben wir bereits besprochen. Es gibt allerdings einen Unterschied zwischen einem Essen im privaten Rahmen und dem Essen im Restaurant, nämlich, daß Sie in der privaten Sphäre weniger Optionen hinsichtlich Ihrer Essensauswahl verfügbar haben.

Wie verhalten Sie sich? Schauen Sie sich zuerst alles an, was serviert wurde, und entscheiden Sie dann, was momentan am besten zu Ihrem Hunger paßt. Gehen Sie zum Beispiel einmal davon aus, daß es einen großen Salat gibt, Beef Stroganoff, Stangenbohnen und Reis, und außerdem haben Sie gehört, daß noch ein geeistes Orangen-Cognac-Soufflé ansteht. Das Dessert ist genau das, worauf Sie Lust haben — kalt, leicht und nicht zu süß. Das Fleisch ist einfach nicht das Richtige für Sie — es ist zu mächtig. Der Salat und der Reis sind verlockend. Die Stangenbohnen treffen völlig daneben.

In Wirklichkeit möchten Sie sich Ihren Hunger für das Dessert aufheben, folglich nehmen Sie nur soviel Reis und Salat, daß noch Platz bleibt, und das Fleisch und die Stangenbohnen lassen Sie aus. Sollten Sie Skrupel haben, Speisen einfach zu übergehen, weil Sie sich über die Reaktion der Gastgeber Gedanken machen, so können Sie sich helfen, indem Sie eine kleine Portion nehmen, die Sie dann entweder kosten oder auch nur auf Ihrem Teller hin- und herschieben. Wird Ihnen das Angebot zum Nachnehmen gemacht, läßt sich das für gewöhnlich mit einem einfachen: »Nein danke, ich bin satt« oder: »Ich möchte noch etwas Platz für den Nachtisch lassen« erledigen. Sie liegen sicherlich nicht falsch, wenn Sie davon ausgehen, daß manche Gastgeber und Gastgeberinnen die Zustimmung ihrer Gäste zum Essen, daß es ihnen schmeckt, in der Form einholen möchten, daß diese nochmals nachnehmen. Wenn Sie sich gedrängt fühlen, können Sie stets sagen »Ich würde liebend gerne mehr nehmen, aber im Moment bin ich wirklich zu satt. Wenn irgend etwas übrigbleibt, würde ich mich sehr freuen, etwas mit nach Hause nehmen zu können, so daß ich es morgen essen kann.« Auch die Bitte um das Rezept ist ein netter Weg, wie man: »Ich hatte genug jetzt, aber ich habe es genossen« sagen kann.

Frage: Wie soll ich an einer bedarfsorientierten Ernährung festhalten, wenn ich zu einer großen Dinnerparty oder einem Bankett eingeladen bin?

Antwort: Viele Menschen sind unsicher, wie sie sich bei großen gesellschaftlichen Anlässen, wo so viele verlockende Speisen angeboten werden, verhalten sollen. Wir haben festgestellt, daß ihr Problem zumeist darin liegt, daß sie allzu leicht vergessen, daß es keine Speisen gibt, die mit irgendwelchen Tabus behaftet sind. Mit anderen Worten, wenn sich ein Anfänger in der bedarfsorientierten Ernährung von Dutzenden herumgereichten Tabletts mit allen möglichen leckeren Spezialitäten umgeben sieht, vergißt er allzu leicht, daß man von allem so viel oder so wenig man möchte haben kann.

In diesen Situationen ist der Gedanke wichtig, daß es niemals ein Genuß ist, einfach nur deshalb etwas zu essen, weil es da ist, ganz besonders dann nicht, wenn man nicht hungrig ist. Wenn Sie sich mit traumhaften, verlockenden Speisen konfrontiert sehen, Ihr Magen aber nicht hungrig ist — und wenn, wie bei den Hors d'oeuvres bei einer Hochzeit, Sie realistischerweise nicht davon ausgehen können, davon etwas mit nach Hause zu nehmen —, müssen Sie sich sagen: »Ich hoffe, daß ich irgendwann einmal, wenn ich hungrig bin, nochmals solche Speisen vor mir habe.« Oder: »Ich muß unbedingt daran denken, daß ich mir von diesen verlockenden Sachen etwas nehme, wenn ich hungrig bin.«

Wir möchten Ihnen eine Geschichte über eine besonders geschickte Verhaltensweise bei einem solchen »besonderen Anlaß« erzählen. Nan war kein bißchen hungrig, als das Essen bei der Hochzeit ihrer Cousine serviert wurde. Das Abendessen gab es in einem Vier-Sterne-Restaurant. Nan kannte die Reputation des Lokals — und wußte, daß sie sich ein Essen dort nicht würde leisten können — und traf ihre Vorkehrungen, um zu dem gegebenen Zeitpunkt hungrig zu sein. Der Abend begann mit Hors d'oeuvres, und Nan, die seit jeher auf leichte Imbißhappen flog, stürzte sich darauf. Noch nie hatte sie welche gegessen, die so köstlich und exquisit waren. Als der Zeitpunkt gekommen war, für das Hauptgericht Platz zu nehmen, merkte sie, daß sie sich bereits auf den Nachtisch freute und auf das Hauptgericht absolut keinen Appetit hatte. Als der Kellner begann, den Tisch abzuräumen, fragte sie ihn leise, ob er ihr ihr Gericht einpacken könne. Er schaute überrascht, sagte aber kein Wort. Sie merkte, daß man sie von der anderen Tischseite her verwundert und befremdlich ansah.

Am Ende des Abends kam die Braut zu Nan und meinte: »Ich hörte, daß du dir dein Gericht hast zum Mitnehmen einpacken lassen. Ich freue mich für dich. Das hier hat uns ein Vermögen gekostet. Ich freue mich wirklich, daß du es zu Hause genießen kannst. Es tut mir weh, wenn ich sehe, wie das ganze Essen im Abfall landet.«

Frage: Wie soll ich mich selbst bedarfsorientiert ernähren, wenn ich gleichzeitig eine Familie zu ernähren habe?

Antwort: Wenn Sie bedarfsorientiert essen und der Rest Ihrer Familie ißt weiterhin wie gewohnt, ergeben sich zwei Probleme. Erstens wissen Sie nicht im voraus, was Sie essen möchten. Und wenn Sie diejenige Person sind, die die Mahlzeiten zubereitet, dann dürfte es relativ unwahrscheinlich sein, daß Sie Lust haben, das zu essen, was Sie für alle anderen kochen. Zweitens ist es unwahrscheinlich, daß Ihr Hunger stets mit dem Essenszeitplan Ihrer Familie zusammenfällt.

Um nicht vom Kurs abzukommen, dürfen Sie nicht aufhören, mit sich selbst über Ihren Hunger zu sprechen. Das heißt, Sie müssen sich kontinuierlich versichern, daß Sie alles haben können, wonach es Sie verlangt, wenn Sie hungrig *sind* — die Speisen, die Sie für Ihre Familie zubereitet haben, oder was auch sonst immer.

Wir erkennen, wie schwierig es zunächst ist, sich bei den Mahlzeiten mit Ihrer Familie zusammenzusetzen und nicht zu essen, mit der Zeit wird Ihnen das jedoch leichter fallen. Nach einer Weile gelangt jeder zu der Einsicht, daß Sie die Mahlzeit teilen können, ohne das Mahl zu teilen. Sie können das Zusammensein mit Ihrer Familie, während diese ißt, beibehalten, ohne daß Sie selbst etwas zu sich nehmen. Ihre eigene Eßerfahrung wird für Sie in der Tat wesentlich erfreulicher sein, wenn Sie sich diese für einen Zeitpunkt aufsparen, an dem Sie hungrig sind.

Sue, die alleinerziehende Mutter von elfjährigen Zwillingstöchtern, erzählte uns:

»Als alleinerziehende Mutter war für mich die Zeit des Abendessens seit jeher außerordentlich wichtig. Ich wollte daraus ein schönes Beisammensein machen — zusammen am Tisch sitzen, über den Tag sprechen, während eine Schüssel mit Gemüse herumgereicht wird. Natürlich war es nie auch nur annähernd so. Ich hatte immer eine Vollzeitarbeit, hastete nach Büroschluß nach Hause und bemühte mich, irgendein ansehnliches Essen zusammenzustellen. Die Mädchen wetteiferten darum, von mir beachtet zu werden und Gehör zu finden, und ich war völlig durcheinander, weil mein Huhn nicht richtig gar und in meinem Spinat Sand war und meine Kartoffeln angebrannt waren. Schließlich setzten wir uns an den Tisch, und eine von ihnen sagte bestimmt, daß sie keinen Hunger habe. Die andere würde sagen, daß ihr das Huhn nicht schmecke. Der Apfelsaft würde verschüttet werden. Eine von beiden würde möglicherweise anfangen zu weinen. Alles in allem waren die ruhigen, trauten, gemeinsamen Zeiten rar und lagen reichlich weit auseinander.

Dennoch versetzte mich der Gedanke, nicht mit ihnen zusammen zu essen, in Panik. Ich tat mich schwer, von der Illusion meiner konventionellen Familienmahlzeit abzulassen. Nachdem ich aufgehört hatte, mit ihnen gemeinsam zu essen, entdeckte ich, daß der frühe Abend für mich die schrecklichste Zeit war, um selbst zu essen. Nach meinem Arbeitstag war ich zu verspannt, um meinem Magen etwas zuzuführen. Ich brauchte eine gewisse Zeit, um mich zu erholen. Heute mache ich es einfach so, daß ich das zubereite, worauf die beiden Lust haben, was nie etwas allzu Aufwendiges ist — manchmal eine Pizza, manchmal ein Hamburger. Ich kann mich zu ihnen setzen, mich entspannen und sie genießen. Und was dabei noch besser ist, ich kann jetzt mein eigenes Abendessen alleine mit einer Zeitung genießen, während die beiden in einem anderen Zimmer ihre Hausaufgaben machen. Ich hatte wirklich nichts aufzugeben.«

Kinder sind eine Sache, aber das gemeinsame Essen mit dem Ehepartner ist ein ganz anderes Problem. »Mein Mann erzählt mir, daß er es haßt, alleine zu essen«, sagte Marilyn. »Es entspricht einfach nicht seiner Vorstellung von Gemeinsamkeit.« Marilyn hat mehrere Möglichkeiten. Die Zeit wird kommen, wo auch sie in der Lage ist, so mit ihrem Hunger umzugehen, daß sie mit ihrem Ehemann geplante »Mahlzeiten« haben kann. Ehe sie jedoch ausreichend Erfahrungen mit Magenhunger sammeln konnte, wird ihr das sehr schwerfallen. Bis es soweit ist, könnte sie sich zu ihrem Mann setzen, während dieser ißt, ihn bitten, mit seinem Essen solange zu warten, bis sie hungrig ist, oder Wege und Möglichkeiten des gemeinsamen Zeitvertreibs mit ihm finden, die jenseits gemeinsamer Mahlzeiten liegen. Wie auch immer sie sich arrangiert, sie wird ein ausreichendes Nahrungssortiment vorrätig halten müssen, so daß jeder von ihnen die Nahrung verfügbar hat, nach der es ihn verlangt, wenn er hungrig ist.

Frage: Wie bringe ich meine ganze Familie dazu, sich bedarfsorientiert zu ernähren?

Antwort: Ehe Sie sich daranmachen, Ihre gesamte Familie bedarfsorientiert zu ernähren — ehe Sie sich daranmachen, das, was Sie über das Thema ›Nahrungsaufnahme‹ gelernt haben, mit ihnen zu teilen —, müssen Sie sich selbst die Zeit geben, um all das, was Sie über die bedarfsorientierte Ernährung gelernt haben, zu verdauen. Es ist eine Sache, die Idee der bedarfsorientierten Ernährung als solche intellektuell zu verstehen, und eine ganz andere, diese praktisch in die Tat umzusetzen. Um diesen Sprung zu schaffen, brauchen Sie Zeit, um zu experimentieren, um Ihre eigene innere Uhr zu entdecken, Ihre eigenen Nahrungswünsche zu ergründen und Ihre Eßkapazitäten festzustellen. Wenn Sie sich schwerpunktmäßig auf eine Umstellung der Eßgewohnheiten Ihrer Familie konzentrieren, werden Sie nicht in der Lage sein, auch nur einen der vorgenannten Punkte dingfest zu machen.

Die Zeit wird kommen, da können Sie sicher sein, wo Sie in der Lage sein werden, die Eßgewohnheiten Ihrer Familie umzustrukturieren — vorausgesetzt, Ihnen allen ist dies ein Anliegen. Wenn es soweit ist, werden Sie wissen wollen, wie das in Ihrer Familie am besten zu bewerkstelligen ist.

Eine Workshop-Teilnehmerin erzählte uns, wie sie das Problem gelöst hat. »Nachdem ich ein paar Monate nach diesem Konzept gelebt hatte, fand ich, es wäre eine gute Idee, wenn sich meine ganze Familie — mein Mann und meine drei Kinder — ebenfalls bedarfsorientiert ernährten. Eines weiß ich, und das wird sich nie ändern, nämlich, daß ich das ganze Einkaufen und Kochen erledigen muß. Ich habe mich jedoch entschlossen, fortan eine warme Mahlzeit am Tag zu kochen, für den, der Lust darauf hat. Zum Abendessen stelle ich von der Suppe bis zu den Nüssen alles auf den Tisch, und von dem, was dort steht, kann sich jeder dann etwas aussuchen, wenn er hungrig ist. Wenn sie nichts essen möchten, ist das völlig in Ordnung für mich; möchten sie etwas anderes haben, können sie es sich selbst nehmen. Das Ganze ist so viel entspannter, und ich bin ganz begeistert davon, nicht mehr ihr Exerziermeister in Sachen Ernährung zu sein.«

Martha erzählte uns folgende Geschichte. »Mein Wechsel zur bedarfsorientierten Ernährung fiel zeitlich mit dem Umbau meiner Küche zusammen. Ich hatte den Entschluß gefaßt, von der Küche aus einen Durchbruch zum Eßzimmer zu machen, um so einen Raum für die ganze Familie zu gewinnen, in dem wir alle kochen, essen und uns gemeinsam entspannen können. Ich beschloß darüber hinaus, Gerichte zu kochen, die sich problemlos wiederaufwärmen lassen, und jede Menge Imbißhappen, Obst und Desserts vorrätig zu haben und das Essen im Buffet-Stil anzurichten. Aufgrund des reichhaltigen Angebotes finden wir so immer etwas, was wir mögen. Wir genießen alle unseren neugestylten Familienraum.«

Josephine, Mutter eines Jungen im Teenageralter, berichtete: »Ich erzählte Jonathan, daß ich dabei sei, ein neues Programm in Angriff zu nehmen, um mein Essen unter Kontrolle zu bringen, und daß ich hierzu meine eigenen Lebensmittelvorräte brauche, die er nicht essen dürfe. Natürlich fühlte ich mich schuldig, ihm das so zu sagen, so daß ich mich entschloß, eine Einkaufsliste an die Kühlschranktür zu hängen, auf die er seine Sonderwünsche, die ich für ihn einkaufen sollte, eintragen konnte. Ich besorgte drei 4-Liter-Boxen von meinem Lieblingseis und eine solche Box für ihn.

Gestern meinte er: ›Mutti, ich weiß zwar nicht, welche Art von Diät du gerade machst, aber das ist mit Abstand die beste. Ich hoffe, daß du sie nie wieder abbrichst!‹«

Frage: Kann ich mich auch während einer Schwangerschaft an die Richtlinien der bedarfsorientierten Ernährung halten? Mein Arzt und meine Hebamme haben mir eine Liste der Nahrungsmittel gegeben, die ich täglich zu mir nehmen sollte, um eine gesunde Entwicklung meines Babys zu gewährleisten. Das ist doch mit Ihrem Ansatz eigentlich nicht vereinbar?

Antwort: In Wirklichkeit lautet Ihre Frage doch: »Kann ich mir selbst vertrauen, daß ich mich während der Schwangerschaft angemessen ernähre?« Die Antwort darauf ist ein unzweideutiges Ja! Warum sollte Ihr Körper Sie jetzt im Stich lassen? Das Gegenteil ist der Fall. Ihr Körper wird Ihnen exakt sagen, was sowohl Sie als auch Ihr Baby benötigen. Ihre Aufgabe ist es, sorgfältig darauf zu hören und die bei Ihnen ankommenden Signale zu befolgen.

Viele Frauen berichten, daß »die Nahrungstabellen, die mir bei meiner Schwangerschaftserstuntersuchung ausgehändigt wurden, mich verrückt machten. Wollte ich auch nur versuchen, all das, was da empfohlen wird, zu essen, ich wäre den ganzen Tag nur mit Essen beschäftigt.« Wir schlagen Ihnen vor, sofern das nicht irgendwelchen medizinischen Indikationen zuwiderläuft, während dieser neunmonatigen Periode Ihrem Körper die Entscheidung über Ihr Essen zu überlassen. Im übrigen haben Sie ja stets die Möglichkeit, was Sie so auf natürliche Weise essen, mit der empfohlenen Diät zu vergleichen. Wenn Sie sich auf Ihre natürlichen Neigungen verlassen, so denken wir, daß Sie im Laufe der Zeit das an Nahrung zu sich nehmen werden, was Sie am meisten benötigen. Sollten zwischen Ihren Eßgelüsten und dem, was Sie denken, das Sie zu sich nehmen sollten, große Diskrepanzen bestehen, dann legen wir Ihnen nahe, in jedem Fall mit Ihrem Arzt darüber zu sprechen.

Gemessen an Ihren normalen Eßgewohnheiten werden sich Veränderungen einstellen. Es wird Phasen geben, in denen Sie größere Mengen essen, Ihre Nahrungsauswahl kann variieren, und Sie essen vielleicht auch häufiger als gewöhnlich. Sie lechzen vielleicht nicht nach sauren Gurken und Eiscreme, werden aber feststellen, daß Sie, analog der sich ändernden Anforderungen Ihres Körpers, bestimmte Eßtriebe verspüren. Denken Sie daran, daß all diese Veränderungen einen bestimmten Zweck verfolgen. Achten Sie auf diese Wechsel und gehen Sie entsprechend darauf ein.

Die große Sorge der meisten schwangeren Frauen, auch wenn sie niemals unter zwanghaftem Essen gelitten haben, ist natürlich die Gewichtszunahme während der Schwangerschaft. Leider ist jeder Arztbesuch mit einem obligatorischen Wiegen verbunden, und die Zahlen auf der Waage haben ihre eigene Dynamik. Während dieser Zeit ist es schwierig, nicht in Ihre alten Urteilsstrukturen hinsichtlich der Gewichtszunahme zurückzuverfallen, Sie müssen es dennoch versuchen.

Das Schwangerschaftsgewicht hat seinen Grund und seinen Sinn. Ihr Körper beherbergt ein schnellwachsendes Baby und bereitet sich auf die Arbeit des Geburtsvorganges vor. Die Fettspeicher an Ihren Hüften und Brüsten sind wichtig hierfür. Vertrauen Sie auf Ihren Körper, er wird Ihnen sagen, wann, was und wieviel Sie für eine gesunde Schwangerschaft essen müssen. Und seien Sie nicht überrascht, wenn Sie nicht unmittelbar nach der Entbindung wieder auf Ihr ursprüngliches Gewicht, so wie es vor der Schwangerschaft war, zurückspringen. Ob dem so ist oder nicht, hängt zu einem großen Teil mit Ihrem Alter und Ihrer körperlichen Konstitution zusammen. Halten Sie sich stets vor Augen, daß Ihr Körper Sie nicht im Stich läßt, sofern Sie auf Ihre inneren Hunger- und Sättigungssignale eingehen.

Frage: Sie behaupten, wenn ich mich danach richte, was mein Körper mir zu den Fragen, wann, was und wieviel ich essen soll, diktiert, daß ich dann dahin zurückkomme, was für mich mein natürliches Gewicht ist. Man liest und hört doch aber allenthalben, daß körperliche Bewegung für eine Gewichtsabnahme ganz entscheidend ist. Muß ich also parallel zur bedarfsorientierten Ernährung auch ein Fitneßprogramm in Angriff nehmen?

Antwort: Denken Sie daran, daß die bedarfsorientierte Ernährung ein Gegenmittel zur Eßsucht ist. Der Gewichtsverlust, der sich infolge des Durchbrechens Ihrer Abhängigkeit vom Essen einstellt, ist in Wahrheit ein Nebenprodukt, das bei Ihrer Arbeit an diesem Hauptproblem abfällt. Abhängig von Ihrer individuellen körperlichen Verfassung kann körperliche Bewegung in Form von Gymnastik oder Sport einem möglichen Gewichtsverlust durchaus förderlich sein, hinsichtlich des Ausmaßes der Übungen ist jedoch in jedem Fall Vorsicht geboten.

Wir befürworten natürlich körperliche Bewegung, Gymnastik oder Sport, um sich wohler zu fühlen und möglichst gut auszusehen. Wir sind uns jedoch auch schmerzlich der Tatsache bewußt, wie sehr gerade geübte zwanghafte Esser Gymnastik oder Sport mit ihrem Besessensein von Essen und Gewicht verflechten. Dienen Gymnastik oder Sport einzig dem Zweck, damit Kalorien zu bekämpfen, sind sie letztlich nur ein weiteres Instrument der Selbstverachtung und -bestrafung. Werden diese Übungen einzig mit der Absicht absolviert, irgendwelche Teile unseres Ich »loszuwerden«, wird damit zwangsläufig die gleiche Art von Rebellion geschürt, die auch das Ende der meisten Diätkuren bedeutet. Der Friedhof der abgebrochenen Diätkuren ist förmlich übersät mit ungenutzten Gesundheitsclubmitgliedschaften, Heimtrainern und Jogging-Schuhen.

Um Gymnastik oder Sport erfolgreich zu betreiben, werden Sie einen Weg finden müssen, wie Sie diese Probleme angehen. Als erstes muß Ihre Motivation einen anderen Ursprung haben als den: »Gräßlich, ich kann mich selbst nicht ausstehen.« Als zweites muß Ihr Fitneßprogramm zu Ihnen passen und nicht zu irgendeiner Person, die Sie nach Ihrer Vorstellung sein sollten. Wie bei Ihrem Essen muß auch Ihr Fitneßprogramm Ihre Bedürfnisse und Vorlieben widerspiegeln. Wenn Sie sich von der zeitlichen und inhaltlichen Gestaltung her ein Konzept auferlegen, hinter dem sich insgeheim eine Anklage gegen Ihr derzeitiges Ich verbirgt, werden Sie rebellieren.

Frage: Ich habe spezielle Probleme — Diabetes, Bluthochdruck, Allergien — und kann folglich bestimmte Dinge nicht essen, ohne mich Gefahren auszusetzen. In Wirklichkeit kann ich gar nicht frei in einer Welt der Nahrungsmittel leben. Was kann ich tun?

Antwort: Viele Menschen leben mit dem Problem, daß sie aus medizinischen Gründen bestimmte Nahrungsmittel überhaupt nicht oder nur in beschränktem Maße konsumieren dürfen. Auch sie können sich bedarfsorientiert ernähren, müssen sich jedoch auf jene Nahrungsmittel beschränken, die ihr Körper ordnungsgemäß verarbeiten kann.

Für diesen Personenkreis sind zwei Faktoren von entscheidender Bedeutung. Zum einen müssen diese Personen erkennen, daß sie den Magenhunger als Grundlage für Ihr Eßverhalten nutzen können, obwohl ihre Wahlfreiheit bei Nahrungsmitteln möglicherweise eingeschränkt ist. Selbst wenn sie sich mit ihrem Essen im wesentlichen nach medizinischen Vorgaben richten müssen, bleibt ihnen dennoch, daß sie auf irgendeine harmonische Beziehung zu ihrem natürlichen Hungerfahrplan hinarbeiten können.

Zum zweiten ist es für solche Menschen, die mit medizinischen Einschränkungen leben, wichtig, daß sie verstehen, daß diese Einschränkungen, die sie akzeptieren müssen, von innen und nicht von außen auferlegte Zwänge sind. Wenn Sie ein medizinisches Problem haben, bedeutet dies, daß Ihr Körper mit bestimmten Nahrungsmitteln nicht umgehen kann. Für Personen, deren Nahrungsspektrum eingegrenzt ist oder die Diät leben müssen, ist es ganz typisch, daß sie auf diese Form von Einschränkungen so reagieren, als ob eine außenstehende Autorität ihnen bestimmte Nahrungsmittel verboten hätte. Als Folge werden sie von einer Gier nach ebendiesen verbotenen Produkten getrieben und setzen sich der Gefahr aus, blindlings, ohne Rücksicht auf Verluste, zu rebellieren und sich mit diesen verbotenen Früchten vollzuschlagen. So schwer es auch fallen mag, irgendeine Form von Nahrungseinschränkung zu akzeptieren, wenn es gelingt, diese von Ihrem Körper diktierten Einschränkungen zu respektieren, fällt es leichter, mit diesen Maßgaben zu leben.

Hilfreich ist es in jedem Fall, sich zu erkundigen, ob eine derartige Einschränkung Absolutheitscharakter hat oder ob bestimmte Produkte durchaus in beschränktem Umfang gegessen werden dürfen. Je größer Ihre Freiheiten, desto einfacher ist es für Sie, sich genau auf das einzustellen, was Sie essen möchten, und davon dann entsprechend weniger zu essen. Selbst bei einem eingeschränkten Nahrungsmittelspektrum ist es möglich, daß Sie sich jedesmal, wenn

Sie hungrig sind, mehrere Varianten vorschlagen und diese gedanklich durchspielen.

Frage: Was ist der Unterschied zwischen dem Achten auf Kalorien und dem Achten auf meinen Hunger? Bieten Sie in Wirklichkeit nicht einfach nur eine Nichtdiät-Diät an?

Antwort: Wenn Sie anfangen, sich bedarfsorientiert zu ernähren, trifft es zu, daß nach wie vor ein Großteil Ihrer Energie für die Beschäftigung mit Nahrung und Essen verbraucht wird. Gerade in der Anfangsphase kann bei Ihnen sehr gut der Eindruck entstehen, daß es Ihnen in dieser Hinsicht nicht sehr viel besser geht als an Ihren Diättagen. Sie kalkulieren und jonglieren zwar nicht mit Kalorien, ein Großteil Ihrer Aufmerksamkeit gilt dennoch dem, was Sie mit dem Essen machen.

Unseres Erachtens unterscheidet sich die Beachtung, die Sie Ihren Eßgewohnheiten mit dem Ziel schenken, Ihr eigener, auf Ihre Bedürfnisse abgestimmter Ernährer zu werden, jedoch ganz erheblich von dem durch Besessenheit geprägten Beschäftigtsein mit Essen und Nicht-Essen, die eine Diätkur begleitet. Es besteht ein großer Unterschied zwischen einem Beschäftigtsein, das von Besessenheit geprägt ist, und einem Beschäftigtsein, das von Aufmerksamkeit geprägt ist.

Wer diät lebt, ist vom Essen und dem Gedanken, Gewicht zu verlieren, besessen. Er setzt sich unentwegt mit den Folgen auseinander, die jeder Mundvoll Essen für sein Äußeres hat. Diese Gewichtsüberwachung erfordert permanente Wachsamkeit und Vorsicht. Zunehmen, abnehmen oder Gewicht halten, chronisch diät Lebende sind auf immer dazu verurteilt, ihre Nahrungsaufnahme zu überwachen, weil es ihnen, trotz aller Kontrollbemühungen, nicht gelungen ist, ihren zwanghaften Drang nach Essen zu verändern.

Die Gier nach Essen läßt sich eine Zeitlang mit Diätkuren kontrollieren, sie sind jedoch kein Mittel, mit dem diese überwunden, geheilt werden könnte. Obwohl auch unser Lösungsansatz zur Eßsucht ein hohes Maß an gedanklicher Auseinandersetzung mit Nahrung und Essen erfordert, beinhaltet dieser jedoch mitnichten, daß Sie fortan und auf immer davon besetzt sein sollten. Was wir Ihnen vorschlagen, ist, eine Investition zu machen. Indem Sie momentan ein erhebliches Maß an Aufmerksamkeit investieren, werden Sie Ihren Gewinn später kassieren können. Der Gewinn, von dem wir sprechen, ist nicht der einer Diät- oder Schlankheitskur, ein vorübergehender Gewichtsverlust. Wenn Sie zur bedarfsorientierten Ernährung übergehen, hoffen Sie zwar permanent, Gewicht zu verlieren, dieser Gewichtsverlust wird sich jedoch nur beiläufig einstellen, als Abfallprodukt Ihres wirklichen Sieges. Die wichtigste Dividende, auf die Sie aufgrund Ihrer Investition, unser Programm zu befolgen, spekulieren können, ist der Triumph über das, was einmal Ihre Abhängigkeit, Ihre Sucht war.

Wir bieten Ihnen einen Ausweg aus Ihrer Sucht an, ein endgültiges Überwinden Ihres zwanghaften Dranges nach Essen. Unser Ziel ist, Sie an den Punkt zu bringen, an dem es nicht mehr vorkommt, daß Sie essen, wenn Sie nicht tatsächlich hungrig sind. Sobald Ihre Besessenheit geheilt ist, werden Sie in der Lage sein, eine schreckliche Woche durchzustehen, ohne Essen als Trostpflaster und Beruhigungsmittel benutzen zu müssen. Wir wünschen Ihnen keine schrecklichen Wochen, aber wir wünschen Ihnen, daß Ihr Eßleben zuverlässig von Ihrem Gefühlsleben getrennt und fest mit Ihrem realen Nahrungsbedürfnis verbunden wird.

Die Unterscheidung zwischen Besessen-Sein und Aufmerksam-Sein verdient eine Erklärung. Diätkuren setzen einen Kreislauf in Gang, der ultimativ schmerzhaft und selbstzerstörerisch ist. Die Aufmerksamkeit, die Sie unserem Vorschlag zufolge der Nahrung und Ihrem Eßverhalten widmen sollen, erscheint zu Anfang gewaltig, in dem Zuge, wie Sie es jedoch lernen, sich bedarfsorientiert zu ernähren, wird auch der Prozeß erheblich weniger beschwerlich und aufwendig. Sobald Sie zum Beispiel gelernt haben, welche Nahrungsmittel Sie vorrätig haben müssen, wird das Einkaufen weniger zeitintensiv sein. Sobald Sie gelernt haben, Ihre Hungersignale zu erkennen, werden Sie weniger Energie für Ihre Bemühungen, sich darauf ein- und umzustellen, aufwenden müssen. Die Aufmerksamkeit, die Sie Ihrem Essen widmen, wird letztlich ein integraler, erfreulicher Bestandteil Ihres Lebens sein.

Frage: Wenn ich aufgrund von Mundhunger esse, ist das nicht genauso wie wenn ich eine Diät abbreche? Worin besteht der Unterschied, ob ich mich schlecht fühle, weil ich eine Diät nicht durchhalten kann, oder ob ich mich schlecht fühle, weil es mir nicht gelingt, mich beständig bedarfsorientiert zu ernähren?

Antwort: Bis heute waren Sie stets entweder auf Diät oder gerade von einer Diät herunter. Es ist durchaus einleuchtend, daß die bedarfsorientierte Ernährung auf Anhieb in Ihren Augen nichts weiter als eine andere Form von Diät ist, das ist aber nicht so. Es handelt sich hierbei nicht um eine fremdbestimmte Lebens- und Verhaltensordnung, die Sie sich selbst auferlegen; es handelt sich hierbei vielmehr um eine Antwort auf Ihre individuellen, nicht entfalteten Nahrungsbedürfnisse und Ernährungsmuster. Wenn Sie eine Zeitlang aufgrund von Magenhunger gegessen haben und dann feststellen, daß Sie anfangen, aus Mundhunger heraus zu essen, heißt das nicht, daß Sie die bedarfsorientierte Ernährung »abgebrochen« haben. Es heißt lediglich, daß sich Ihr Bedürfnis, aufgrund von Mundhunger zu essen, neuerlich behauptet und in Ihr natürliches Eßmuster eingreift.

Sie sind dabei zu lernen, die Wahrnehmung von Hunger mit Nahrung in Verbindung zu bringen. Manchmal gelingt Ihnen das gut und präzise; ein andermal gewinnt Ihr Bedürfnis, Essen zweckentfremdet, als Ersatzbefriedigung zu benutzen, die Oberhand. Tritt dieser Fall ein, werden Sie es merken und können ein entsprechendes Mitgefühl entwickeln. Anstatt, wie bei einer abgebrochenen Diät, zu Selbstvorwürfen zu greifen, versuchen Sie etwas über die Ursache Ihrer Schwierigkeiten herauszufinden. Selbst wenn Sie eine recht ausgedehnte Mundhungerphase durchleben, stehen Sie diese geduldig durch. Es geht nicht um die Fragestellung, eine Diät abzubrechen oder wieder auf Diät zurückzugehen. Ziemlich genau das Gegenteil.

Ihr Problem besteht darin, daß Sie viele Jahre lang ein Mundhunger- oder zwanghafter Esser waren. Ihr Eßzwang wird in dem Maße allmählich abnehmen, wie die bedarfsorientierte Ernährung für Sie zum Normalfall wird. Aus dem Alten schaffen Sie ein neues System. Das unterscheidet sich ganz erheblich von dem Versuch, etwas loswerden oder kontrollieren zu wollen.

Sehen Sie es so: Jedesmal, wenn Sie sich mit dem, was Sie möchten und mit der Menge, die Sie benötigen, dann ernähren, wenn

Sie hungrig sind, leisten Sie damit eine Einzahlung auf ein Sparkonto, das den Titel ›Fürsorglichkeit‹ trägt. Diese Spareinlagen werden auf immer bei der Bank bleiben, und Sie werden sich in dem Zuge sicherer fühlen, wie das Guthaben steigt. Sie sind ein Grundstock, den niemand und nichts wegnehmen kann. Wenn Sie aufgrund von Mundhunger essen, wird dadurch Ihr Sparkonto nicht geplündert; Sie haben nichts »zum Fenster hinausgeworfen«. Aufgrund von Mundhunger essen heißt einfach nur, keine Sparleistungen vorzunehmen. Zu gegebener Zeit werden Sie wieder auf Ihre Sparleistungen zurückkommen, aber selbst wenn Sie die Einzahlungen vernachlässigen, Ihr Grundstock bleibt bestehen. Dreh- und Angelpunkt sind Geduld und eine freundliche Gesinnung.

Phase 3
Die Selbst-Findung

Kapitel 14
Der zwanghafte Griff nach Essen

Als Sie anfingen, dieses Buch zu lesen, taten Sie das wahrscheinlich in dem Glauben, daß Ihr zwanghafter Eßdrang Beweis Ihrer Gier und mangelnder Willensstärke sei. Sie gingen davon aus, daß Ihr Essen Symptom einer selbstzerstörerischen Neigung sei. Wir diskutierten Ihr Eßverhalten in einem völlig anderen Rahmen, nannten es Rebellion gegen kulturelle Standards. Und am wichtigsten war unsere Behauptung, daß Ihr Greifen nach Nahrung ein Selbsthilfeversuch sei.

Bis zu diesem Zeitpunkt konnten wir nicht viel mehr tun, als bei Ihnen ein Bewußtsein dafür wachzurütteln, auf welche Art und Weise Sie Nahrung benutzen, und darauf zu drängen, daß Sie sich aus einer mitfühlenden Perspektive sehen, statt Ihr Eßbedürfnis zu verurteilen. Inzwischen haben Sie eine Position erreicht, von deren Warte aus Sie mehr tun können.

Ehe Sie begannen, bedarfsorientiert zu essen, war Essen Ihre globale Antwort auf alle möglichen Formen von Unbehagen. Da Ihre Tabelleneintragungen inzwischen eine Verlagerung hin zur Magenhungerspalte erkennbar werden lassen, sind Sie in der Lage, jene Male, in denen Sie aufgrund von Mundhunger gegessen haben, einmal eingehender zu betrachten. Beherzigen Sie bei allem, daß es sich bei der bedarfsorientierten Ernährung um einen allmählichen Lernprozeß handelt. Auch wenn Sie den Weg, der in die Richtung von Magenhunger weist, eingeschlagen haben, wird sich Ihr Wunsch, auch dann zu essen, wenn Sie nicht hungrig sind, weiterhin behaupten, wenngleich auch merklich weniger häufig. Mundhunger wird die Ausnahme, nicht die Regel sein, und als solche gewinnt er an Bedeutung.

Sie sind inzwischen soweit, Mundhunger als ein Signal erkennen zu können. Jedesmal, wenn Sie aufgrund von Mundhunger essen, können Sie davon ausgehen, daß irgend etwas nicht in Ordnung ist, daß irgend etwas Ihr Unbehagen auslöst. In der Vergangenheit war zwanghaftes Essen, gefolgt von Selbstvorwürfen, das Ritual, mit Ihrem Unbehagen umzugehen. Manche Menschen kauen Fingernägel, wenn sie sich unwohl fühlen, andere legen sich schlafen. Sie haben gegessen.

An früherer Stelle haben wir zwanghaftes Essen als eine Bewältigungsstrategie zum Umgang mit Unbehagen dargestellt, wobei komplexe Sorgen und Probleme als ein mit Essen und Gewicht besessenes Beschäftigtsein übertragen und wahrgenommen wurden. Wir möchten nunmehr das Ritual des zwanghaften Essens eingehender untersuchen, und zwar in dem Bemühen, Ihnen zu helfen, Ihr zwanghaftes Greifen nach Essen als Medium für ein besseres Verständnis Ihres Ich zu benutzen. Das Ritual setzt sich aus zwei Teilen zusammen, einer zwanghaften Handlung und einem von Besessenheit geprägten Gedanken. Sie greifen nach Essen, das Sie mit magischen Kräften ausgestattet haben, um sich anschließend für Ihr Gegessen-Haben in Selbstbeschimpfungen zu ergehen. Damit umgehen Sie in gewisser Weise geschickt die ursprüngliche Quelle Ihrer Ängste und etikettieren diese nunmehr als »Fett«.

Fette Gedanken

Ein Leben lang haben Sie gegessen und sich als fett tituliert. Mit dieser Verfahrensweise haben Sie Ihre konkreten Sorgen und Probleme in Wahrheit als Sorgen und Probleme mit dem Fettsein übertragen. Sie sind inzwischen soweit, daß Sie mit der Entwirrungsarbeit beginnen können. Als erstes müssen wir einen Blick auf den Prozeß dieser Übertragungssystematik werfen.

Sie haben keinen Hunger, fühlen sich jedoch gezwungen, die Hand nach Nahrung auszustrecken, und Sie essen. Ein paar Minuten — oder ein paar Stunden oder ein paar Pfunde — später sind Sie von einer Reihe schmerzhafter, wiewohl vertrauter Gedanken über Ihren Körper und Ihr Gewicht und wie schlecht sie wegen Ihrer Esserei sind, wie besessen. Diese Gedanken, die wir »fette Gedanken« nennen, sind derart durchdringend, daß zwanghafte Esser von ihnen häufig selbst dann befallen werden, wenn sie nicht gegessen haben — während eines angenehmen Spaziergangs, zum Beispiel.

Würden wir Sie bitten, Ihr Problem in dem Augenblick zu identifizieren, in dem sich der fette Gedanke bei Ihnen durchsetzt oder unmittelbar nachdem Sie zwanghaft gegessen haben, würde Ihre Erklärung etwa folgendermaßen lauten: »Es ist mein Essen. Ich kann es einfach nicht unter Kontrolle bringen.« Oder: »Es ist mein Gewicht. Ich weiß einfach nicht, was ich dagegen machen soll.« Aus Ihrer subjektiven Sicht hätten Sie uns die Wahrheit, so wie Sie sie erfahren, gesagt, objektiv jedoch in der von Ihnen übertragenen Version. In dem Maße, wie Sie für sich selbst die Bezugsebene nicht gefunden haben, würden Sie diese auch für uns nicht finden. Jedesmal, wenn Sie sagen: »Ich bin fett«, oder »ich esse zuviel«, nehmen Sie in Wirklichkeit auf irgend etwas anderes Bezug, das ungute Gefühle bei Ihnen auslöst. Zwanghafte Esser tragen viele Probleme mit sich herum, denen sie sich nicht stellen oder über die sie mit ihren eigenen Worten nicht sprechen können. Statt dessen essen sie sich durch Probleme und meinen, daß das Fett ihr Problem sei. Ein fetter Gedanke dreht sich ursächlich niemals um Fett. Er dreht sich stets um ein Problem, das, als ihr Griff zum Essen erfolgte, verlorenging.

Natürlich sind die meisten derjenigen, die zwanghaft essen und fette Gedanken haben, der festen Überzeugung, daß ihr Problem Essen und Fett ist. Die Beharrlichkeit, mit der sie diesem Glauben anhängen, ist ein schlagender Beweis für die Wirksamkeit und die Funktionstüchtigkeit jenes Übertragungsprozesses. Haben sie erst einmal gegessen und angefangen, sich schlecht und unzufrieden mit sich selbst zu fühlen, erinnern sie sich nicht mehr daran, wo der Ärger eigentlich anfing. Sie sind sich der Tatsache nicht bewußt, daß sie die Sprache gewechselt, von der Gefühlssprache in die Fettsprache übersetzt haben. Bewußt ist ihnen nur, daß sie sich fett fühlen und ihr Fett loswerden möchten.

Das Verständnis des Phänomens der fetten Gedanken wird gleichwohl durch den Umstand kompliziert, daß viele, die diese Gedanken haben, aufgrund gesellschaftlicher, kultureller Normen als fett betrachtet werden. Wenn sie sagen: »Mein Problem ist, daß ich fett bin«, wird dieses Urteil von allem und jedem in ihrer Umgebung bestätigt. Obwohl dieses gesellschaftliche, kulturelle Urteil allgegenwärtig ist, ist dies bei den persönlichen fetten Gedanken nicht der Fall. Diese tauchen lediglich zu bestimmten Zeiten auf.

Warum gerade zu diesen Zeiten und nicht immer? Weil sich fette Gedanken nicht ursächlich um Fett drehen. Zwanghafte Esser benutzen sie als Erklärungsversuche für andere Problemfragen.

Lois beschloß, zu ihrem zwanzigsten High-School-Jahrgangstreffen zu gehen. Mit näherrückendem Datum merkte sie, daß sie mehr aß und sich sehr fett fühlte. Sie überhäufte sich mit Selbstvorwürfen, weil sie vor einem solch großen Ereignis nicht auf ihr Gewicht achtete. Diese Selbstvorwürfe endeten mit einer Drohung: »Wenn du dein Essen nicht in den Griff bekommst, wird jeder sehen, wie fett du geworden bist.« Als das Jahrgangstreffen vor der Tür stand, fing Lois an, grundsätzlich zu überlegen, ob sie überhaupt hingehen sollte. In ihrem Kopf und ihrem Bewußtsein war das Problem ihr Fett.

Ihr zwanghaftes Essen und ihre Gewichtszunahme könnten auf den ersten Blick tatsächlich als ihr Problem gesehen werden. Die Geschichte ihrer Diät- und Schlankheitskuren, einhergehend mit Eßanfällen, reicht weit zurück, und ihr Gewicht ist, wenige Wochen vor dem Jahrgangstreffen, etwas höher als gewöhnlich. Im Laufe der letzten Jahre hatte sie jedoch eine Menge Zeit darauf verwendet, wie sie, ungeachtet ihres Gewichts, sich positiv sehen und zu sich stehen konnte. Wenngleich es ihr Wunsch war, dünner zu sein, konnte sie ihre Figur dennoch meistens akzeptieren und freute sich häufig über ihr Aussehen.

Wollte man Lois' Lebensgeschichte etwas näher untersuchen, würde offenbar werden, daß sie in der High School keine besonders beliebte Schülerin war. Sie hatte hervorragende Noten vorzuweisen, wodurch sie der Liebling der Lehrer, für ihre Klassenkameraden jedoch eine Streberin war, so daß sie sich aus der Klassengemeinschaft stets ausgeschlossen fühlte. Nach der High School besuchte sie das College und ging anschließend zur Universität, wo sie im Umgang mit anderen einen Reifeprozeß durchmachte. Lois entwickelte sich zu einer allseits beliebten erwachsenen Frau, die überdies in ihrem Beruf recht erfolgreich war.

Das Jahrgangstreffen versetzte Lois in Aufregung. Verglich man sie heute mit der Person, die sie vor zwanzig Jahren gewesen war, so war aus ihr alles in allem ein ganz anderer Mensch geworden, und sie freute sich über diesen Unterschied. Sie war neugierig auf diejenigen, die sich früher über sie lustig gemacht hatten, sie wollte ihnen zeigen, wie weit sie es gebracht hatte, und natürlich auch sehen, was aus ihnen geworden war.

Obwohl Lois sich der Tatsache bewußt war, daß sie sich bei dem Jahrgangstreffen profilieren und eine Show abziehen wollte, war sie sich dennoch nicht des Ausmaßes ihrer konkurrenzorientierten Gefühle und ihrer Schuldgefühle, daß sie sich zu diesem Konkurrenzdenken hinreißen ließ, bewußt. Anstatt ihre wahren Gefühle zu erkennen, sich diese einzugestehen und ihr Unbehagen genauer zu untersuchen, aß sie, fühlte sich wegen ihrer Esserei schlecht und bezichtigte sich selbst als fett. Ihre fetten Gedanken drehten sich ursächlich nicht um Fett, sie verkörperten vielmehr die Selbst-Verurteilung ihres Ärgers, den sie in der Vergangenheit empfunden hatte, und eine Selbst-Bestrafung für ihren heimlichen Wunsch, sich großtun und eine Show abziehen zu wollen, um sich so für jene alten, ihr zugefügten Verletzungen zu rächen. Lois konnte diese spontanen Gefühlsaufwallungen in ihrem Innern nicht akzeptieren. In einem gewissen Sinne fand sie es leichter, sich selbst als fett und schlecht zu betrachten, als sich ihren realen Gefühlen und Wünschen zu stellen.

Jene Gefühle, die Lois als fett übertrug, sind natürlich ihre individuellen Probleme. Jeder von uns hat seine ureigensten Problemstellungen, die uns dem Essen zutreiben und in dem Ausruf »Ich bin fett!« schließlich ihren Höhepunkt erreichen.

Der Griff nach dem Essen

Das Ritual des zwanghaften Essers beginnt mit dem Griff nach dem Essen. Ihr Drang, dem Essen zuzustreben, auch wenn Sie nicht im mindesten hungrig sind, hat Sie wahrscheinlich schon verblüfft. Schlägt der Mundhunger zu, dann spüren Sie, daß Sie essen *müssen*. Bedeutet er Ihnen, zum Kühlschrank zu laufen und Eis zu essen, dann tun Sie es. Bedeutet er Ihnen, sich um Mitternacht in den Wagen zu setzen und sich auf die Suche nach einem durchgehend geöffneten Geschäft zu machen, dann machen Sie sich auf den Weg. Die Dringlichkeit, die Sie in diesen Augenblicken verspüren, bedeutet uns, daß Sie sich selbst in Gefahr wähnen. Sie würden das zwar nicht so bezeichnen, Ihre Handlungen erzählen jedoch eine andere Geschichte. Sie müssen das Essen bekommen, *sonst...*

Sonst was? Zwanghafte Esser sind kaum geneigt, diese Frage zu stellen oder zu beantworten; sie laufen nach dem Essen, *ehe* sie darüber nachdenken können, ob sie ein Problem haben. Wir fragen aber dennoch: »Was sonst?« — und wir haben ein paar Ideen, die Sie am Maßstab Ihrer eigenen Erfahrungen prüfen können.

Jedesmal, wenn Sie nach Essen greifen, obwohl Sie nicht hungrig sind, handeln Sie so, ob bewußt oder unbewußt, weil ein Gedanke oder ein Gefühl bei Ihnen Angst auszulösen droht. Sie *fühlen* sich vielleicht nicht ängstlich. Sie laufen zum Essen hin, um sich sowohl vor der Angst als auch vor den dieser Angst zugrundeliegenden Gedanken oder Gefühlen abzuschirmen.

Auf den ersten Blick mag die Vorstellung, daß ein Gedanke oder ein Gefühl gefährlich sein könnte, befremdlich klingen. In der Realität kann an einem Gedanken, einem Wunsch, einer Emotion kaum etwas Gefährliches sein. Das Leben unserer Psyche hält sich jedoch nicht immer an die Diktate der Realität oder der Logik. Unser Seelenleben unterliegt Ängsten und Hemmungen, die eher etwas mit unserem Entwicklungsprozeß in der Vergangenheit als mit unserem Leben in der Gegenwart zu tun haben. Und dieser Entwicklungsprozeß prägt unser Verhalten ein Leben lang.

Wir versuchen häufig, Sorgen und Problemen auszuweichen, die uns nicht einmal voll bewußt sind. Es ist wie bei der Angst vor der Angst. Es gibt eine ganze Reihe von Gründen, warum wir versuchen, bestimmten Gedanken und Gefühlen aus dem Weg zu gehen: Sie werden unseren Idealen nicht gerecht, sie fallen vermeintlich in die Kategorie des Verbotenseins oder sie erscheinen uns zu drastisch.

Idealen nicht gerecht werden: Jeder von uns legt Wert darauf, ein bestimmtes Selbst-Image zu wahren. Nur allzu häufig neigen wir dazu, jene Gedanken und Gefühle, die diesen unseren Vorstellungen zuwiderlaufen, zu streichen, sie zu verdrängen. Es ist beängstigend, wenn wir uns selbst als jemanden wahrnehmen, der unseren Idealvorstellungen nicht gerecht wird. So ist es zum Beispiel für einen Menschen, der sich selbst für sehr hilfsbereit hält, schwierig, sich einzugestehen, daß ihm die ständigen Anrufe eines Freundes, der seinen Rat sucht, auf die Nerven gehen. Handelt es sich bei diesem Menschen um einen zwanghaften Esser, wird er womöglich, nachdem er den Hörer aufgelegt hat, aufs Eis losstürzen, statt sich seine eigenen, von Ablehnung geprägten Gefühle einzugestehen und sich diesen zu stellen, statt die Pflichten und Verantwortlichkeiten im Rahmen dieser Freundschaft zu überdenken oder seine Verantwortlichkeit sich selbst gegenüber, auch Zeit für sich selbst zu finden, neu zu formulieren.

Ähnlich wird möglicherweise ein Student reagieren, der zeit seines Studiums mit Spitzenleistungen glänzte und seine Examina mit Bravour hinter sich brachte, der nun jedoch in der Küche landet, in einer Hand sein erstes Absageschreiben und in der anderen einen Löffel. Es kann schwierig sein, das eigene Selbstwertgefühl aufrechtzuerhalten, wenn man unverhofft mit einer Absage oder mit Ablehnung konfrontiert wird. Statt dieses persönliche Tief zuzulassen und sich mit der Möglichkeit auseinanderzusetzen, daß Ihre Erwartungshaltungen gegenüber sich selbst unrealistisch waren oder daß es schlicht an irgendwelchen unglücklichen Umständen lag, daß Sie nicht das bekamen, was Sie wollten, essen Sie.

Verbotene Gefühle: Eine weitere Ursache für ein durch Gedanken und Gefühle ausgelöstes Unbehagen hat etwas mit den Vorstellungen zu tun, die wir vom Grundansatz her als Kinder über die Macht unserer Wünsche entwickelten. Für ein Kind ist ein Wunsch gleichbedeutend mit einer Tat, ein Gedanke gleichbedeutend mit einer Handlung. Da Kinder in bezug auf ihr Überleben in einer allumfassenden Abhängigkeit von ihren Familien stehen, sind sie sorgsam darauf bedacht, so zu denken und zu handeln, daß ihnen die Fürsorge und Liebe weiterhin ungebrochen zuteil wird. Ein Kind, das sich ärgert und wütend ausruft: »Ich hasse dich, Mama. Ich wünschte, du wärst tot«, stellt erleichtert fest, daß seine Mama weder stirbt noch daß sie sich mit Liebesentzug rächt.

Wenngleich wir als Erwachsene für unser Überleben nicht mehr vom Wohlwollen und Gutdünken der Menschen in unserem Umfeld abhängen, schlüpfen wir dennoch von unserem Bewußtsein her häufig in die Abhängigkeitsrolle unserer Kindheit und handeln entsprechend. Indem wir unsere Gedanken mit Taten gleichsetzen, unterdrücken wir die schlechten. Manche zwanghaften Esser fürchten sich vor verbotenen Zorn- und Wutausbrüchen, andere fürchten Gefühle sinnlicher Leidenschaften und wiederum andere fürchten, was wir als inakzeptable Gedanken, Gefühle und Wünsche erachten, und daß wir als zwanghafte Esser versuchen, diese Gedanken mittels Essen im Keim zu ersticken, noch ehe wir wissen, daß wir sie überhaupt haben.

Laurie war wütend über Mike, ihren Freund, der in der letzten Minute eine Verabredung abgesagt hatte. Vom Telefon aus ging sie geradewegs zum Kühlschrank. Als sie anfing, sich den Magen vollzuschlagen, mußte sie an den Film denken, den sie sich gemeinsam im Kino hatten ansehen wollen. Die ganze Woche über hatte sie sich darauf gefreut. Das war nicht das erste Mal, daß Mike in letzter Minute etwas abgesagt hatte. Sie war wütend... und sie stopfte sich mit den Resten aus ihrem Kühlschrank voll.

Laurie hatte sich seit ein paar Monaten bedarfsorientiert ernährt, so daß sie sofort registrierte, als sie aufgrund von Mundhunger zu essen anfing. Sie wußte, wie wichtig es war, sich diesen Eßtrip ohne Selbstbezichtigungen zu genehmigen, und sie versuchte darüber nachzudenken, warum sie sich, wenn sie doch nicht wirklich hungrig war, dem Essen zuwandte. »Was ist eben passiert?« fragte sie sich. »Ich habe den Telefonhörer aufgelegt und war wütend. Ich kann es nicht ausstehen, wenn man mich so versetzt. Am liebsten hätte ich Mike den Kühlschrank an den Kopf geworfen. Aber ihm gegenüber habe ich nicht ein einziges Wort darüber fallenlassen, wie wütend und enttäuscht ich war. Ich war nett zu ihm am Telefon, ganz das artige kleine Mädchen, zu dem ich erzogen wurde. Meine Mutter mahnte mich, stets höflich und freundlich zu sein, und das hab ich jetzt davon. Als Kind fürchtete ich mich vor dem Zorn Gottes und vor der Kirche. Jetzt handele ich so, als ob Mike mich, nur weil ich verärgert bin, exkommunizieren würde. Nun gut, selbst wenn ich Angst habe, irgend etwas zu Mike zu sagen, muß ich lernen, mit meinem Ärger umzugehen, ohne mich ins Essen zu flüchten. Wenn ich versuche, mir meinen Ärger wegzuessen, führt das nur dazu, daß er bis zum Ausbruch im Verborgenen weiterbrodelt.«

Starke Gefühle: Manche von uns werden weniger von der Zulässigkeit unserer Gedanken und Gefühle als vielmehr von deren

Intensität geplagt, wohinter die Befürchtung steht, wir könnten auf irgendeine Art und Weise von unserem Innenleben überwältigt werden. Solche Ängste äußern sich etwa folgendermaßen: »Wenn ich zulasse, daß ich mich traurig fühle, werden meine Depressionen kein Ende nehmen.« Oder: »Wenn ich wütend werde, verliere ich die Kontrolle.« Diese Menschen verstehen nicht, daß Gefühle vergänglich, vorübergehend sind und benutzen Nahrung, um sich im Gleichgewicht zu halten.

Es ist interessant, daß manche Eßsüchtigen nicht nur Angst vor der Intensität ihrer Gefühle, sondern vor jeglicher Veränderung des Stauts quo haben. Bei ihnen löst jedes starke Gefühl und jede Veränderung den Griff nach dem Essen aus. Hinter diesem Eßmuster verbirgt sich die Tatsache, daß sie sich selbst als zerbrechlich und als jemanden sehen, der einer fürsorglichen, kontrollierten Atmosphäre bedarf.

Während eines Workshops erinnerte sich Carol, daß, wann immer sie sich als Kind über etwas ärgerte, sie von ihren Eltern angehalten wurde, sich nicht aufzuregen. Ihr wurde bewußt, daß sie nun, wann immer ihre Gefühle etwas intensiver zu werden drohten, zum Essen hinrannte. Monate, nachdem sie dies erkannt hatte, ergab es sich in einem Gespräch mit ihrer Mutter, daß sie dieser von ihren harten Auseinandersetzungen mit einer schwierigen Situation am Arbeitsplatz erzählte. Die spontane Reaktion ihrer Mutter war: »Reg dich nicht zu sehr darüber auf«, und diesmal mußte Carol darüber lachen. »Warum sollte ich mich nicht aufregen? Es ist eine Situation zum Aufregen«, sagte sie. Zu ihrer größten Überraschung ging ihre Mutter darauf ein und entgegnete: »Weißt du, du hast recht. Du hast allen Grund, dich aufzuregen, und ich hoffe, daß die Situation bald besser wird.«

Natürlich sind sich die meisten zwanghaften Esser der Sinn- und Zwecklosigkeit ihrer Flucht zum Essen, wenn sie in Bedrängnis sind, bewußt, dennoch halten sie an diesen Ersatzhandlungen fest, wenngleich diese nicht logisch sind. Sie greifen nach Essen, weil sie diesem magische Kräfte zuschreiben.

Die magischen Kräfte des Essens

Eine Bäckerei in New York verkauft einen Eclair unter dem Namen »Magische Mami«. Diese Bäcker haben die symbolische Kraft, die Nahrung auf zwanghafte Esser ausübt, intuitiv verstanden. Zwanghafte Esser glauben in der gleichen Art und Weise ans Essen, wie wir alle einmal glaubten, daß unsere Eltern über magische Kräfte verfügten, mit denen sie all unsere Probleme lösen könnten. Essen steht bei zwanghaften Essern für viele Dinge — Mutter, Vater, Familie, Liebe, Sicherheit, Stärke, Wohlbehagen, Macht, Unterstützung, und so weiter und so fort.

Wenden wir uns aus einer Verzweiflung heraus dem Essen zu, ist das so, als ob wir erwarteten, uns damit all das zuzuführen, was es für uns symbolisiert. Bei einem zwanghaften Esser ist die Nahrung das Kernstück eines Rituals zur Abwehr von Gefahren. Sein Essen als Reaktion auf eine Gefahr ist für ihn das, was dem Mitglied eines primitiven Stammes, das sich vom Donnerschlag bedroht fühlt, sein Beschwörungsritual ist, bei dem es auf einem Bein, einmal nach rechts, zweimal nach links, im Kreis herum hüpft. Das Ritual wird gleichsam als unentbehrlich und wichtig empfunden.

Es ist in diesem Zusammenhang aufschlußreich, sich einige jener magischen Erwartungshaltungen, die zwanghafte Esser mit Nahrung verbinden, anzuschauen.

Der Teddybär: Jeder, der schon einmal ein Kleinkind beobachtet hat, das ständig ein Tuch mit sich schleppt oder einen Teddybär an die Brust drückt, versteht die Kraft von Symbolen. Von seinem Symbolgehalt her ist jener Teddy für seinen Besitzer etwas sehr Lebendiges. Fahren Sie übers Wochenende weg und vergessen, ihn mitzunehmen, kommt Sie das teuer zu stehen. Auf dem Höhepunkt seiner Macht repräsentiert jener Teddy all die Fürsorge und Pflege, die sein Besitzer jemals kannte. Ist der Teddy dabei, kann das Kind sich in Sicherheit wähnen. Sobald es ein bestimmtes Alter erreicht hat und in der Lage ist, sein eigenes Wohlergehen sicherzustellen, braucht es die magische Kraft des Teddys nicht mehr. Ist diese symbolische Kraft verschwunden, endet der gleiche Bär irgendwo vernachlässigt im Berg anderer Spielsachen.

Da wir von Natur aus einen Hang zu Symbolen haben, statten wir alle möglichen Dinge — Bären, Hasenpfoten, Gebete, Lieder, Führungspersönlichkeiten und *Essen* — mit jener Kraft und Macht aus, die uns ein Gefühl der Sicherheit gibt. Leider ist die Wirksamkeit des Essens nicht die gleiche wie die des Teddys. Der Teddybär und andere »Übergangsobjekte«, so genannt von dem englischen Psychoanalytiker D. W. Winnicott, helfen Kleinkindern, solange sie diese benutzen, sich sicherer zu fühlen. Ist die Zeit ihrer Zweckmäßigkeit und Brauchbarkeit vorbei, landen sie schnell achtlos in irgendeiner Ecke. In dem Sinne, daß der Teddybär für das Kind ein Hilfsmittel ist, um von einer Entwicklungsstufe zur nächsten zu gelangen, funktionieren sie. Essen jedoch nicht.

Ein Teddybär hat keine andere Funktion als die, zu beruhigen. Essen aber sehr wohl. Die primäre Funktion des Essens ist die Ernährung. Wird Essen als Beruhigungsmittel benutzt, bedeutet dies eine völlige Mißachtung seiner eigentlichen Funktion, und es wird als Suchtmittel statt zur Stärkung und Kräftigung herangezogen. Wir schlagen Ihnen nicht vor, Essen gleich einem Teddybär mit sich zu führen, unser Vorschlag zielt vielmehr darauf ab, Ihnen mit der Gewißheit, daß Sie sich ernähren können, wann immer sie hungrig sind, ein Gefühl der Sicherheit zu vermitteln. Wenn Sie sich ernährt und gut versorgt fühlen, dann brauchen Sie den Teddybär Essen nicht mehr.

Tipp-Ex: Eine weitere Erwartungshaltung, die wir mit dem Essen verbinden, geht weit über unser Bedürfnis nach Wohlbehagen hinaus und rührt an unseren Wunsch, Probleme im Keim zu ersticken. In diesem Sinne benutzen zwanghafte Esser Nahrungsmittel in gleicher Weise, wie eine Schreibkraft sich des Tipp-Ex bedient. Macht sie einen Tippfehler, erscheint etwas auf dem Blatt, das dort nicht hingehört. Tipp-Ex überdeckt den Fehler und läßt das Blatt tadellos erscheinen. Hält man die Seite jedoch gegen das Licht, kann man hinter der Korrekturflüssigkeit nach wie vor den Typenanschlag erkennen, und darin zeigt sich der entscheidende Unterschied, ob alles in Ordnung ist oder ob es nur so aussieht, daß alles in Ordnung sei.

Benutzt man Essen als vorübergehendes Flickwerk, um darunterliegende Probleme zu überdecken, wird damit an diesen selbst nichts getan. Für den Augenblick hält seine Magie an, Essen hat eine beruhigende Wirkung auf den zwanghaften Esser. Essen ist schließlich eine angenehme und erfreuliche Beschäftigung, und diese Freude erlaubt es uns im Augenblick, unsere Schmerzen beiseite zu schieben. Diese Freude des Essens ist leider flüchtig. Es mag uns auftanken, im wörtlichen und im symbolischen Sinne, seine Fähigkeit zu beruhigen ist jedoch mangelhaft. Ultimativ ist Essen nichts anderes als ein Instrument der Verdrängung und Ablenkung, das als Verbindungsstück zwischen einer Form von Kummer und einer anderen fungiert.

Beim zwanghaften Essen steht zunächst die Nahrungszufuhr und anschließend unser Gefühl körperlichen Unbehagens im Mittelpunkt unseres Interesses. Wir verlagern den Schwerpunkt. Wer mit Essen vollgestopft ist, dem fällt es schwer, sich noch viele Gedanken über etwas anderes zu machen. Ist dann das absolute Völlegefühl vorbei, verlagert sich der Kummer von einem körperlichen hin zu einem seelischen Unbehagen. Sie denken über die Konsequenzen Ihres Eßtrips nach, verfallen in eine Serie negativer, selbstquälerischer Gedanken — Ihr Essen, Ihr Körper und der hoffnungslos heruntergekommene Zustand Ihres Charakters.

In der Vergangenheit wählten Sie diese selbstquälerischen Gedanken, statt Ihre realen Probleme zu identifizieren. Auf einer gewissen Ebene war diese Strategie schlüssig. Wäre Ihr Problem wahrhaft ein Problem des Fettseins, könnten Sie es wegfasten. Häufig sind zwanghafte Esser nur widerwillig bereit, die Fehletikettierung ihres Problems mit »fett« aufzugeben.

Joan erzählte uns, daß sie schon etliche Male aufgrund von Mundhunger gegessen hatte und es nicht schaffte, sich deswegen nicht mit Selbstvorwürfen zu überhäufen. Es stellte sich heraus, daß ihr Bruder sie am Wochenende besucht hatte, und daß ihr unkontrolliertes Essen offenbar mit diesem Ereignis im Zusammenhang stand. Als sie nach der Beziehung zu ihrem Bruder gefragt wurde, wurde jedem in der Gruppe klar, daß sie ihm gegenüber zwischen auffallend starken zwiespältigen Gefühlen hin- und hergerissen wurde und daß ihr Problem sicherlich nicht ihr Fett war. Eine Frau meinte: »Ich kann verstehen, warum Joan es vorzog, sich wegen ihres Eßverhaltens in Selbstvorwürfen zu ergehen. Es ist um so vieles einfacher, sich wegen seines Dickseins schlecht zu fühlen, als sich Gefühlen zu stellen, von denen man dir seit jeher erzählt hat, daß du sie nicht haben solltest. Das Fett kann man wenigstens loswerden. Wie aber wirst du mit deinem Ärger über deinen Bruder und den damit verbundenen Schuldgefühlen fertig?«

Obwohl es oberflächlich so aussehen mag, als ob es einfacher sei, mit dem Problem des Dickseins als mit dem Problem der Feindseligkeit, die mit Schuldgefühlen verbunden ist, umzugehen, so ist Ihre Vorgehensweise, Ihrem Problem den Namen »Fett« zu geben, auf lange Sicht im Hinblick auf eine Bewältigung und Lösung dennoch eine Sackgassenstrategie. Als Ergebnis Ihrer Selbstvorwürfe fühlen Sie sich zu Recht bestraft, kommen aber nicht weiter. Wenn Sie beginnen, die Vergeblichkeit und Wirkungslosigkeit Ihres Versuchs, derartige Probleme wegzufasten, zu erkennen, werden Sie eingreifen können, wenn Sie merken, daß Sie dabei sind, Ihre Sorgen und Probleme auf diese Art und Weise zu übertragen.

Was die magische Kraft des Essens noch mit sich bringt

Die Wahrheit ist, daß, wenn sich erst einmal Gedanken, Wünsche oder Gefühle in unserer Psyche eingenistet haben, diese dort bleiben. Sie können darüber nachdenken, Sie können entsprechend handeln, Sie können entscheiden, nicht zu handeln, Sie können eine andere Ausdrucksmöglichkeit finden, oder Sie können versuchen, deren Existenz zu leugnen — zum Tipp-Ex greifen. Versuchen Sie jedoch, die Tatsache zu leugnen, daß etwas existiert, taucht dieses Problem in einer anderen Gestalt neuerlich auf — in der Gestalt »fetter Gedanken«. Von der Tatsache, daß Sie etwas bedrückt, können Sie nicht weit fliehen.

Greifen wir zum Essen, noch ehe wir wissen, was uns bedrückt, reagieren wir automatisch auf der Grundlage irgendwelcher Mutmaßungen, die wir von früher her übernommen haben. Wenn wir die Hand ausstrecken, ehe wir überhaupt fragen, ob wir hungrig sind, gehen wir von vornherein davon aus, daß wir nicht in der Lage sind, es uns nicht zutrauen, mit sonderlich viel umgehen und fertigwerden zu können, und wahrscheinlich verkaufen wir uns damit unter Niveau.

Durchgängig haben wir in diesem Buch darauf hingewiesen, daß Sie solange weiter aufgrund von Mundhunger essen sollen, bis Sie nicht mehr das Bedürfnis dazu verspüren, und daß Sie wahrscheinlich erst viele wohlabgestimmte Eßerfahrungen machen müssen, ehe Sie sich sicher fühlen und festen Boden unter den Füßen haben können. Auch an dieser Stelle schlagen wir nichts anderes vor. Es ist jedoch wichtig zu verstehen, daß Angst ein Signal ist, eine Warnung, daß sich da irgend etwas zusammenbraut. Wenn wir aufgrund von Mundhunger essen, übertünchen, ersticken wir dieses Signal mit Essen und berauben uns damit der Chance, etwas über uns selbst zu lernen, das uns in der Zukunft möglicherweise helfen könnte. Erlauben wir es uns demgegenüber, diese Angst zu fühlen, nehmen wir damit eine Chance wahr, uns unserer Probleme bewußt zu werden und ihnen Namen geben zu können, der erste Schritt hin zu einer effektiven Problemlösung.

Gary nahm einen dreiwöchigen Urlaub von seinem streßintensiven Beruf und fuhr nach Neu-Mexiko. Vor seiner Abreise hatte er mehr oder weniger aufgrund von Magenhunger gegessen. Während seiner letzten Urlaubswoche merkte er jedoch, daß er sich alle paar Minuten Gummibärchen in den Mund schob, und er fing allmählich an, sich schwerer zu fühlen. Sein Gewicht machte ihm Sorgen, ehe er jedoch zuließ, in sein altes Raster von Selbstvorwürfen zu verfallen, gebot er sich selbst Einhalt. Er wußte, daß irgend etwas ihn beunruhigte. Die Frage war: »Was?«

»Es war ein herrlicher Urlaub«, dachte er, »aber diese Esserei muß ein Zeichen dafür sein, daß irgend etwas nicht in Ordnung ist.« Gary versuchte herauszufinden, worin sein Problem bestand, und er brauchte nicht lange, um bei seinem Suchen fündig zu werden.

Ihm wurde bewußt, daß er vor zehn Tagen begonnen hatte, aufgrund von Mundhunger zu essen, und zwar unmittelbar nach einem Kontrollanruf in seinem Büro. Als er seinen Urlaub angetreten hatte, ließ er eine ganze Reihe von Problemen zurück, die ihn sehr belasteten, und mit Schrecken sah er seiner Rückkehr ins Büro entgegen. Der Anruf zu Hause hatte seine schlimmsten Befürchtungen bestätigt. Es war keine Frage, wie dringend er Erholung brauchte und weg mußte, aber bei seiner Rückkehr würde ihn ein Heidendurcheinander erwarten.

Sobald Gary seine Nervosität mit »der Rückkehr ins Büro«

etikettiert hatte, hörte er auf, deswegen zu essen, und kehrte wieder dahin zurück, aufgrund von Magenhunger zu essen. Diese Nervosität beschlich ihn während seiner letzten Urlaubswoche immer wieder von Zeit zu Zeit, er versuchte nunmehr jedoch, seine Angst als ein Signal zu benutzen, sich ein paar Minuten Zeit zu nehmen und schon einmal über eines der auf ihn zukommenden Probleme nachzudenken.

Der Sinn und Wert, daß Sie ein Bewußtsein darüber entwickeln, was Ihr Unbehagen verursacht, ist, daß Sie Ihr Problem dann mit klarem Kopf bei Tageslicht betrachten können. Sie können sich selbst ein paar Fragen stellen. Ist das, was ich denke, wirklich so schrecklich? Ist das, was ich fühle, so verwerflich? Kann ich es zulassen, daß ich das fühle, was ich fühle und dabei von dem Bewußtsein ausgehen, daß dieses Gefühl vorübergehen wird? Kann ich über eine Lösung zu meinem Dilemma nachdenken? Vielleicht kann ich das, was mich bekümmert, einfach vergessen und eine Zeitlang verdrängen.

Alle Probleme müssen wohl durchdacht werden und erfordern individuell zugeschnittene Lösungen. Essen bietet exakt das Gegenteil. Es verhindert ein Nachdenken und behandelt alle Probleme, als ob sie gleich wären, macht sie homogen. Je mehr Sie bedarfsorientiert essen, desto besser werden Sie in der Lage sein, sich einige Ihrer wirklichen Probleme anzuschauen, statt um diese herum zu essen.

Personen, die diesen Ansatz gewählt haben und praktizieren, empfinden eine enorme Erleichterung bei der Aufgabe, ihre Abhängigkeit vom Essen zu durchbrechen. Es gibt jedoch auch darüber hinaus noch zusätzliche Belohnungen. Sobald Sie nicht mehr unter dem Drang stehen, zwanghaft nach Essen zu greifen, haben Sie den Freiraum, Ihren wirklichen Sorgen und Problemen auf den Grund zu gehen, und Sie verfügen über die freigewordene Energie, sich diesen zuwenden zu können. Ehe es soweit ist, müssen Sie allerdings zunächst noch auf das Finale des Eßzwang-Rituals eingehen, auf Ihre von Essen und Ihrem Körper besessenen Gedanken.

Kapitel 15
Worum geht es bei all den Selbstvorwürfen?

Die Kette fängt mit Unbehagen an. Irgendein Gedanke, eine Situation oder ein Gefühl erzeugt Unruhe oder Angst, und das Einzige, was Sie wissen, ist, daß Sie das Bedürfnis haben, zu essen. Die Kette endet mit dem Unbehagen, das durch Ihre Selbstvorwürfe und Selbstbeschimpfungen erzeugt wurde. Der Zwang, sich nach Ihrem Eßtrip selbst zu beschimpfen, ist gleichermaßen stark wie der Zwang, der Sie in erster Instanz dem Essen zutrieb. Ihr Jammern schließt den Kreis — beendet das Ritual.

Angeblich wollen Sie mit Ihren zwanghaften Eßpraktiken Ihrem Unbehagen zu Leibe rücken, dieses überwinden. Ihre von Fett und Dicksein besessenen Gedanken, die sich zwangsläufig als Ergebnis Ihres Eßtrips einstellen, überdauern jedoch weit jedes flüchtige Wohlbehagen, das Sie durch die Nahrung gewinnen. Viele von Ihnen verbringen einen Großteil Ihrer Zeit damit, über ihr Essen und ihr Gewicht, ihre Inakzeptabilität nachzugrübeln. Die Worte »ich bin fett« oder »ich esse zuviel« sind die Mantras der zwanghaften Esser. Bei der Meditation wird im Geist immer und immer wieder ein Wort oder Satz, ein Mantra, wiederholt, um so den Geist damit zu füllen und ihn von allen anderen Sorgen und Problemen zu säubern. Sobald sich das Mantra durchgesetzt hat, empfinden Sie einen inneren Frieden.

Das Problem, »ich bin fett« oder »ich esse zuviel«, als Mantra zu benutzen, ist, daß sich hierdurch zwar andere Sorgen und Probleme aus Ihrem Geist verdrängen lassen, Sie dabei aber keinen inneren Frieden gewinnen. Statt dessen füllt sich Ihr Geist mit Qualen. »Ich bin fett, ich bin fett, ich bin fett« heißt: »Ich bin schlecht, ich bin schlecht, ich bin schlecht.«

Ich bin schlecht...

Wir hoffen, wir konnten Sie inzwischen davon überzeugen, daß fette Gedanken sich niemals um Fett drehen. Nunmehr ist es an der Zeit, zu untersuchen, um was sie sich *in Wirklichkeit* drehen.

Wenn zwanghafte Esser sich wegen ihres Dickseins in Selbstvorwürfen ergehen, beschimpfen sie damit entweder ihr Bedürfnis nach Hilfe — in Form von Essen —, um mit ihrer Angst umzugehen, oder irgendein Gefühl, das sie ursprünglich dem Essen zutrieb.

...weil ich keine Hilfe benötigen sollte: Wir haben Essen bereits als ein Symbol für die uns früher zuteil gewordene Pflege und Fürsorge und das Greifen nach Nahrung als ein Zurückgreifen in eine Zeit des Wohlbefindens besprochen. Leider verurteilen sich viele zwanghafte Esser, die diese Strukturen benutzen, für ihr Bedürfnis, auf ebendiese Strukturen zurückgreifen zu müssen, und ihre Verurteilung äußert sich in Gestalt von Selbstvorwürfen und fetten Gedanken. In gewisser Weise nehmen sie so sich selbst gegenüber den Platz der bösen Mutter ein. »Wann wirst du endlich erwachsen?« scheinen sie zu sagen. »Wann wirst du endlich in der Lage sein, auf eigenen Füßen zu stehen und aufzuhören, ständig hilfesuchend nach Hause zu laufen?«

Der Impuls, hilfesuchend auf Nahrung zurückzugreifen und sich dann selbst zu bezichtigen, wird durch den Umstand kompliziert, daß jeder zwanghafte Esser sehr wohl weiß, daß das Essen ihm nicht helfen und die Dinge am Ende nur noch schwieriger machen wird. Als Ergebnis davon betrachten sie sich selbst als dumm und lächerlich und können sich ihr Bedürfnis, nach Hause zu laufen, selbst nicht verzeihen.

Amanda, kompetente Direktorin eines Gesundheitszentrums für Psychische Krankheiten, ist für ihre Führungsqualitäten und ihr Organisationstalent bekannt. Jeder, der mit ihr zusammenarbeitet, weiß: Wenn er möchte, daß etwas erledigt wird, dann ist Amanda diejenige, die das übernimmt.

Oberflächlich betrachtet, nach außen, scheint Amanda es geschafft zu haben. Sie bezieht ein hohes Gehalt, hat ein schönes Zuhause und jede Menge guter Freunde, sie leidet jedoch unter ihrem Übergewicht. So beschreibt sie ihre Situation: »Ich halte es nicht mehr aus. Warum muß ich nur so essen? Ich werde dicker und dicker. Ich muß mein Essen unter Kontrolle bringen. Ich bin wirklich schockiert, daß ich mich so habe gehenlassen. Ich würde mein Eßbedürfnis gerne mehr akzeptieren, aber ich kann es einfach nicht. Es stört mich dermaßen, wie ich aussehe, daß ich mit dem ganzen Problem einfach nicht fertigwerden kann.«

Amandas Worte besagen eindeutig, daß sie ihre Gefühle, sich unter Kontrolle zu haben, haßt. Ihr Drang, sich zum Essen zu flüchten, wenn sie in emotionalen Schwierigkeiten ist, macht sie verrückt. Sie ist stolz auf ihre Ich-Stärke, sich nicht hilfesuchend an andere wenden zu müssen, und betrachtet ihr Eßbedürfnis, von dem sie in schwierigen Situationen beherrscht wird, als Zeichen von Schwäche. Es macht sie wütend. Die Selbstverachtung, die sie hauptsächlich ihrem Dicksein zuschreibt, ist in Wahrheit auf ihre Vorstellung zurückzuführen, sich selbst als schwach zu sehen, wenn sie Hilfe benötigt.

Was können Amanda und Menschen in ihrer Situation hinsichtlich ihrer Gefühle der Ich-Unzulänglichkeit, weil sie ein Problem nicht ohne Rückgriff auf Nahrung durchstehen können, tun? Natürlich sind auch wir der Meinung, daß es wesentlich besser wäre, wenn niemand sich triebhafter, suchtartiger Eßpraktiken bedienen müßte. Darum haben wir dieses Buch geschrieben. Entscheidend ist, daß Sie sich stets vor Augen halten, daß Ihre Flucht ins Essen keine Frage der Moral ist. Es ist schlicht eine Verhaltensweise, die gegeben ist. Wenn Sie sich wirklich selbst versorgen und verpflegen und aufgrund von Magenhunger essen, werden Sie weniger das Bedürfnis nach symbolischer Fürsorge und Pflege, die der Mundhunger Ihnen bietet, verspüren. Halten Sie demgegenüber daran fest, sich wegen Ihrer Eßgepflogenheiten selbst zu beschimpfen, werden Sie mehr essen müssen, um sich selbst zu beruhigen und zu besänftigen. Wichtiger noch, mit Ihren Selbstvorwürfen schließen Sie den Kreis und ermöglichen es dem Ritual des zwanghaften Essens, sich in Gang zu setzen. Jedesmal, wenn Sie diesen Kreis schließen, indem Sie zu Selbstbezichtigungen greifen, machen Sie es schwieriger, herauszufinden, was eigentlich Sie dem Essen zutrieb.

...weil ich schlechte Gedanken und Gefühle habe: Wenn Sie sagen: »Ich bin schlecht wegen meiner Esserei«, ist die Wahrscheinlich-

keit groß, daß Sie damit in Wahrheit sagen wollen: »Ich bin schlecht wegen meiner Gefühle oder meiner Gedanken, die ich hatte, ehe ich aß.« Sie haben ein Gefühl, das Sie beunruhigte, in einen fetten Gedanken übertragen, die eigentliche Quelle Ihrer Sorge lebt aber nach wie vor in Ihrem Innern. Ihr Gefühl, schlecht zu sein, haben Sie lediglich durch Ihr Gefühl, fett zu sein, ersetzt.

Amy wurde von Lily, ihrer engsten Freundin, um einen Gefallen gebeten. Für Lily stand Freitagabend ein wichtiges geschäftliches Essen an, und sie konnte keinen Babysitter finden. Amy liebte Lilys Kinder und hatte in der Vergangenheit häufig die Rolle des Babysitters übernommen. Dieses Mal paßte es ihr jedoch überhaupt nicht. Für jenen Abend hatte Amy bereits ihre eigenen Pläne und freute sich sehr darauf. Anstatt zu sagen, daß sie dieses Mal nicht einspringen könne, sagte sie: »Oh, ich würde es schon sehr gerne machen, ich weiß aber noch nicht mit Sicherheit, ob ich Zeit habe.« Anschließend ging ihr der Gedanke durch den Kopf: »Ich könnte meine Pläne ja absagen, aber ich werde am Ende der Woche so erschöpft sein, daß ich wirklich etwas brauche, auf das ich mich freuen kann. Ich habe mich in letzter Zeit so depressiv gefühlt, und wenn ich darauf verzichte, am Freitag mit meinen Freunden auszugehen, denke ich, daß es mir schlecht gehen wird.«

Später in der Woche rief Lily, die keinen Babysitter gefunden hatte, nochmals bei Amy an, um sich nach deren Plänen zu erkundigen. Amy fühlte sich schuldig, daß sie nicht angeboten hatte, ihre Verabredung abzusagen, sie entschloß sich jedoch fest zu bleiben und sagte Lily, daß es ihr dieses Mal nicht möglich sei, ihr zu helfen. Lily sagte zwar nicht direkt etwas, Amy wußte jedoch, daß sie sich verletzt fühlte. Sie kannten sich schon sehr lange, und diese Art von Problemen waren auch zuvor hier und da schon mal aufgetaucht. Obwohl Amy für gewöhnlich das tat, was sie selbst für richtig hielt, stellte sie ihre eigenen Bedürfnisse doch meistens hintan. Dieses Mal jedoch nicht.

Wenige Stunden nach diesem letzten Gespräch mit Lily bestätigte Amy ihre eigenen Pläne für Freitagabend und begann anschließend, sich mit Schokolade überzogene Mandeln in den Mund zu schieben. Sie wußte, sie war nicht hungrig, sie mußte sie einfach essen. Immer wieder kreisten ihre Gedanken um das Gespräch mit Lily. Es war ihr fast so, als ob sie die Enttäuschung und leichte

Verbitterung in Lilys Stimme gehört habe. Allein darüber nachzudenken, machte Amy schon nervös. Sie fühlte sich schlecht, daß sie dieses Mal nicht eingesprungen war — egoistisch und gar nicht nett —, und unaufhörlich aß sie Mandeln. In der Vergangenheit würde sie angefangen haben, sich wegen dieser Esserei auszuschelten. Dieses Mal war sie in der Lage, über ihr Dilemma nachzudenken, statt sich in ein Paket von Fett und Dicksein zu verstricken. Während sie mit sich rang, sich gedanklich mit dem Problem auseinanderzusetzen, merkte Sie, wie sehr es sie beunruhigte, Menschen gegenüber, die ihr nahestanden, nein zu sagen. Sie empfand es als gemein, jemanden abzuweisen, und war sicher, daß man ihr böse wäre, wenn sie den Wünschen anderer nicht entsprach. Es war nicht einfach für Amy, mit dem Gefühl zu leben, etwas »Schlechtes« getan zu haben. Trotz ihrer Angst fühlte sie sich jedoch stärker, da es ihr gelungen war, nein zu sagen.

Amy wird auch weiterhin, mit dem, was sie als gut und schlecht erachtet, Konflikte mit sich auszutragen haben. Jetzt, da sie erkannt hat, daß es nicht ihr Essen oder Dicksein ist, das sie sich schlecht fühlen läßt, ist sie in der Lage, den Kampf mit ihrem eigentlichen Problem, ihrer Unfähigkeit, ohne Gewissensbisse nein sagen zu können, aufzunehmen.

Den Teufelskreis durchbrechen

Durchgängig haben wir in diesem Buch betont, wie wichtig es ist, daß Sie Ihr Eßbedürfnis akzeptieren. Sobald Sie verstanden haben, auf welche Art und Weise Ihre von Essen und Gewicht besessenen Gedanken, die Sie dem Essen zutreiben, Ihre wahren Probleme verdunkeln, können Sie erkennen, wie immens wichtig es ist, damit aufzuhören, Gefühle in fette Gedanken zu übertragen. Wird Ihre Energie durch Selbstverachtung gebunden, verrennen Sie sich damit geradewegs in zwei Probleme — Sie verlieren das eigentliche Problem aus den Augen, und, sollten Sie es erkennen, werden Sie nicht mehr die Energie haben, dieses Problem zu lösen.

Anders als bei Ihrem Eßzwang, der in dem Zuge schwinden wird, wie Sie sich anders ernähren und sich mitfühlend behandeln, ist es bei Ihrem Zwang, sich selbst zu beschimpfen, denn dieser erfordert ein direktes Eingreifen. Sobald zwanghafte Esser den Mechanismus verstehen, wie sie vom zwanghaften Essen zu von Besessenheit geprägten Denkstrukturen überwechseln, drängen wir darauf, diesem Übertragungsautomatismus Einhalt zu gebieten. Wir nennen das »den Teufelskreis durchbrechen«.

Wenn Sie aufgrund von Mundhunger essen, essen Sie, weil Sie es müssen. Fängt Ihr Geist jedoch an, sich in Richtung Selbstverachtung zu bewegen, haben Sie die Chance einzugreifen. Den Teufelskreis der Abhängigkeit, der Sucht können Sie auf zweierlei Art und Weise durchbrechen:

1. Ermahnen Sie sich jedesmal, wenn Sie aufgrund von Mundhunger essen, daß Sie sich nach dem Essen keine Vorwürfe machen werden.
2. Nehmen Sie einen fetten Gedanken niemals als solchen, so wie er sich Ihnen oberflächlich präsentiert, an. Jedesmal, wenn Sie feststellen, daß Sie sich aufgrund von Essen oder Dicksein selbst bezichtigen, erinnern Sie sich daran, daß es in Wirklichkeit um etwas anderes geht, und bemühen Sie sich herauszufinden, was dieses Etwas ist.

Sie werden feststellen, daß das Durchbrechen dieses Teufelskreises leichter gesagt als getan ist. Sie möchten den Kreis durch Selbstvorwürfe schließen. Der Drang, so zu handeln, erscheint oftmals unwiderstehlich. Was ist so zwanghaft an diesen Selbstvorwürfen?

Warum Selbstvorwürfe zwanghaft sind: Viele Jahre waren Sie in das Ritual des zwanghaften Essens verstrickt, und Ihre Selbstbezichtigungen waren ein wesentlicher Teil davon. Ihre Beweggründe, an fetten Gedanken festzuhalten, haben in gewissem Sinne einen zwanghaften Charakter. Zunächst gilt, daß das Leben wesentlich einfacher ist, wenn alle Straßen in eine Richtung, auf ein Ziel hinführen. Könnten alle Ihre Probleme auf ein Eßproblem reduziert werden, müßten Sie nur nach einer Lösung suchen — einer Diät. Wenn Sie Ihre Selbstvorwürfe beenden, durchbrechen Sie den Teufelskreis und hören auf, alle Probleme in Fettprobleme zu übertragen. In der Folge werden Sie sich mit unzähligen Problemen konfrontiert sehen, die nach Lösungen verlangen, und das wird nicht einfach sein.

Zum zweiten ist das Leben erschreckender, wenn Sie aufhören, alle Probleme in Fettprobleme zu übertragen. Schließlich war es in erster Instanz die Angst vor Ihren eigentlichen Problemen, die Sie zu dieser Übertragung brachte. Den Teufelskreis durchbrechen bedeutet, daß Sie mit all dem, vor dem Sie zu fliehen versuchten, nunmehr konfrontiert werden. Diese Konfrontation ist mitnichten eine Aussicht auf rosige Zeiten.

Zum dritten haben Sie sich an Ihre Selbstvorwürfe gewöhnt. Auch wenn die Selbstvorwürfe schmerzhaft sind, ist dieses Verhaltensmuster für viele doch die einzige Art und Weise, die sie im Umgang mit sich selbst kennen. Auf eine seltsame Weise wirkt es sogar beruhigend. Versucht man, ein Kind von einer es mißhandelnden Mutter zu trennen, wird es im allgemeinen Widerstand leisten. Jene Mutter ist die einzige Mutter, die es kennt. Die Trennung ist ein Verlust, und manchmal geht es ihm sogar besser, wenn mit ihm geschimpft, als wenn es überhaupt nicht beachtet wird.

Und schließlich, wenn Sie aufgrund von verbotenen Gefühlen essen, dienen Ihre Selbstvorwürfe als Bestrafung für diese Gefühle und sorgen gleichzeitig dafür, daß diese lebendig bleiben. Wenn Sie mit einer neutralen, beobachtenden Stimme sagen: »Ich fühle mich verärgert«, verflüchtigt sich der Ärger. Übertragen Sie Ihre von Ärger getragenen Gefühle statt dessen jedoch in ein Greifen nach Nahrung, beschimpfen sich anschließend selbst, weil Sie fett und häßlich sind, bleibt das Drama Ihrer von Ärger getragenen Gefühlslage bestehen. Wenn Sie etwas nicht tun, das Sie gerne tun möchten, weil Sie entweder unsicher sind, ob es, gemessen an moralischen Wertmaßstäben, richtig ist, oder weil Sie sich sorgen, jemanden, an dem Ihnen gelegen ist, zu verletzen, entscheiden Sie sich damit für Ihre Selbstachtung und die Abwesenheit von Schuldgefühlen, das getan zu haben, was Sie eigentlich gerne wollten. Fühlen Sie sich anschließend frustriert oder enttäuscht, essen und ergehen sich in Selbstvorwürfen, tun Sie damit nichts weiter, als die ursprüngliche Situation, die Ihnen als die verbotene Frucht erschien und ihre Selbstbeschimpfungen auslöste, mit Ihrem Essen lebendig zu halten.

Ungeachtet all dieser zwingenden Gründe, zu Selbstvorwürfen

zu greifen, gibt es jedoch weitaus mehr zwingende Gründe, mit diesem Verhaltensmuster aufzuhören. An vorderster Stelle geht es um die Freilegung und Sichtbarwerdung Ihres »Selbst«, mit all seinen Eigenarten und Komplikationen. Wie wir bereits wiederholt gesagt haben, sind Sie wesentlich interessanter und komplexer, als daß Sie nur dick sind, und Sie werden all Ihre Energie, die Sie bisher auf Ihre Selbstvorwürfe konzentriert und für Ihre Selbstzerfleischungen vergeudet haben, brauchen, um dahinter zu kommen, wer Sie wirklich sind.

Die Wahrnehmung komplexer Gefühle: Wenn Sie sich bedarfsorientiert ernähren und mit Selbstvorwürfen wegen Fett und Essen aufhören, werden Sie vermutlich entdecken, daß Sie sehr wohl in der Lage sind, sich Ihren Ängsten zu stellen und Ihre Probleme beim richtigen Namen zu nennen. All das vollzieht sich natürlich in einem allmählichen Prozeß, der einen bestimmten Verlauf nimmt. Ihren potentiellen Fortschritt können Sie in folgenden Einzelschritten nachvollziehen:

1. Als Universallösung für ein weites Spektrum von Problemen greifen Sie nach Essen, wenn Sie nicht hungrig sind.
2. Die meiste Zeit essen Sie aufgrund von Magenhunger, und wenn Sie aufgrund von Mundhunger essen, erfolgt dies als Reaktion auf Ängste, die von Problemen herrühren, die Sie entweder nicht benennen oder denen Sie sich nicht stellen konnten.
3. Sie spüren den Impuls, aufgrund von Mundhunger zu essen, benutzen diesen jedoch statt dessen als ein Signal von Ängsten. Diesen wenden Sie sich unmittelbar zu und können sagen: »Aha! Was ist los? Was macht mir angst?«
4. Sie erfahren Angst, genau wie jedermann sonst! Vielleicht begreifen Sie allerdings etwas schneller als die meisten und können diese als Signal benutzen, daß da etwas schmort, auf das Sie aufpassen und dem Sie Beachtung schenken sollten.

Barbara ist eine zwanghafte Esserin, die intensiv daran arbeitete, den Teufelskreis zu durchbrechen. Um 17 Uhr verließ sie nach einem guten Tag ihr Büro. Durchaus zufrieden mit sich selbst, schlenderte sie heimwärts. Irgendwann registrierte sie ein Paar, das ihr Arm in Arm, in ein Gespräch vertieft, entgegenkam. Als das Pärchen an Barbara vorbeiging, schlug ihre Stimmung, wenngleich kaum merklich, um. Vor einer Konditorei hielt sie inne und begann über die Berliner nachzudenken, die dort im Schaufenster lagen. Sie merkte, daß sie nicht wirklich hungrig war. »Das muß Mundhunger sein«, meinte sie zu sich selbst.

Ehe sie die Konditorei betrat, führte sie folgendes Selbstgespräch: »Es ist mir so gut gelungen, mich bedarfsorientiert zu ernähren, das möchte ich mir mit diesen Berlinern jetzt nicht kaputtmachen. Ich sollte das wirklich nicht. Moment mal, das ist doch die alte Diätstimme, die sich da meldet. Ja, es gelingt mir gut, mich aufgrund von Magenhunger zu ernähren. Da ich im Augenblick nicht hungrig bin, frage ich mich, was jetzt das Verlangen auf einen Berliner in mir aufkommen läßt. Ich war nicht die Spur beunruhigt, als ich das Büro verließ; es ging mir wirklich gut. Brauche ich die Berliner jetzt, oder kann ich warten, bis mein Magen hungrig ist?« Barbara machte eine Pause. »Ich brauche sie jetzt, und ich werde sie mir besorgen. Ich weiß, daß ich mir am besten helfen kann, wenn ich mir einen riesigen Vorrat meiner Lieblings-Berliner kaufe. Ich muß nur daran denken, mir dann später nicht selbst Vorwürfe zu machen.«

Sie bestellte sich ein Dutzend Berliner mit einer dicken Puderzuckerschicht, aß zwei davon im Laden und einen auf der Straße. Sie wußte, daß sie mehr aß als es eigentlich ihre Absicht gewesen war, versuchte jedoch, es hinzunehmen. Mit diesem Vorrat an Berlinern in der Tasche fühlte sie sich ausgesprochen gut. Zu Hause angekommen, nahm Barbara einen weiteren Berliner aus der Tüte, aß ihn zur Hälfte und legte die übriggebliebenen Berliner in den Gefrierschrank. Sie gehören ihr. Wann immer sie Mund- oder Magenhunger verspürt, kann sie sie sich nehmen.

Später am Abend erinnerte sie sich an die Episode und versuchte zu verstehen, was vorgefallen war. »Ich fühlte mich gut, als ich das Büro verließ, was ist also auf meinem Nachhauseweg passiert? Ich erinnere mich, wie ich registrierte, daß ein nettaussehendes Paar an mir vorbeiging. Ich kann kaum glauben, daß es dieses Pärchen war, das mich aus dem Gleichgewicht brachte, aber das ist das erste, was mir einfällt. Ich bin sicher, daß ich die beiden wahrgenommen habe. Ich glaube, daß ich dachte, sie sehen glücklich und verliebt aus. Vermutlich war ich neidisch und fühlte mich einsam. Es war kurz nachdem ich an ihnen vorbeigegangen war, als ich die Konditorei mit den Berlinern entdeckte. Wahrscheinlich wollte ich mich nicht mit Neid- und Einsamkeitsgefühlen auseinandersetzen. Ich werde darauf achten müssen, ob diese Gefühle häufiger bei mir das Verlangen nach Essen auslösen.«

Barbara durchbrach den Teufelskreis der Sucht. Sie aß, aber sie beschimpfte sich nicht, und später war sie dann in der Lage, dem, was sie beunruhigt hatte, auf den Grund zu gehen. So konnte sie im Umgang mit ihrem Mundhunger einen Sieg davontragen. Indem sie dreieinhalb Berliner aß, statt alle binnen weniger Stunden zu verschlingen, lernte sie in Zusammenhang mit ihren Eßgewohnheiten etwas über mögliche psychologisch auslösende Momente und vermied es so, einen Abend voller Selbsthaß und Selbstvorwürfen zu verbringen. Indem sie ihr Eßbedürfnis positiv und mitfühlend behandelt und sich bedarfsorientiert ernährt, wird Barbara den Punkt erreichen, an dem es ihr möglich ist, ein Liebespaar wahrzunehmen und Gefühle der Einsamkeit und des Neides zu erfahren, ohne sich Berlinern zuwenden zu müssen.

Wenige Tage später, als Barbara Auge in Auge mit ihren Berlinern vor ihrem Gefrierschrank stand, erkannte sie, daß sie nicht hungrig war, und dachte über die letzten Minuten vor ihrem Gang zur Gefrierschranktür nach. Sie hatte gerade ein Telefongespräch mit einer ihrer engsten Freundinnen beendet, die sie angerufen hatte, um ihr zu sagen: »Stell dir vor! Ich bin schwanger.« Barbara freute sich aufrichtig für ihre Freundin, die schon so lange sehnsüchtig darauf gewartet hatte, schwanger zu werden. Es gab jedoch keinen Zweifel, daß dieser Telefonanruf sie an die Gefrierschranktür gebracht hatte. Barbara schloß die Tür und analysierte ihre Gefühle. »Ich hätte sehr gerne ein Kind«, dachte sie. »Ich wünschte, ich wäre auf das Leben meiner Freundin nicht so neidisch.« Nachdem das heraus war, ging sie ins Wohnzimmer, weinte ein bißchen und schaltete den Fernseher an. Schon bald war sie in das Programm vertieft.

Barbara hat es schon sehr weit gebracht. Sie ist inzwischen in der Lage, ihr Verlangen, nach Essen zu greifen, als Signal zu nutzen, daß sie auf ihre Gefühle achten muß. Sie hat aufgehört, ihre Sorgen und Probleme in fette Gedanken zu übertragen und kommt folglich mit sich selbst und ihrem Leben besser zurecht. Sie hat möglicherweise viele Probleme zu lösen, indem sie diese jedoch korrekt etikettiert, ist sie besser in der Lage, wirksam daran zu arbeiten.

Kapitel 16
Wenn Sie versuchen, den Teufelskreis zu durchbrechen

Sobald Sie die Eigendynamik Ihres Eßzwanges und Ihres Besessenseins von Fett verstanden haben, haben Sie eine solide Grundlage für eine bedeutsame Veränderung. Wie immer gilt allerdings auch in diesem Fall, daß die Frage, ob Sie etwas in Ihrem Kopf verstanden haben, noch lange nicht gleichbedeutend damit ist, das Verstandene praktisch in Ihrem Leben umzusetzen. Diese Kluft zwischen Theorie und Praxis läßt sich am besten erläutern, indem wir die Fragen von Personen untersuchen, die sich bemühen, mit dieser Übertragung aufzuhören und anfangen, den Teufelskreis der Eßsucht zu durchbrechen.

Frage: Wenn es wahr ist, daß ich jahrelang gegessen habe, um damit Problemen, die mir angst machen, auszuweichen, wie kann ich wissen, daß ich damit fertigwerde, diesen nicht auszuweichen? Wie soll ich wissen, ob ich in der Lage bin, mich den Dingen, die mich zum Essen treiben, zu stellen? Wird die Angst mich nicht überwältigen?

Antwort: An früherer Stelle sagten wir, daß viele zwanghafte Esser Angst davor haben, Ihre Eßgewohnheiten und Ihre Selbstvorwürfe zu beenden, weil sie nicht wissen, was denn da anschließend auf sie zukommt. Diese Frage reflektiert exakt jene reale Angst.

Indem Sie einem Problem den Namen Fett geben, haben Sie noch absolut nichts an dem Problem selbst getan. Getan haben Sie nur eines, ihm einen falschen Namen gegeben. Nennen Sie Ihren Neid »Fett«, heißt das, daß Sie auch weiterhin mit Ihrem Neid ein Problem haben werden. Nennen Sie Ihre Traurigkeit »Fett«, werden Sie auch weiterhin ein Problem mit Ihrer Traurigkeit haben. Wenn

Sie demgegenüber jedoch Neid oder Traurigkeit erkennen, sich diese Gefühle eingestehen und zulassen, daß Sie diese in ihrer nichtübertragenen Form empfinden, haben Sie eine Chance, diese Emotionen zu untersuchen. Und darin liegt die Möglichkeit einer bedeutsamen Befreiung.

Selbst wenn Sie Ihre eigentlichen Probleme nicht beim Namen nennen, werden Sie dennoch weiter unter ihnen leiden. Es ist wichtig, daß Sie das verstehen. Die Qual der Selbstvorwürfe, des Jammerns, wenn Sie sich im Spiegel sehen, der unentwegten Unzufriedenheit darüber, wie Sie aussehen, ist allemal so schmerzhaft wie das eigentliche Problem, das Sie dem Essen zutreibt. Es ist die gleiche Qual, der gleiche Schmerz, nur mit einer anderen Fassade. Sie haben es bisher geschafft, damit fertigzuwerden, und Sie werden auch damit fertigwerden, wenn Sie die Ursachen kennen, entweder aus eigener Kraft oder mit Hilfe.

Ginny fühlte sich sehr gequält, als sie mit ihren üblichen Selbstvorwürfen aufhörte. Sie stand mitten in einer bitteren Scheidung und hatte entsetzliche Angst. Sie hatte zwanghaft gegessen, und als sie mit ihren diesbezüglichen Selbstvorwürfen aufhörte, trat an die Stelle des Ärgers, den sie gewohnheitsgemäß gegen sich selbst gerichtet hatte, eine tiefe Traurigkeit; wie sie mit dieser Traurigkeit umging, ist interessant — sie nahm sie mit ins Bett. Während sie in der Vergangenheit gegessen und ihre Traurigkeit als Schimpfkanonade erfahren hatte, fühlte sie nun ihre Traurigkeit und zog sich ins Bett zurück, wo sie solange blieb, bis ihr wieder etwas leichter ums Herz war.

»Mich in mein Bett zurückzuziehen, wenn ich mich von meiner Traurigkeit überwältigt fühle, erscheint mir sinnvoller, als zu essen und mich anschließend selbst anzuschreien«, erklärte Ginny. »Ich möchte nicht die Fassung verlieren und funktionsunfähig, absolut gelähmt sein, und mitunter muß ich zuerst essen und gehe dann ins Bett. Jedenfalls habe ich während dieser Zeit wirklich sehr viel darüber nachgedacht, warum ich so unglücklich bin. Ich ringe mit Dingen, die um so vieles komplizierter sind als mein Gewicht, auf das ich all meine Gedanken konzentrierte, bis ich mit den Selbstvorwürfen wegen meiner Esserei aufhörte. Letzte Nacht fiel mir ein, daß ich in dem Jahr nach dem Tod meines Vaters ganz enorm an Gewicht zugenommen hatte. Mir ist jetzt bewußt, daß ich mich diesem Verlust nie wirklich gestellt habe. Statt dessen hielt ich daran fest, daß ich ein Gewichtsproblem habe. Meine Scheidung wühlt die gleichen Verlustgefühle in mir auf. Es kann sein, daß ich irgendeine Form von Hilfe dafür brauche, aber dieses Mal beschäftige ich mich wenigstens mit dem wirklichen Verlust, nicht mit einem Gewichtsverlust.«

Sie werden niemals im voraus wissen können, was da auf Sie zukommt oder welche Erfahrungen Sie machen werden, wenn Sie mit der Falschetikettierung Ihrer Probleme aufhören. Wir glauben, daß Sie sich unendlich besser und erheblich weniger ängstlich oder nervös fühlen werden, sobald Sie begonnen haben, sich bedarfsorientiert zu ernähren und sich gut zu behandeln. Wir können allerdings nicht wissen, welches spezifische Problem Ihrem Eßdrang zugrundeliegt.

Alle zwanghaften Esser nähern sich Problemen nach dem gleichen Verfahrensprinzip. Sie glauben alle, daß sie sich selbst nicht beruhigen können, ohne sich aufs Essen zu stürzen. Die Probleme, um die es geht, sind jedoch so verschieden wie ihre Ängste darüber, was geschehen wird, wenn sie Essen nicht als Beruhigungsmittel benutzen.

Sollten Sie feststellen, daß die bedarfsorientierte Ernährung Ihre Ängste nicht mindert und Sie nicht ausreichend beruhigt, so daß Sie sich daranmachen könnten, über Ihre Probleme nachzudenken, dann benötigen Sie möglicherweise Hilfe von außen, Psychotherapie oder Beratung. Sollte sich herausstellen, daß dem so ist, heißt das, daß Sie, genau wie Ginny, Hilfe für das, was Sie belastet, und nicht für Ihr Gewicht, in Anspruch nehmen, und das ist ein großer Fortschritt.

Frage: Wenn ich in Situationen, in denen ich Mundhunger verspüre, nicht nach Nahrung greife, was sollte ich statt dessen tun? Mich ablenken? Ein Bad nehmen? Etwas Schönes für mich selbst tun?

Antwort: Zwanghafte Esser geraten häufig in die »Etwas-Fühlen/ Etwas-Tun-Falle«. Sie gehen davon aus, daß sie, wenn sie Angst haben und nicht essen und sich nicht als fett beschimpfen, statt dessen etwas anderes tun müssen.

Wir können Ihnen Ihre Situation, daß Sie mit den nun brachliegenden Gefühlen nichts anzufangen wissen, sehr gut nachempfinden. Es ist natürlich großartig, wenn Sie Ihre Gefühle ausdrücken und eine Möglichkeit finden können, um dem, was Sie beunruhigt, auf die Spur zu kommen. Aber diese Möglichkeit ist nicht immer gegeben, und wenn Sie sie nicht haben, ist es angebracht, das, was immer Sie stört oder belastet, einfach nur hinzunehmen und zuzulassen.

In unserer Kultur kursiert der Mythos, daß man etwas Schönes für sich tun soll, wenn es einem schlecht geht. Fühlen Sie sich einsam und depressiv, dann kaufen Sie sich einen Hut oder nehmen ein Schaumbad. Und Sie werden sich wie ein neuer Mensch fühlen. Die Realität sieht jedoch so aus, daß wir keineswegs immer Lust haben, uns zu verhätscheln, wenn wir irgendwie aus der Bahn geworfen werden. Mitunter ist es unserer Stimmung förderlich, etwas Angenehmes zu tun, es ist jedoch nicht immer möglich, negative Gefühle auf diese Art und Weise zu handhaben.

Sie fragen sich vielleicht, was ein nichtzwanghafter Esser tut, statt sich, wenn er Angst hat, dem Essen zuzuwenden. Das hängt völlig davon ab, wer dieser nichtzwanghafte Esser ist. Viele Menschen weichen ihren Gefühlen auf andere Art und Weise als mit Essen aus — sie trinken, entwickeln somatische Symptome oder gehen anderen zwanghaften Aktivitäten nach. Viele nichtzwanghafte Menschen haben jedoch ein vielfältigeres Repertoire. Sie nennen ihre Gefühle beim Namen; sie lassen diese zu; sie denken darüber nach; sie entschließen sich, diesbezüglich zu handeln; sie entschließen sich, diesbezüglich nicht zu handeln; sie akzeptieren schlicht das, was sie empfinden, bis es vorbei ist, oder sie vergessen häufig das, woran sie gerade gedacht oder was sie empfunden haben.

Im Idealfall werden Sie irgendwann in der Lage sein, im Mundhunger ein Signal zu erkennen, daß etwas nicht in Ordnung ist. Wenn Sie mögen, können Sie vielleicht herausfinden, was dieses Etwas ist, und dieses Herausfinden kann auch schon alles sein, was erforderlich ist.

Claire ist ein ausgezeichnetes Beispiel für jemanden, der gelernt hat, das Mundhungersignal als rote Warnlampe zu benutzen. »Ich ging in den Supermarkt, um meinen Wocheneinkauf zu erledigen«, erzählte Claire. »Als ich auf die Kasse zusteuerte, drängte sich eine Frau mit einem bis oben hin vollgeladenen Wagen vor mich.

Ich war wütend, sagte aber nichts. Ich stand da mit meinem Gefühl, daß sie sich einfach vorgedrängt hatte, und sah zu, wie die Kassiererin anfing, ihren Warenberg abzufertigen. Nach einer Minute oder so griff ich in meinen Wagen und nahm mir eine Tüte Kartoffelchips heraus. Während ich das tat, fragte ich mich: ›Warum esse ich? Ich bin kein bißchen hungrig.‹ Ich habe den Punkt erreicht, an dem ich das Essen, wenn ich nicht hungrig bin, als meine Ausdrucksweise begreife, um zu sagen, daß ich beunruhigt oder verärgert bin. Ich verfolgte das Ganze zurück und stellte fest, daß sich hinter meiner offensichtlichen Wut über diese Frau und meiner Frustration darüber, daß ich nichts zu ihrem Vordrängen gesagt hatte, auch ein wenig Neid meinerseits über ihre Fähigkeit verbarg, so zu handeln. Ich aß ein paar Chips, je mehr ich jedoch darüber nachdachte, desto weniger Interesse fand ich an meiner Esserei.«

Nicht alle zwanghaften Esser sollten davon ausgehen, Claires Lösungsgespür zu haben, sobald sie herausfinden konnten, was hinter ihrer Angst steckt. Aber selbst ohne diese Lösung brauchen Sie die Selbstvorwürfe nicht. Was immer Sie belastet, können Sie beiseite schieben.

»Gestern abend überkam mich der Drang, etwas zu essen, obwohl ich keinen Hunger hatte«, erzählte Bert. »Ich registrierte das und versuchte herauszufinden, was mich störte. Ich hatte mir einen Fernsehfilm angesehen, der davon handelte, wie ein Mann mit der Situation fertig wurde, daß er seinen Arbeitsplatz durch Trinken verloren hatte. Ausgelöst dadurch mußte ich daran denken, wie ich selbst vor vielen Jahren einen Job verloren hatte. Das war es jedoch scheinbar nicht, was mir angst machte. Plötzlich tauchte wieder eine Szene aus dem Film vor mir auf, die sich zwischen jenem Mann und seinem Vater abgespielt hatte, und dann fühlte ich den Stich. Es ist fast beschämend, daß ich auf einen B-Film so verwundbar reagiere, aber irgendwie traf er wirklich den Nerv.

Mein letzter Besuch bei meiner Familie verlief unangenehm. Ich hatte das Gefühl, als ob mein Vater mich über mein Leben ins Verhör nahm, und ich wurde schließlich wütend. Als ich an jenes Wochenende dachte, merkte ich, daß ich mich neuerlich aufregte. Also stoppte ich mich und beschloß, ein andermal weiter darüber nachzudenken. Bis dahin wußte ich nicht, daß es mir möglich war, einfach den Entschluß zu fassen, an etwas nicht zu denken. Es ist eine großartige Entdeckung. Ich habe noch etwas ferngesehen, in einer Zeitschrift geblättert, im Grunde habe ich meine Probleme jedoch einfach nur ausgeklammert. Dieses Ausklammern mag zwar mein Problem nicht lösen, bis ich jedoch soweit bin, daß ich zu einer Lösung in der Lage bin, ist es sicher allemal besser als essen.«

Ausklammern, Verdrängen ist eine Methode, Dinge in eine Warteschlange einzureihen. Als Lebensmodus heißen wir diese Methode weder gut noch verurteilen wir sie, sie ist schlicht eine Möglichkeit, die den meisten zwanghaften Essern jedoch nicht bewußt ist. Es ist eine Möglichkeit von vielen, wie man, jenseits von Essen, mit Gedanken und Gefühlen umgehen kann.

Frage: Ich wußte oft, welche Gefühle in mir abliefen, aber ich habe trotzdem gegessen. Wenn ich doch weiß, was meine Angst oder Unruhe auslöst, sollte mich das nicht davon abhalten, zu essen?

Antwort: Es ist nicht ungewöhnlich, daß Sie sehr wohl wissen, was Ihr Problem ist und trotzdem weiteressen. Vergessen Sie nicht, mit Einsicht alleine läßt sich Eßsucht nicht überwinden. Sie müssen Erfahrungen mit der bedarfsorientierten Ernährung sammeln, und dabei handelt es sich um einen Prozeß, der erst über einen längeren Zeitraum hinweg Erfolge zeigt. Nur ganz allmählich wird diese Art der Fürsorge, die Sie sich selbst zuteil werden lassen, Ihren Mundhunger eliminieren. Folglich wissen Sie vielleicht, was Sie belastet, trauen sich aber nicht zu, tatsächlich mit Ihrem Problem umzugehen, oder es ist Ihnen nicht möglich, dieses beiseite zu schieben, so daß es sehr gut sein kann, daß Sie sich hilfesuchend an Ihrem Kühlschrank wiederfinden.

Gehen Sie positiv und mitfühlend damit um, und Sie werden den Magenhunger bald wiederfinden. Ihr Wissen um die Tatsache, was Sie belastet, ist ein Plus. Das nächste Mal werden Sie in der gleichen Situation vielleicht besser zurechtkommen und nicht im Essen Zuflucht suchen müssen.

Becka erzählte: »Unlängst hatte ich morgens mit meinem Mann eine furchtbare Auseinandersetzung und, wie vorauszusehen, verbrachte ich den Rest des Tages damit, mich immer wieder ins Essen zu flüchten. Ich weiß wohl, daß es in allen langjährigen Beziehungen Probleme gibt, die nie ganz ausdiskutiert und gelöst werden und so von Zeit zu Zeit immer wieder auftauchen, aber auf einer tiefer liegenden Ebene habe ich nach wie vor Angst, wenn es zwischen uns zu Auseinandersetzungen kommt. So war der Grund für meine Esserei mir nicht eine Minute lang ein Geheimnis.

Ehe ich anfing, mich bedarfsorientiert zu ernähren, hätte ich versucht, mich zu stoppen. Wenn man doch schließlich weiß, was das Problem ist, warum also essen? Hätte ich mir dann gesagt, ich *sollte nicht* essen, wäre ich erst recht schnurstracks auf den Kühlschrank zugesteuert. Inzwischen habe ich verstanden, daß die Frage, ob ich aufgrund von Mundhunger esse oder nicht, nicht das eigentliche große Problem ist. Entscheidend ist, daß ich mir während einer Krise wohlgesinnt bleibe. Ich hoffe, ich komme an den Punkt, ab dem ich mich nicht mehr ins Essen flüchten muß, wenn ich Angst habe. Das Wissen um die Ursachen, die meinen Mundhunger auslösen, ist Teil des Prozesses, dieses Ziel zu erreichen, aber nur Teil. Sie können dieses Wissen *haben*, wenn Sie aber nicht in der Lage sind, sich zu beruhigen, werden Sie Ihre Hand nach wie vor nach Nahrung ausstrecken. Tut man es, ist das Wichtigste, sich deswegen nicht mit Vorwürfen zu überhäufen.«

Frage: Wenn ich aufhöre, zwanghaft zu essen, werde ich dann nicht irgendein Ersatzsymptom entwickeln? Wenn meine Probleme nicht alle gelöst werden, was wird dann mit meiner Angst, welchen Ausweg wird sie sich suchen?

Antwort: Dies ist eine logische Frage. Es wird allgemein davon ausgegangen, daß, wenn man mit einer zwanghaften Verhaltensweise aufhört, diese dann durch eine andere ersetzt wird, etwa Rauchen statt Essen, Spielen statt Trinken, Nägelkauen statt Haarspielereien.

Wenn Sie eine zwanghafte Verhaltensweise nicht *lösen, überwinden*, das heißt, wie dies oft der Fall ist, lediglich versuchen, sich davon mit reiner Willenskraft zu befreien, sprich durch Verzichtsauflagen, werden Sie am Ende wahrscheinlich feststellen, daß Sie diese lediglich gegen eine andere eingetauscht haben. Beenden Sie ein zwanghaftes Verhaltensmuster dagegen, indem Sie gut mit sich selbst umgehen, werden Sie nicht zu einer Ersatzbefriedigung greifen.

Immer wieder haben wir in diesem Buch auf die tiefgreifenden Folgen hingewiesen, die sich ergeben, wenn Sie Ihr eigener bedarfsorientierter Ernährer werden, wie Sie sich mit jeder Erfahrung, sich aufgrund von Magenhunger zu ernähren, verändern, und auf welche Art und Weise diese Erfahrungen aufeinander aufbauen. Obwohl der Umstand, daß Sie gelernt haben, sich bedarfsorientiert zu ernähren und ein Mitgefühl für Ihr Ich zu entwickeln, nicht alle Ihre Probleme lösen — oder Ihre Ängste beseitigen — wird, so wird diese Form der Behandlung Ihnen doch die erforderliche Selbstsicherheit verschaffen, daß da ein auf Ihre Bedürfnisse abgestimmter Versorger und Pfleger am Werk ist. Der selbstberuhigende Effekt, der sich durch diese gewonnene Gewißheit einstellt, und nicht dann, wenn Sie sich einer Gewohnheit per »Fußtritt« entledigen, trägt zu Ihrem Gefühl der Sicherheit bei, wodurch sich ein Überwechseln zu anderen zwanghaften Verhaltensweisen erübrigt. Es ist ein großer Unterschied, ob ich mir selbst etwas gebe oder ob ich mir etwas wegnehme.

Frage: Es sind zwei Dinge, die mich den ganzen Tag über beschäftigen und so meine Tage ausfüllen — mein zwanghaftes Essen und meine Selbstvorwürfe. Sie haben mir eine Menge guter Ratschläge gegeben, was ich tun kann, wenn ich das Bedürfnis verspüre, aufgrund von Mundhunger zu essen, und Sie haben mir an dessen Stelle den Magenhunger gegeben. Aber was kann ich ersatzweise tun, wenn ich das Bedürfnis verspüre, mir selbst Vorwürfe zu machen? Ich kann mir nicht vorstellen, keine verächtlichen Grimassen zu schneiden, wenn ich mich im Spiegel sehe. Was können Sie mir als Ersatz für meine Selbstvorwürfe anbieten?

Antwort: Diese Frage machte uns zu schaffen, so daß wir uns entschlossen, sie an eine Gruppe weiterzugeben, die seit geraumer Zeit an ihrem Eßsuchtproblem arbeitete, und zu sehen, was diese darauf antworten würde. Eine Frau lachte und sagte: »Sagen Sie denen, die das fragen, daß da nichts als nackte Angst bleibt, wenn sie die Selbstverachtung aufgeben!« Zeit ihres Lebens hatte sich diese Frau als fett tituliert, und sie wußte, wie schwierig es anfangs war, bedarfsorientiert zu essen und die Selbstschmähungen aufzugeben. Sie erlebte ein hohes Ausmaß an Angst, als es ihr zunehmend gelang, sich abgestimmt auf ihre Bedürfnisse zu ernähren, weil sie Dinge an sich selbst entdeckte, die ihr Unbehagen bereiteten. Sie war mit sehr strengen Wertmaßstäben, was unter einem »netten« Menschen zu verstehen sei, großgeworden, und viele der Gefühle, die sie mit Essen überspielt hatte, paßten nicht in diese Kategorie. Als sie sich diese Gefühle eingestand, hatte sie Angst und war nicht mehr nur fett.

Jemand anders meinte: »Sie tauschen Ihre Selbstvorwürfe gegen nichts anderes als die Realität ein.« Es ist in der Tat die Realität mit all ihren vielfältigen und vielschichtigen Problemen, die an die Oberfläche kommt, sobald Sie Ihre fetten Gedanken aufgeben. Diese Realität ist komplexer und gegenüber magischen Lösungen weniger anfällig als Fettsein, und nicht wenige Menschen klagen, daß diese Realität sich ihnen als Enttäuschung offenbart. Sie vermissen die intensiven Gefühle, die die Illusion des ›Schlank binnen dreißig Tagen‹ begleiten. Ohne den Rahmen massiver Selbstvorwürfe und hochschweifender Sehnsüchte fühlen viele sich allerdings auch erheblich entspannter.

»Ich habe das Gefühl, daß da in meinem Kopf ein neuer, freundlicher und fürsorgender Mensch wohnt«, sagte eine Frau. »Es ist, als ob eine Mutter mich adoptiert hätte, die alles ganz anders macht als die alte. Sie ist nicht tadelsüchtig, aber auch nicht übertrieben nachsichtig. Sie schimpft nicht, wenn ich in Situationen esse, in denen ich nicht wirklich hungrig bin. Sie stellt sicher, daß die Dinge, die ich gerne mag, stets reichlich vorhanden sind, und sie hilft mir, die Kleidung auszusuchen, in der ich mich wohl fühle.«

»Ich weiß, was Sie meinen«, sagte jemand anders. »Sie verwöhnt und verhätschelt dich nicht, ist aber auch kein Hausdrachen. Wenn ich aufgrund von Mundhunger esse und nicht dahinter komme, was da in mir vorgeht, sorgt diese innere Stimme dafür, daß ich mich am nächsten Tag darum kümmere. Und wenn ich auf den Magenhunger warten kann, sagt diese gleiche Stimme etwas Nettes zu mir und drängt mich, so oft wie nur möglich aufgrund von Magenhunger zu essen. Im Grunde läßt mich diese neue Stimme in meinem Kopf alles denken oder fühlen — solange ich die Dinge nur beim richtigen Namen nenne.«

Das hört sich ganz so an, als ob wir da einen guten Weggefährten gefunden hätten.

Kapitel 17
Dick, dünn und dazwischen

Die meisten von Ihnen haben seit vielen Jahren eine schmerzliche, quälende Beziehung zu Ihrem eigenen Körper. Wir hoffen, daß wir Sie mit dem bisher Gesagten davon überzeugen konnten, daß Ihre Negativgefühle über Ihren Körper das Ergebnis eines gesellschaftlich bedingten Schlankheitskults sind, und wenn sie überhaupt zu irgend etwas gut sind, dann nur dazu, Sie von Ihren wirklichen Problemen abzulenken. Wir erwarten jedoch nicht, daß diese neugewonnene Überzeugung eine spontane Kehrtwende Ihrer negativen Gefühle hinsichtlich Ihres Körpers, die Sie zeit Ihres Lebens aufgebaut und mit sich herumgetragen haben, bewirkt. Ungeachtet aller neuen Einsichten, sieht die Wirklichkeit vermutlich so aus, daß es Ihnen nach wie vor ein Anliegen ist, Gewicht zu verlieren.

Wir verstehen, wie schwer es jemandem fällt, der ein Leben lang diät gehalten hat, jenen Teil seines Ich aufzugeben, der stets mit der »Gewichtskontrolle« beschäftigt war. Wir verstehen, daß die meisten von Ihnen dieses Buch wohl deshalb lesen, weil Sie Ihren Körperumfang, Ihre Figur gerne drastisch verändern möchten, und diesen Wunsch können wir Ihnen sehr gut nachempfinden. Wir hoffen jedoch auf Ihr Verständnis und Ihre Einsicht, wenn wir denken, daß es für Sie unmöglich ist, an der Veränderung Ihres Gewichtes direkt zu arbeiten. Statt dessen müssen Sie Ihren Körper, Ihre Figur mit einer von Mitgefühl getragenen Einstellung annehmen, während Sie sich darauf konzentrieren, Ihre Eßsucht zu überwinden.

Das ist natürlich leichter gesagt als getan. Hierzu müssen Sie nicht nur gegen Ihre eigenen Vorurteile ankämpfen, sondern auch fortwährend einer Welt die Stirn bieten, die darauf beharrt, daß Ihr Wohlbefinden von Ihrer Gewichtsabnahme abhängt, deren einziges Hindernis in einem schwachen Charakter zu sehen ist. Sie müssen Standhaftigkeit in Ihrem Glauben beweisen, daß Diät- und Schlankheitskuren nicht funktionieren, und daß sich die meisten Krankheiten nicht mit einer Gewichtsabnahme kurieren lassen.

Das Durchbrechen der Eßsucht wird bei den meisten von Ihnen mit einer Gewichtsabnahme einhergehen — Sie werden zu Ihrem natürlichen, niedrigeren Gewicht zurückkehren. In diesem Kapitel werden wir beschreiben, was mit Ihrem Gewicht passiert, sobald Sie besser in der Lage sind, sich bedarfsorientiert zu ernähren.

Die Realität des Gewichtsverlustes

Wenn zwanghafte Esser über Gewichtsverlust sprechen, sagen sie Dinge, die sich etwa wie folgt anhören:

»Ich möchte mich wirklich von meinem Besessensein von Essen und Gewicht befreien, ich weiß aber, wenn ich nur ein bißchen abnehmen könnte, würde ich mich gesünder fühlen, ich könnte mich besser bewegen und wäre körperlich nicht so erschlagen.«

Oder:

»Es war schon immer so, daß ich mich wesentlich besser fühlte, wenn ich dünner war. Abgesehen davon, wird jeder Arzt Ihnen erzählen, wie wichtig es aus gesundheitlichen Gründen ist, Gewicht zu verlieren. Wäre ich nicht in einer wesentlich besseren Ausgangsposition, wenn ich noch schnell ein wenig abnehmen und anschließend Ihren Ansatz ausprobieren würde?«

Denken Sie an das letzte Mal, als Sie schnell Gewicht abgenommen haben. Wie schnell hatten Sie es wieder zugenommen und wieviel hatten Sie zugenommen? Statistischen Erhebungen zufolge ist die Gewichtszunahme nach einer Diät- oder Hungerkur höher als die bei dieser Kur erzielte Gewichtsabnahme. Es ist keine Frage, daß der Jo-Jo-Effekt von Diätkuren gefährlich für Ihre psychische und physische Gesundheit ist. So sagte Dr. George Blackburn, Fettsuchtspezialist an der Harvard Medical School, in einem Bericht der *New York Times* vom 24. März 1987: »Mindestens die Hälfte aller Fettleibigen, die versuchen, per Diäthalten auf das aus Tabellen entnommene Idealgewicht herunterzukommen, leiden aus medizinischer Sicht als Ergebnis davon physisch und psychisch

Schaden, und es würde ihnen mit ihrem Fettsein besser gehen.« In dem gleichen Artikel schrieb Jane Brody, daß neue Untersuchungen darauf hinweisen, daß relativ kleine Gewichtsabnahmen — 10 Prozent des Körpergewichts — durchaus eine Neigung zu Diabetes oder Bluthochdruck korrigieren können, daß sich jedoch darüber hinausgehende Thesen, die gemeinhin zugunsten des Dünnseins oder gegen das Fettsein aufgestellt werden, niemals bestätigten.

Wir sagten, daß wir Ihnen Ihren Wunsch, Gewicht zu verlieren, sehr gut nachempfinden können, und das können wir wirklich. Denn die Wahrheit sieht nun einmal so aus, daß es dünnen Menschen leichter fällt, sich anzuziehen, Kleidung zu finden, die gut paßt und attraktiv aussieht, und auch im gesellschaftlichen Rahmen haben sie einen leichteren Stand. Diese Fakten sind unstrittig. Wir wissen jedoch auch, daß Ihr Wunsch, dünner zu sein, und all Ihre Entschlossenheit und all Ihre mühsamen diesbezüglichen Anstrengungen letztlich nicht dazu geführt haben, daß Sie dünner wurden. Wir sehen für Sie die einzige Chance, Ihre Figur bleibend zu verändern, darin, daß Sie sich als erstes jenen kulturellen Wertmaßstäben, denen zufolge nur ein genormter Körpertyp akzeptabel ist, entgegenstellen und sich daranmachen, an Ihrer Eßsucht zu arbeiten, die schließlich Ihr eigentliches Problem ist.

Der Umgang mit Ärzten: Wir wissen, wie schwer es fällt, sich einzugestehen, daß Diätkuren nicht funktionieren. Wir wissen, wie häufig Diätanhänger das Gefühl haben, daß sie es waren, und nicht die Hungerkuren, die versagt haben. Leider wird dieses Gefühl des Versagens normalerweise noch verstärkt, wenn Sie einen Arzt konsultieren. Die Ärzteschaft, die sich gemeinhin der Förderung des Dünnseins verpflichtet fühlt, vergißt nur allzu häufig, daß niemand mehr als Sie — die Person, deren Gewicht oberhalb der kulturellen Norm liegt — wünscht, abzunehmen. Die Ärzte sprechen mit Ihnen, als ob Ihnen das Problem nicht bewußt sei, als ob Sie nicht bereits zeit Ihres Lebens Ihre Energie auf Gedanken und Strategien, die auf Gewichtsabnahmen abzielten, konzentriert hätten. Da Ärzte von zwanghaften Essern mit dieser Art der Voreingenommenheit assoziiert werden, vermeiden viele auch dann den Arztbesuch, wenn er eigentlich vonnöten wäre. Selbst wenn sie einen Arzt lediglich wegen einer gewöhnlichen Erkältungskrankheit aufsuchen, fürchten sie die Situation, daß dieser Bemerkungen über ihr Gewicht fallenlassen wird. Wir haben ein paar Vorschläge, die Ihnen im Umgang mit solchen Situationen helfen können.

Ehe Sie die Arztpraxis aufsuchen, halten Sie sich vor Augen, daß Sie nun von anderen Grundvoraussetzungen ausgehen, die auf neuen Strategien aufbauen. Der Arzt wird möglicherweise, genau wie Ihre Mitmenschen, den gemeinhin kulturell akzeptierten Standpunkt über Dicksein und Gewichtsverlust vertreten. Er hat seine Sichtweise, Sie die Ihrige. Sollten Sie die direkte Konfrontation fürchten, wäre es vielleicht angebracht, das Problem gleich zu Beginn des Gesprächs Ihrerseits anzusprechen und Ihre entsprechenden Bedenken zu äußern. Eine Frau, die wir kennen, sagte ihrem Arzt, daß sie aus Horror vor der üblichen Kritik über ihr Gewicht viele Jahre auf ihren Besuch verzichtet habe. Sie sagte ihm, daß sie, wie auch sonst jeder, liebend gerne abnehmen möchte, daß ihr das aber solange nicht gelingen werde, wie sie sich aus Angst heraus in Essen flüchten.

Sollte Ihnen ein derart direkter Ansatz nicht so sehr behagen, können Sie auch warten, bis der Arzt das Thema zur Sprache bringt und dann sagen: »Ich bin dabei, mich so gut es geht um Gewichtsverlust zu bemühen. Sie wissen sicherlich auch, daß man das meiste Gewicht, das man abnimmt, für gewöhnlich wieder zunimmt, und ich habe in meinem Leben schon zuviel Zeit mit diesem Rauf und Runter zugebracht. Ich hoffe nun, langsam aber dauerhaft abzunehmen, indem ich versuche, mit einer anderen Einstellung zum Essen zu leben. In der Zwischenzeit versuche ich, so wie ich bin mein Leben so gut es geht zu genießen.«

In Zusammenhang mit einem Arztbesuch stellt sich natürlich die große Frage, wie Sie mit dem obligatorischen Wiegen, ein Routinevorgang, der zu den meisten Untersuchungen gehört, umgehen. Wir haben mehrere Vorschläge. Sie können erklären, daß das Wissen um Ihr exaktes Gewicht Ihrem essensbezogenen Ansatz hinderlich ist und bitten, daß man auf das Wiegen verzichtet. Oder Sie lassen sich wiegen, bitten jedoch darum, daß man Ihnen das Ergebnis nicht mitteilt. Wichtig ist nur, daß Sie daran denken, daß die Waage in Ihrem Leben keinen Platz mehr hat.

Wenn das Gewicht in Bewegung gerät

Sie können erst dann erwarten, daß sich ein Gewichtsverlust einstellt, wenn Sie sich fast ausschließlich bedarfsorientiert ernähren — dann essen, wenn Sie hungrig sind, *exakt* das essen, was Ihr Körper benötigt, und dann *präzise mit dem Essen aufhören, wenn Sie sich satt fühlen.* Je genauer Sie auf die Nahrungsbedürfnisse Ihres Körpers eingehen, desto näher werden Sie an Ihr natürliches Gewicht herankommen.

Aber selbst wenn Sie in der Lage sind, bedarfsorientiert zu essen, ist es schwierig, präzise vorherzusagen, welche Fortschritte Sie hinsichtlich eines Gewichtsverlustes machen werden, wie der Verlauf sein wird und wie Sie darauf reagieren werden.

Einpendeln: Bei den meisten Personen, die bedarfsorientiert essen, haben wir im Laufe der Jahre festgestellt, daß sie zunächst einiges an Gewicht verlieren, dann eine Zeitlang stagnieren, ehe sie nochmals etwas abnehmen. Das heißt mitunter, daß Sie mehrere Pfund abnehmen und wieder ein paar zunehmen. Diese Form des Stagnierens oder Einpendelns ist natürlich. Radikale Veränderungen jeglicher Art können vom Körper nur schwer verarbeitet und bewältigt werden. Erfolgt eine Veränderung zu rapide, haben Sie keine Chance, auf jeder Stufe wirklich zu sich selbst zu finden.

Personen, deren Gewichtsabnahme höchst erfolgreich diesen allmählichen Verlauf nimmt, sind ganz überrascht, wenn andere ihnen sagen, wie viel dünner sie geworden sind. Sie wissen zwar, daß sie sich verändert haben, da sie sich jedoch in jeder Phase im Spiegel gesehen und sich akzeptiert haben, sehen sie selbst nicht, wie radikal sich ihr Aussehen verändert hat.

Sich selbst motivieren: Diese langsame Geschwindigkeit kann für chronische Diätanhänger, die an das »Hoch« gewöhnt sind, das normalerweise auf eine Gewichtsabnahme folgt, frustrierend sein. Personen, die in der Vergangenheit ihr Gewicht peinlich genau beobachteten, vergessen allzu leicht, daß sie dabei sind, ihr Eßverhalten zu beobachten und ihr Gewicht zu akzeptieren, wie immer dieses auch sein mag.

Jennifer ißt immer häufiger aufgrund von Magenhunger. Von

ihrem neuen Eßmodus ist sie absolut begeistert und faßt den Entschluß, aus Jux und Tollerei auf die Waage zu steigen, um einmal zu sehen, ob sich bei Ihrem Gewicht irgend etwas getan hat. Als sie auf die Zahlen schaut und sieht, daß sie fünf Pfund abgenommen hat, denkt sie: »Toll, wenn ich so weitermache, werde ich im nächsten Monat in meine Sommerkleider vom letzten Jahr passen.« Wen wundert's, in den nächsten paar Tagen nimmt sie es mit ihrem Essen nicht so genau, und am Ende der Woche hat sie die fünf Pfund wieder zugenommen. Sie ist überrascht und niedergeschlagen. Was war geschehen?

Eine ganze Reihe von Dingen liefen in dem Moment ab, als Jennifer die Zahlen auf der Waage sah. Zum einen wurde ihre Moral auf eine sehr subtile Art und Weise durch ihre Begeisterung über ihren Gewichtsverlust untergraben. Mit ihrer Begeisterung und den sich anschließenden Überlegungen über eine zusätzliche Gewichtsabnahme sagte sie in Wahrheit, daß ihr Körper mit seinem derzeitigen Aussehen nicht okay war und daß sie, ehe sie diese fünf Pfund verloren hatte, noch inakzeptabler gewesen war. Als Jennifer lernte, sich bedarfsorientiert zu ernähren, lernte sie auch, auf eine sich selbst annehmende Weise zu leben. Als sie auf die Waage stieg und ihren Gewichtsverlust bejubelte, kehrte sie augenblicklich zu ihrem alten, verurteilenden Selbst zurück, welches fett als schlecht und dünn als gut proklamierte. Sobald Jennifer sich gesagt hatte, daß sie mit fünf Pfund weniger »besser« war, rebellierte sie auch schon gegen die selbstauferlegte Inakzeptanz und begann zu essen, bis sie das Gewicht wieder zugenommen hatte.

Zum zweiten, als Jennifer mit ihren Kalkulationen anfing, wieviel sie bis zum Sommer abgenommen haben könnte, griff sie damit ihren eigenen Erfahrungen vor. Wir haben über den kumulativen Effekt der bedarfsorientierten Ernährung gesprochen, wonach die einzelnen Eßerfahrungen jeweils aufeinander aufbauen. Aufgrund einer kontinuierlichen, auf ihre eigenen Bedürfnisse abgestimmten, bedarfsorientierten Ernährung verfügte Jennifer über ausreichend Erfahrungen, ihre Gewichtsveränderung erkennen zu können. Stellt sie sich selbst jedoch dünner vor, greift sie damit gedanklich auch vielen Eßerfahrungen vor.

Denken Sie jedesmal, wenn Sie bedarfsorientiert essen, daran, daß Sie auf eine subtile Art und Weise dabei sind, sich in eine selbstbewußtere Person zu verwandeln, die sich Gefühlen und Erfahrungen stellen kann, ohne Zuflucht im Essen zu suchen. Personen, die sich mit ihren Gefühlen nicht zum Essen flüchten, nehmen normalerweise ab. Ein niedrigeres Gewicht werden Sie jedoch solange nicht halten können, wie Sie nicht in der Lage sind, mit Ihrem Innenleben ohne Essen fertigzuwerden.

Jennifer hatte unverkennbar den Punkt noch nicht erreicht, über sich selbst in einer dünneren Zukunft nachdenken zu können. Sie wird sich ihren Weg bis zu diesem Punkt des Dünnseins noch durchessen müssen. Indem sie sich selbst noch dünner vorstellte, entfernte sie sich zu weit von vertrautem Terrain. Ihre Erfahrung war ähnlich der, die kleine Kinder machen, die sich zu weit von ihren Müttern entfernen. Recht unabhängig krabbeln sie weg, werfen einen Kontrollblick zurück, um sich zu vergewissern, daß ihre Mütter noch da sind. Gelegentlich verliert ein Kind die Mutter dabei aus den Augen und bekommt Angst oder erschreckt sich. Hat es seine Mutter dann wiedergefunden, wird es sich solange an sie klammern und in deren Nähe bleiben, bis es sich der Gegenwart der Mutter wiederum sicher genug ist, um einen neuerlichen Trennungsversuch zu unternehmen.

Jennifer sah, daß sie abgenommen hatte und griff ihrer tatsächlichen Situation um einige Pfunde voraus. In der Folge mußte sie sich wieder rückwärts bewegen, hin zu einem behaglicheren Niveau.

Wir können die Versuchung, auf einen Gewichtsverlust begeistert zu reagieren und entsprechende Spekulationen auf die Zukunft zu projizieren, wohl verstehen. Zwischen der Frage, ob Sie sich über Erfolge und Errungenschaften freuen oder ob Sie diese beurteilen, besteht jedoch ein realer Unterschied. Es ist großartig, daß Ihr Körper auf Ihr nichtzwanghaftes Essen reagiert. Es ist faszinierend zu sehen, daß Sie ohne Diätkur und Selbsthaß Gewicht verlieren können. Sie müssen sich jedoch selbst vor jener Art der Begeisterung schützen, die einer mangelnden Selbstannahme, wie Sie jetzt sind oder wie Sie zu Ihren dicksten Zeiten waren, entspringt.

An sich selbst festhalten: Wir haben bereits erwähnt, daß einige von Ihnen mitunter feststellen werden, daß sich zwar Ihr Eßverhalten, nicht jedoch Ihr Körperumfang radikal verändert hat. Diejenigen von Ihnen, die davon ausgehen, daß ihr natürliches Gewicht noch niedriger sein könnte, daß der nicht eingetretene Gewichtsverlust nicht das Ergebnis stoffwechselbedingter oder genetischer Faktoren ist, benötigen vielleicht einfach mehr Zeit und Praxis mit der bedarfsorientierten Ernährung. Möglich ist auch, daß Sie trotz der Veränderungen in Ihrem Eßverhalten nach wie vor Essen häufig genug als Trostpflaster und Beruhigungsmittel benutzen, so daß eine Gewichtsabnahme verhindert wird. In dem Maße, wie Sie Fortschritte beim Überwinden Ihrer Eßsucht machen, können Sie erwarten, daß sich Ihr Gewicht verändert.

Andere mögen zwar selten aufgrund von Mundhunger essen, aber immer noch häufig genug, um so den Status quo zu erhalten, anstatt daß sich eine Gewichtsabnahme einstellen könnte. Vielleicht essen Sie nur ein wenig über Ihren eigentlichen Sättigungsgrad hinaus oder nehmen es auch nicht immer ganz genau mit der Frage, wann und was Sie essen. Ein Gewichtsverlust stellt sich dann ein, wenn Sie exakt die Diktate Ihres Körpers, wann, was und wieviel Sie essen sollen, befolgen.

Wenn Ihnen diese Art von Genauigkeit widerstrebt, sollten Sie sich möglicherweise selbst ein paar Fragen stellen. Essen Sie über Ihren Sättigungsgrad hinaus, weil Sie noch kein Gespür entwickelt haben, was dieser Sättigungsgrad ist? Ist Essen für Sie noch immer in der Form »belastet«, daß es Ihnen schwerfällt, etwas davon auf Ihrem Teller zurückzulassen? Oder ist es möglich, daß Ihre Nichtbereitschaft, mit Ihrem Essen derart präzise umzugehen, ein Ergebnis Ihrer ablehnenden Haltung ist, Veränderungen Ihres Eßverhaltens in Ihrem Körperumfang reflektiert zu sehen?

Wir sind immer wieder überrascht, wie Menschen auf Veränderungen ihres Körperumfangs reagieren. Diese Menschen kommen zu uns, weil sie gerne abnehmen möchten, und wenn sie hören, was wir zu sagen haben, bekommen sie Interesse an der Frage ihrer Eßsucht. Sie nehmen das Problem in Angriff, und indem sie das tun, können sie sich selbst besser akzeptieren und tiefere Einsichten über die Probleme, mit denen sie in ihrem Leben kämpfen, gewinnen. Einige scheinen jedoch an ihrem Gewicht festzuhalten. Geht man den Ursachen auf den Grund, entdeckt man, daß sie vielfach wesentlich abgeneigter sind, sich von ihrem Gewicht zu trennen, als man meinen sollte.

Sie haben vielleicht schon davon gehört, daß bei manchen Menschen unbewußt ein Bedürfnis vorliegt, dick zu sein, oder umgekehrt ausgedrückt, daß manche Menschen Angst vor dem Dünnsein haben. Das heißt, daß Dicksein oder Dünnsein, jenseits ihres Bewußtseins, für sie eine bestimmte Bedeutung hat. Susie Orbach und andere haben ausführlich über die vielschichtigen Bedeutungen, die die Körpergröße vor allem für Frauen hat, geschrieben. Es scheint, daß wir der Größe unseres Körpers, genau wie dem Essen, magische Kräfte zuschreiben. So sehr wir vielleicht auch unseren »kräftigen« Körper ablehnen, häufig symbolisiert er viele jener Dinge, die wir achten und auf die wir Wert legen — Macht, Präsenz, Stärke, Substanz und das Gefühl, festen Boden unter den Füßen zu haben.

Die Verbindung zwischen Nahrung und Dicksein

Sie wissen inzwischen, daß es bestimmte Situationen, Gedanken oder Gefühle waren, die in der Vergangenheit jeweils Ihre Eßepisoden auslösten. Bei den meisten von Ihnen führte dieses zwanghafte Greifen nach Eßbarem entweder zu einem »fetten« Körper oder dem Gefühl, fett zu sein. Sie aßen nicht unbedingt mit dem Ziel, sich fett zu machen. Sie aßen vielmehr zwanghaft, um die Angst, die durch Ihre eigentlichen Kernprobleme verursacht wurde, abzuwehren. Nachdem Sie dann aber gegessen hatten, entwickelte Ihr Fettsein, in Ihrer Vorstellung oder real, eine Eigendynamik.

Wenn Sie dick sind oder denken, daß Sie dick sind, fühlen Sie sich gesellschaftlich nicht akzeptiert, als Außenseiter und haben folglich das Gefühl, nicht mithalten zu können. Wir haben darüber gesprochen, inwieweit wir alle die Wertvorstellungen der Gesellschaft, in der wir leben, verinnerlicht haben, die fett mit schlecht und dünn mit gut gleichsetzen. Gleichzeitig läuft jedoch in unserem Unterbewußtsein etwas ab, das unserem Bewußtsein völlig entzogen ist. Mit Dicksein und Dünnsein verbinden wir alle Assoziationen, die, wenn sie uns erstmalig bewußt gemacht werden, verblüffend sind. Jene Assoziationen, die Sie mit Dicksein und Dünnsein verbinden, stehen in einer direkten Beziehung zu den Sorgen und Problemen, die Sie ursächlich Zuflucht im Essen suchen ließen.

Stellen Sie sich zum Beispiel vor, daß jemand, der Ihnen sehr nahe steht, sterbenskrank ist. Sie haben Angst und wenden sich in dem Versuch, Ihre Angstgefühle vor dem Verlust abzuwehren, dem Essen zu. Ungeachtet der Tatsache, ob Sie als Ergebnis von dieser Form des Essens tatsächlich zunehmen oder nicht, möchten wir Sie bitten, daß Sie sich vorstellen, Sie seien dicker geworden und darüber nachdenken, wie Sie sich fühlen würden. Zu Ihrer großen Überraschung werden Sie wahrscheinlich feststellen, daß Ihre Gefühle, die Sie mit dem Dickersein verbinden, nicht allesamt und absolut negativ sind. Es kann durchaus sein, daß Sie sich in Ihrer Phantasie mit einem kräftigeren Körper sicherer und geschützter fühlen. Wenn Sie an diesem Punkt innehalten und sich vorstellen, Sie werden sehr viel dünner, kann es durchaus sein, daß Sie entdecken, wie Sie ein Gefühl der Kälte und des Alleinseins beschleicht. Viele von uns, die dem Essen magische Kräfte beimessen, messen ebenso unserer Körpergröße magische Kräfte bei.

Auf einer rationalen Ebene wissen wir, daß weder Essen noch Dicksein uns vor einem Verlust schützen. Wenn Ihre Situation die ist, daß Sie sich überarbeitet oder überreizt fühlen, könnten Sie essen, an Gewicht zunehmen und sich nach wie vor überarbeitet oder überreizt fühlen. Dicksein und Dünnsein an sich tun nichts für uns. Sie sind einfach physische Größenordnungen. Aus der Angst heraus, dünn zu sein, klammern wir uns jedoch häufig an das Dicksein, und zwar aufgrund der Phantasien, die wir mit diesen unterschiedlichen körperlichen Verfassungen verbinden.

Wenn Sie den Bedeutungsgehalt, den Sie »dick« und »dünn« beimessen, verstehen lernen, kann dies in zweierlei Hinsicht hilfreich für Sie sein. Erstens lernen Sie etwas über Ihre wirklichen Gefühle. Zweitens, wenn Sie jemals darauf hoffen wollen, zu Ihrem natürlichen Gewicht zurückzukehren, müssen Sie Dicksein und Dünnsein zunächst ihrer versteckten Bedeutung berauben und sie schlicht als Größenordnungen betrachten. Solange Sie diese nicht einfach als Variationen der Körpergröße ansehen können, werden Sie an der Angst festhalten, daß Sie auch noch etwas anderes als Gewicht verlieren, wenn Ihre Pfunde anfangen zu purzeln. Solange Sie mit dem Dünnsein ganz bestimmte Vorstellungen verknüpfen, werden Sie sich fragen müssen, ob Sie mit einem »dünnen« Leben umgehen können.

Wir bitten die Teilnehmer in unseren Gruppen, mit der Phantasie zu arbeiten, um jene versteckten Bedeutungen zu ergründen, die sie einem jeweiligen Zustand von Dicksein und Dünnsein beimessen, und wir bitten Sie, das gleiche zu tun.

Freundliche Phantasien über das Dicksein

Stellen Sie sich vor, daß Sie erheblich schwerer würden als Sie sind. Obwohl Sie sich vielleicht gegen die Vorstellung sperren möchten, sollten Sie dennoch versuchen, diese Phantasie zuzulassen. Sobald Sie sehen und fühlen, wie Sie dicker und größer werden, versuchen Sie, sich genau vorzustellen, wo Sie sind. Was geschieht dort? Was tun und fühlen Sie?

Wenngleich Sie der Gedanke befremden mag, gehen Sie einen Augenblick davon aus, daß Ihr Fett Ihr Freund ist, daß es etwas Hilfreiches für Sie tut. Versuchen Sie präzise festzustellen, auf welche Art und Weise Ihr Fett Ihnen dienlich ist. Gehen Sie davon aus, daß die Funktion, die das Fett für Sie in Ihrer Phantasie erfüllt, welcher Art diese auch immer sein mag, notwendig ist, und zwar ganz gleich, ob Ihnen diese gefällt oder nicht. Wenn Sie soweit sind, diese Phantasie zu verlassen, versuchen Sie an Möglichkeiten zu denken, an jene Dinge, die Sie anstelle des Fetts für sich selbst tun könnten.

Wir möchten einige Beispiele nennen, was die Personen, mit denen wir arbeiten, hinsichtlich der magischen Kräfte entdecken, die sie mit einem kräftigeren Körper verbinden.

Aktiv contra inaktiv: »Ich haßte die Vorstellung, schwerer zu werden«, sagte Connie, »aber ich war überrascht. Ich begann, mich sehr mächtig zu fühlen, wie eine jener matriarchalischen Frauengestalten in der Bibel. Ich stellte mir vor, daß jeder ratsuchend zu mir käme, so als ob ich die weise Frau der Kommune sei. Neben der Tatsache, daß ich weise war und großen Einfluß hatte, merkte ich, daß ich mich in meiner Vorstellung so gut wie überhaupt nicht bewegte. Ich saß nur da an einem Platz, und alle kamen zu mir. Dieses Gefühl war einfach wundervoll. Ich genoß es wirklich, mich nie bewegen oder mich körperlich anstrengen zu müssen. Ich sah mich immer dicker und immer größer und immer unbeweglicher werden.

Es ist seltsam — so Connie weiter —, daß jemand, der sein Körpergewicht so haßt wie ich, das so genießen kann, wie ich es in meiner Phantasie tat. Ich liebte das Gefühl der Ruhe, und ich liebte die Macht, die davon ausging. Wenn ich mein Fett in diesem Zusammenhang sehe, muß ich sagen, daß ich mir vorstellen könnte, es nur widerwillig aufzugeben.«

Diese Gefühle über das Dicksein, die in Connies Phantasie an die Oberfläche kamen, sind nicht ungewöhnlich. Sie wurde sich ihres Wunsches bewußt, sich nicht körperlich anzustrengen. In Wirklichkeit ist Connie eine Frau, die hohe Anforderungen an sich stellt, und die Vorstellung, sich nicht bewegen zu müssen, ist ihr insgeheim ein willkommener Luxus. Viele zwanghafte Esser sind sich des Ausmaßes nicht bewußt, mit dem sie sich wünschen, einfach »nichts zu tun«. Connies Phantasie brachte das zum Ausdruck, genau wie auch ihren Wunsch, auserkoren zu sein und als mächtig und einflußreich zu gelten.

Verständlicherweise symbolisiert Fett und Dicksein für viele Menschen das Erreichen des Erwachsenenalters und der Fähigkeit, vollverantwortlich zu handeln. Als wir Kinder waren, waren Erwachsene in unseren Augen sehr groß, sehr mächtig und schienen vollverantwortlich im Leben zu stehen. Obwohl wir rational verstehen, daß wir aufgrund des Alters und nicht der Körperfülle erwachsen sind, versetzen uns Gefühle der Machtlosigkeit, auf einer emotionalen Ebene, doch häufig in unsere Kindheit zurück. So war es auch bei Connie.

Aus ihrer Phantasie lernte sie, daß, wenn sie sich machtlos und praktisch bar jeder Kontrolle fühlt, sie Dicksein so sieht, wie sie es als Kind tat. Da Connie sich immerzu bemüht, ihren eigenen strengen Maßstäben, wieviel sie erfüllen und erledigen muß, gerecht zu werden, zwingt sie sich häufig über ihren Erschöpfungsgrad hinaus, mehr zu leisten. Fortwährend ignoriert sie ihren Wunsch, nichts zu tun, und ebenso ihren Wunsch, bewundert zu werden, ohne sich diese Bewunderung verdienen zu müssen.

Die enorme Belastung, ihren eigenen Ansprüchen gerecht zu werden, ist häufig das Moment, das ihre Angst auslöst und sie zum Essen treibt. Dieser Konflikt ist nur im Rahmen eines langwierigen Prozesses lösbar, und Connie wird für diesen Weg möglicherweise professionelle Hilfe in Anspruch nehmen müssen. In der Zwischenzeit muß sie diesen Konflikt jedoch sorgfältig von ihrem Eßverhalten und ihrem Gewichtsproblem trennen. Sie muß verstehen lernen, ob sie nun dick oder dünn ist, daß ihr Konflikt solange fortbestehen wird, bis sie ihn direkt angeht und löst. Wenn sie der Bedeutung, die sie dem Dicksein in ihrer Phantasie beimißt, weiter auf den Grund geht, wird sie mehr und mehr in der Lage sein, ihre Körperfülle als eine objektive Realität zu sehen. Hat sie diesen Schritt vollzogen, wird es ihr auch möglich sein, eine diesbezügliche Veränderung zuzulassen.

Triumph des Dickseins contra Diktat des Dünnseins: Rimas Phantasien waren zwar weniger detailliert als die von Connie, aber gleichermaßen erhellend. Rima wurde in ihrer Vorstellung immer dicker und größer, und bei diesem Auseinandergehen lachte sie lauter und lauter, zunehmend außer Kontrolle. Dieses Lachen, erkannte Rima, hatte etwas mit einem Triumphgefühl zu tun. »In meiner Phantasie«, erklärte sie der Gruppe, »hatte ich das Gefühl, daß ich all die Leute, die wegen meines Gewichts hinter mir her sind, besiegt hatte.«

Daß Rima gerade diese Phantasien hatte, kam nicht überraschend für sie. Im Laufe des zurückliegenden Jahres hatte sie sich zu einer hervorragenden bedarfsorientierten Ernährerin entwickelt, und während dieses Jahres hatte sie auch verschiedentlich etliche Pfunde verloren. Jedesmal jedoch, wenn der Gewichtsverlust sichtbar wurde, gab es irgend etwas, das eine zwanghafte Rückkehr zum Essen und Dicksein auslöste.

»Jedesmal, wenn ich abgenommen habe, findet sich irgendwer, der mir sagt, wie fabelhaft ich aussehe«, erklärte Rima, »und dann weiß ich, daß ich als nächstes wieder essen werde. Das einzige, was ich weiß, wenn man mir Komplimente macht, ist, daß ich mich irritiert fühle. Ich habe das Gefühl, daß ich mich für das Kompliment bedanken sollte, möchte es aber nicht. Welche Art von Kompliment ist das denn in Wirklichkeit? Genau genommen sagen sie doch damit, daß ich vorher schrecklich ausgesehen habe.«

»Ich habe auch festgestellt«, fuhr Rima fort, »daß ich mitunter ähnlich reagiere, wenn ich abgenommen habe und meinen Gewichtsverlust im Spiegel registriere. Es ist, als ob dieser Gewichtsverlust für mich ein Zeichen von Unterwerfung sei, gegen das ich ankämpfen muß. Wenige Stunden später esse ich dann irgend etwas, auf das ich nicht einmal Lust habe.«

Rimas Reaktion auf die Komplimente über ihren Gewichtsverlust ist keineswegs ungewöhnlich. Ihre Phantasien verdeutlichen die Hintergründe der Geschichte. Ein Leben lang hatte man ihr vorgehalten, sie müsse abnehmen. Immer wieder hatte sie als Kind gehört, daß sie ein hübsches Gesicht habe, und »wenn sie doch nur...«. So ist es kein Wunder, daß sie ihr Dicksein letztlich als Triumph über all jene sie nicht akzeptierenden, unterdrückerischen und kritischen Stimmen wertet. Wie wir alle möchte auch Rima als der Mensch akzeptiert werden, der sie ist, und nicht dafür, dick oder dünn zu sein.

Wann immer sie abnimmt, reagiert sie verwirrt. Bedeutet ihr Gewichtsverlust, daß sie den strengen und grausamen Stimmen aus ihrer Vergangenheit nachgegeben, sich ihnen unterworfen hat? Verliert sie ihr Gewicht wegen *ihnen*? Verliert sie Gewicht, um die von ihr verinnerlichten strengen Stimmen ihrer Kindheit zufriedenzustellen? Jedesmal, wenn sie ein Pfund verliert, wird der Rebell in Rima, der bislang gegen all ihre Anstrengungen abzunehmen, erfolgreich Widerstand geleistet hat, nervös. »Paß auf«, sagt dieser Rebell, »du gibst ihnen nach.«

Rima ist offenkundig nicht davon überzeugt, daß, wenn sie aufgrund ihrer bedarfsorientierten Ernährung abnimmt, dieser Gewichtsverlust nichts anderem als ihren ureigensten Bedürfnissen und Entscheidungen zuzuschreiben ist. Indem die Gewichtsabnahme in ihren Augen Unterwerfung gegenüber der Kritik und den Selbstvorwürfen bedeutet, hält sie an ihrem Dicksein fest und lacht triumphierend.

Ehe Rima zulassen kann, daß sie wirklich abnimmt, muß sie sicher sein, daß sie sich selbst dick oder dünn akzeptiert. Wenn andere ihr Komplimente über ihre Schlankheit machen — was dem Fazit gleichkommt, daß »Du am Ende ja doch noch ein gutes Mädchen geworden bist, oder nicht?« —, muß sie sicher sein, daß sie nicht das Bedürfnis verspürt, darauf trotzig durch eine neuerliche Gewichtszunahme zu reagieren. Sie wird begreifen müssen, daß ihre Gewichtsabnahme das Endergebnis eines Prozesses ist, der nichts mit Diätkuren, Selbstverachtung oder dem Gerechtwerden gegenüber dem Anspruchsdenken anderer zu tun hat. Es hat vielmehr etwas mit Selbstannahme und der Fähigkeit, für sich selbst sorgen zu können, zu tun. Rima muß in der Lage sein, ob sie es laut ausspricht oder nicht, zu sich selbst zu sagen: »Ich mag es, wie ich jetzt aussehe; aber wie ich vorher aussah, war auch okay.«

Die Sichtbarkeit des Dickseins: David ist jemand, dem es schwerfällt, sich selbst als erfolgreich zu betrachten. Er erzählte uns, daß er Probleme mit seinem Essen hatte, als sein Bruder eine Woche lang zu Besuch war. Er glaubte, daß seine Eßprobleme vielleicht auf die Konkurrenzgefühle, die seit jeher zwischen ihm und seinem Bruder bestanden, zurückzuführen seien, und er war sich der Tatsache bewußt, daß er während dieses Besuches viele seiner jüngsten Erfolge heruntergespielt hatte. Klar, daß da etwas vor sich ging.

In seiner Phantasie mit dem Dickerwerden sah David sich, wie er vor einem Auditorium einen Vortrag hielt. Wenngleich er in seiner Vorstellung auch unangenehme Gefühle mit seiner Körperfülle assoziierte, betrachtete er es doch als vielsagend, daß er sich in seiner Phantasie eine Situation ausgedacht hatte, in der er im Brennpunkt des allgemeinen Interesses stand. Im Alltag tut David sich außerordentlich schwer, die Aufmerksamkeit seiner Umgebung auf sich zu ziehen, dieser Wunsch wurde in seinen Phantasievorstellungen dennoch allzu offensichtlich.

Wir erklärten David, daß er auf seinen Wunsch, im Rampenlicht zu stehen, reagierte, als ob es sich dabei um einen »schlechten« Wunsch handele. Anstatt darüber nachzudenken, wendet er sich dem Essen zu, wie während des Besuches seines Bruders geschehen. Hätte er über seine Erfolge sprechen können, hätten diese ihn in den Mittelpunkt gestellt, da ihm dieses Im-Mittelpunkt-Stehen jedoch widerstrebte, sprach er nicht darüber und wandte sich statt dessen dem Essen zu.

In der Vergangenheit würde David gesagt haben, daß er aufgrund seines Eßverhaltens schlecht sei, die Schlechtigkeit, die er in Wirklichkeit verspürte, bezog sich jedoch auf seinen Wunsch, im Mittelpunkt des Interesses zu stehen. In Wahrheit hat David seinen Körperumfang häufig als rationale Begründung dafür benutzt, unauffällig am Rande stehen zu bleiben. Seine Phantasien porträtieren seinen Konflikt sehr gut. Während er sich selbst zum Mittelpunkt der Szene macht, wird er verlegen. Von seinem Unterbewußtsein her ist sein Dicksein für ihn Ausdruck seines Wunsches, Aufmerksamkeit auf sich zu ziehen, gleichzeitig aber auch seine Mißbilligung ebendieses Wunsches.

Es kann sein, daß David lange braucht, bis er mit diesen Problemen im reinen ist, und bei ihm, wie auch bei anderen Langzeit-Eßsüchtigen, mag professionelle Hilfe erforderlich sein. Die Erkenntnis jedoch, daß seine Skrupel, sich hervor- und großzutun, zu Skrupeln hinsichtlich der Frage werden, ob er dick oder dünn ist, sollte es für David leichter machen, Gewicht zu verlieren.

Sobald Sie ein Verständnis dafür entwickelt haben, welche Funktion das »Dicksein« für Sie hat, werden Sie in der Lage sein, jenen assoziativen Wunsch von Ihrem Dicksein zu trennen. Denn die einzigen Eigenschaften, die das Fettsein hat, sind diejenigen, die Sie ihm beimessen.

Ebensowenig hat das Dünnsein in sich eine Bedeutung. Wir haben zwar darüber gesprochen, in welchem Maße unsere Gesellschaft »Dünnsein« mit »Gutsein« gleichsetzt, es wird Sie aber überraschen festzustellen, wieviele unterschiedliche Bedeutungen Sie dem Zustand des Dünnseins beimessen, und diese sind nicht sämtlich positiver Natur.

Die Angst vor dem Dünnsein

Ähnlich wie wir in den Gruppen mit Phantasien über das Dicksein arbeiten, arbeiten wir auch mit Phantasien über das Dünnsein.

Stellen Sie sich vor, daß Sie dünn sind. Welche Szene taucht vor Ihrem geistigen Auge auf, wenn Sie sich vorstellen, daß Sie sehr viel dünner wären? Schauen Sie sich um, was tun und was empfinden Sie?

Auf den ersten Blick mag die Situation Ihnen so erscheinen, als ob ein Traum Wirklichkeit wurde, aber denken Sie darüber nach. Was wäre, wenn Sie in Ihrer Phantasie wirklich dünn geworden wären und sich in dieser Situation befänden? Welcher Art von Problemen sehen Sie sich gegenüber? Wie könnten Sie diese Probleme lösen, ohne Ihr Gewicht wieder zuzunehmen?

Wenn Sie sich diesen Phantasien hingeben und diese analysieren, wird deutlich, daß, genau wie Dicksein nicht nur schlecht ist, das Dünnsein auch nicht nur gut ist. Einige typische Reaktionen auf die Phantasien des Dünnseins sind etwa folgende:

Unsichtbarkeit: Margot erzählte der Gruppe von den Schwierigkeiten, die sie mit ihren Assoziationen über das Dünnsein hatte. »Ich versuchte dann jedoch, mir vorzustellen, wie ich Stück für Stück dünner wurde. Das Problem war, daß der Prozeß des Dünnerwerdens in meiner Phantasie einfach nicht enden wollte«, erklärte Margot. »Zuerst sah ich schwach und zerbrechlich aus, fast wie ein Kind. Diese Situation war kaum gut zu nennen. Ich sah hager aus. Anschließend hatte ich den Gedanken, daß ich einfach verschwinden würde. Es war befremdlich und machte mir angst. Ich weiß, daß ich existiere, ob ich nun dünn oder dick bin, warum dachte ich also, ich würde verschwinden?«

Margots Angst ist unter zwanghaften Essern weitverbreitet. In ihren Assoziationen werden Essen und Gewicht mit Stärke und Substanz gleichgesetzt. An dem Abend, als Margot ihre Phantasien beschrieb, hatte sie auch über einige Probleme gesprochen, die sie mit dem Mundhunger hatte. Eine Zeitlang hatte sie sich erfolgreich bedarfsorientiert ernährt, während der letzten Tage war ihr allerdings aufgefallen, daß sie wieder zunehmend aufgrund von Mundhunger aß. Das Problem führte sie darauf zurück, daß sie Anfang jener Woche bei einer Beförderung übergangen worden war, derer sie sich eigentlich sicher geglaubt hatte. Einerseits fühlte sie sich übergangen, andererseits aber auch beschämt, daß sie sich dieser Beförderung so sicher gewesen war.

Margots Mundhunger stand in einem engen Zusammenhang mit ihren Phantasien über das Dünnsein. Sie hatte Schwierigkeiten, angesichts der Tatsachen, die sie als eine Ablehnung betrachtete, an ihrem Selbstwertgefühl, ihrer Selbsteinschätzung, daß sie eine wichtige Person sei, festzuhalten. In ihrer Phantasie über das Dünnsein verschwindet Margot. Sie hört förmlich auf, zu existieren. Dünnsein bedeutet in ihrer Phantasie unsichtbar sein. Was kann Margot tun?

Nach unseren Erfahrungen ist diese Gleichsetzung zwischen Dünnwerden und Kleinsein und wie ein Kind sein genauso üblich wie die Gleichsetzung zwischen Dicksein und Erwachsensein. In diesem Sinne paßt unsere Assoziation zwischen Kindlichsein und Dünnsein in die Phantasien von Verschwinden oder Unbedeutendwerden. Margot fühlte sich an ihrem Arbeitsplatz zurückgesetzt und übergangen. Als Kind hatte sie vielleicht ähnliche Gefühlserlebnisse, daß sie keinen Eindruck machen und sich nicht durchsetzen konnte. Margots Gefühle, übergangen worden zu sein, und jene aus ihrer Kindheit haben in Wirklichkeit jedoch nichts mit ihrer Körperfülle zu tun.

Zur Schau gestellt: Jill stellte sich vor, sie ginge zu einer großen Party. »Ich sah fabelhaft aus«, sagte sie, »so großartig, daß aller Augen auf mich gerichtet waren. Es fiel mir schwer, in meiner Phantasie an irgendwelche Probleme zu denken. Es schien einfach toll zu sein, diese Aufmerksamkeit auf sich zu ziehen. Wenn ich es mir aber recht überlege, denke ich, daß ich in Wirklichkeit ein ungutes Gefühl hätte, wenn man mir so viel Beachtung schenkte, und mich fragen würde, was wohl die anderen darüber denken. Ich würde mich sorgen, daß ich jemand anderem diese Beachtung wegnähme oder daß man neidisch auf mich wäre.«

Mit ihren Vorstellungen über das Dünnsein verbinden zwanghafte Esser häufig die Assoziation des Sich-zur-Schau-Stellens. Wir alle hegen den Wunsch, uns von unserer besten Seite zu zeigen oder zu zeigen, was wir leisten können. Für viele von uns ist dieser Wunsch jedoch mit Schuldgefühlen verbunden. Dennoch ist er da, bleibt nur die Frage, wie wir damit umgehen. Dick sollte nicht bedeuten, daß wir uns verstecken müssen, genausowenig wie dünn bedeuten sollte, daß wir automatisch anfangen, uns herumstolzierend zur Schau zu stellen.

Wir müssen entscheiden, was wir in Zusammenhang mit einem Zur-Schau-Stellen als angenehm oder unangenehm empfinden. Es gibt Möglichkeiten, sich ins Rampenlicht zu stellen oder es zu meiden, die nichts mit Dicker- oder Dünnerwerden zu tun haben. Wenn Sie das Bedürfnis haben, im Mittelpunkt zu stehen, gleichzeitig aber Angst davor haben, dann ist es wichtig, daß Sie sich selbst das Zugeständnis machen, Gewicht zu verlieren und sich so lange mit einem Schattendasein bescheiden, bis Sie sich in Ihrer Haut wohler fühlen.

Die Funktion der Phantasien

Die Phantasien über das Dicker- oder Dünnerwerden sind ein weiterer Weg der Selbsterkenntnis, etwas über jene Bereiche in Erfahrung zu bringen, die Sie belasten. Diese Übungen zielen nicht notwendigerweise auf eine Lösung Ihrer Probleme ab, obwohl allein das Bewußtwerden dieser Probleme bereits ein Schritt in diese Richtung ist. Das Ziel dieser Übungen ist vielmehr, Ihnen die verborgenen Bedeutungen, die Sie dem Dicksein oder Dünnsein beimessen, offenzulegen und bewußt zu machen. Denn diese Bedeutungen kommen Ihnen bei dem Versuch, sich bedarfsorientiert zu ernähren und auf Ihr natürliches Gewicht zurückzukommen, in die Quere.

Es ist wichtig, daß Sie sich stets zwei Dinge vor Augen halten. Erstens, daß Dünnerwerden nichts mit Jüngerwerden oder Kindlichwerden zu tun hat. Prüfen Sie, ob Ihre Angst vor dem Dünnerwerden von einem Gefühl oder einer Situation aus Ihrer Kindheit herrührt, wo Sie sich alleine, hilflos, schüchtern, bar jeder Kontrolle und so weiter fühlten. Zweitens, daß Sie anders aussehen können, ohne sich anders verhalten zu müssen.

Wenn Sie schüchtern sind und abnehmen, ist es unrealistisch anzunehmen, daß Sie fortan in Gesellschaft salopp oder gar draufgängerisch sein werden. Ist eine Ihrer Zielsetzungen die, daß Sie lernen möchten, sich im gesellschaftlichen Umgang mit anderen ungezwungener und wohler zu fühlen, dann müssen Sie mit allen Mitteln daran arbeiten. Sie sollten jedoch nicht in einer Veränderung Ihres Körperumfangs die Lösung Ihres Problems sehen.

Wenn Sie es einerseits genießen, Aufmerksamkeit auf sich zu ziehen, andererseits aber Angst bekommen, wenn Ihnen diese zuteil wird, dann macht es für Sie keinen Sinn, Gewicht zu verlieren und anzufangen, Ihre freizügigsten Kleider zu tragen. Sie mögen zwar das Bedürfnis haben, im Mittelpunkt zu stehen, sollten dabei jedoch nicht jenen Teil Ihres Ich außer acht lassen, der sich im Rampenlicht unwohl fühlt.

Wenn Sie Ihr Dünnwerden mit der Vorstellung einer starken sexuellen Aktivität verbinden, ist das kein Grund für Sie, dick zu bleiben. Sobald sie die Trennung zwischen Dünnsein und einer starken sexuellen Aktivität vollzogen haben, werden Sie in der Lage sein, über die Art Ihres Sexuallebens verantwortlich zu entscheiden. Sie können entscheiden, statt Dicksein an die Stelle dieser Entscheidungen zu setzen. Sollten sich, nachdem Sie dünner geworden sind, Konflikte in bezug auf Ihre sexuellen Wünsche ergeben, können sie überlegen, was für Sie in diesem Zusammenhang in Ordnung und was nicht in Ordnung ist. Wünsche sind schließlich keine Taten.

Wenn sich Ihre Phantasien von Dünnsein und Attraktivsein immer einstellen, wenn Sie allein sind, müssen Sie über Ihr gesellschaftliches Leben nachdenken. Sie mögen Ihr Dicksein als Erklärung dafür benutzt haben, warum Sie nicht die Kontakte haben, die Sie sich wünschen. In jedem Fall werden Sie sich dem Problem der Einsamkeit in Ihrem Leben stellen müssen, es wird — ob Sie nun dünn oder dick sind — solange bestehen, wie Sie nicht unmittelbar darauf eingehen.

In dem Zuge, wie Sie den Bedeutungsgehalt, den Sie dem Zustand des Dickseins oder Dünnseins beimessen, entwirren, wird Ihr Körper freiwerden, um zu seinem natürlichen Gewicht zurückzukehren. Dieser Prozeß wird für Sie überdies sehr vieles an Selbsterkenntnissen zutage fördern. Sobald Ihr Körperumfang, Ihre Figur nicht mehr mit einer bestimmten Bedeutung vorbelastet ist, haben Sie die Chance, eine Besessenheit, eine Sucht zu überwinden und ein wirkliches Leben zu beginnen.

Nachwort

»Wie lange braucht man, um all das zu erreichen?« »Wieviele hatten Erfolg mit diesem Ansatz?« »Werde ich Gewicht verlieren?« Diese Fragen kursieren vielleicht nach wie vor in Ihrem Kopf.

Alle Diät- und Schlankheitskuren, die Sie jemals ausprobierten, versprachen klare Resultate, sprich Gewichtsverlust binnen einer bestimmten Zeitspanne. Unsere Zielsetzung ist eine andere, und wir erheben keine vergleichbaren spezifischen Ansprüche. Wir können jedoch sehr wohl etwas dazu sagen, was auf Sie zukommt, wenn Sie beginnen, sich bedarfsorientiert zu ernähren.

Ihre Fähigkeit, das praktisch umzusetzen, was Sie gelesen haben, hängt davon ab, an welchem Punkt Sie stehen — ob Sie bereit sind, den Wunderglauben an Diät- und Schlankheitskuren aufzugeben und etwas radikal anderes in Angriff zu nehmen. Jeder zwanghafte Esser, der sich auf diesen Ansatz einläßt, wird dessen Verlauf selbst skizzieren. Sie werden darüber entscheiden, wann Sie essen, was Sie essen und wieviel Sie essen. Ihr Eßverhalten wird eindeutig Ihren ganz persönlichen Stempel tragen.

Manche Menschen hören dieses Konzept einmal, beenden ihr Diätleben, etablieren ihr neues Eßsystem und durchbrechen den Teufelskreis der Sucht binnen Monaten. Sie erleben vielleicht gelegentlich Rückschläge; sie essen möglicherweise genau soviel, um ihr Gewicht zu halten, wenn sie in Wahrheit Angst vor dem Abnehmen haben; mitunter setzt eine Gewichtsabnahme ein, oder sie machen die Entdeckung, daß ihr natürliches Gewicht ihrem derzeitigen nicht so weit entfernt liegt, wie sie glaubten. Sie haben es in jedem Fall geschafft, sie sind über den Berg. Bei den meisten ist jedoch mehr Zeit und ein wiederholtes Erlernen der Konzeptinhalte erforderlich, ehe sie in der Lage sind, diese in ihr Leben zu integrieren. Denken Sie daran, daß Ihre Bestrebung die ist, aus einem alten, festgefahrenen System ein neues zu schaffen.

Sie kämpfen in Wahrheit darum, ein Problem zu *überwinden*,

von dem Sie stets dachten, es auf immer *kontrollieren* zu müssen. Was jeder entdeckt, der die Chance nutzt, jede Form von Eßrestriktionen aufzugeben, ist, daß das Leben radikal anders sein kann, als man es sich in irgendeiner Form vorgestellt hatte. Ihr zwanghafter Drang nach Essen nimmt enorm ab, und mit der Zeit und einiger Anstrengung kann er vollends schwinden.

Die ursprünglichen Fragen nach den Erfolgsquoten sind in Wahrheit Fragen nach dem Gewichtsverlust. Schon bald entwickeln die Personen, die diese Fragen stellen, jedoch neue Maßstäbe, die an den Fortschritt angelegt werden. Für einen zwanghaften Esser, der in einem Haus mit reichlichen Lebensmittelvorräten unbeschwert leben kann, nicht länger unter Eßanfällen leidet, ein konstantes Gewicht halten kann, das im Laufe der Zeit langsam fällt, und mehr und mehr freie Zeit von seinen von Essen und Gewicht besessenen Gedanken hat, sind dies Erfolge und Errungenschaften von einer Größenordnung, die vormals schier undenkbar gewesen wären. Das Verlieren von Pfunden ist ultimativ etwas Erfreuliches, ein Nebeneffekt, eine positive Begleiterscheinung des tiefgreifenden Prozesses, der die Lebensqualität eines Menschen verändert.

Halten Sie sich vor Augen, wenn Sie diesen Ansatz in Angriff nehmen, daß die bedarfsorientierte Ernährung ein Akt der Selbstbehauptung ist. Jedesmal, wenn Sie aufgrund von Magenhunger essen, ist dies ein direkter Weg der Selbstversorgung, die Sie sich selbst demonstrieren. In dem Zuge, wie Sie dies häufiger und häufiger tun, werden Sie sich besser und selbstzufriedener fühlen und zunehmend in der Lage sein, mit den Problemen, mit denen Ihr Leben Sie konfrontiert, umzugehen und fertig zu werden.

Wir wünschen Ihnen allen viel Glück und guten Appetit!

Literatur zum Thema

Christiane Aliabadi, Wolfgang Lehnig — »Wenn Essen zur Sucht wird: Ursachen, Erscheinungsformen und Therapie von Eßstörungen«. Kösel, 1982.
William Bennett, Joel Gurin — »Vom Sinn und Unsinn der Diätkuren«. Tomus, 1983.
Hilde Bruch — »Der goldene Käfig«. Das Rätsel der Magersucht. Fischer, 1982.
C. Buhl — »Magersucht und Eßsucht«. Hippokrates, 1987.
»Emma«-Sonderband — »Durch Dick und Dünn«. 1984/85.
Lilli Gast — »Der Gang durch den Spiegel«. Centaurus, 1984.
Renate Göckel — »Eßsucht — oder die Scheu vor dem Leben«. Rowohlt, 1988.
Angelika Grauer, Peter F. Schlottke — »Muß der Speck weg?«. Der Kampf ums Idealgewicht im Wandel der Schönheitsideale. dtv, 1988.
Louise Kaplan — »Die zweite Geburt. Dein Kind wird zur Persönlichkeit«. Piper, 1981.
Maja Langsdorff — »Die heimliche Sucht, unheimlich zu essen«. Fischer, 1985.
Marilyn Lawrence — »Ich stimme nicht«. Identitätskrise und Magersucht. Rowohlt, 1986.
Susie Orbach — »Anti-Diätbuch I + II«, Frauenoffensive, 1979/1984.
— »Hungerstreik«. Ursachen der Magersucht — neue Wege der Heilung. Econ, 1987.
Geneen Roth — »Essen als Ersatz«. Wie man den Teufelskreis durchbricht. Rowohlt, 1989.

Adressen für weitere Kontakte und Informationen

ANAD Selbsthilfe
Anorexia-Bulimia Nervosa e.V.
Selbsthilfeorganisation für
Mager-, Eß- und Brechsüchtige
Ungererstr. 32, 8000 München 40
Tel. 089/333877

Heidemannstr. 27
8000 München 45
Tel. 089/3117786

Aktionskreis
Eß- und Magersucht e.V.
Westendstr. 35, 8000 München 2
Tel. 089/5021212

Deutsche Hauptstelle
gegen die Suchtgefahren e.V.
Westring 2, 4700 Hamm
Tel. 02381/90150

Deutsche Arbeitsgemeinschaft
Selbsthilfegruppen e.V.
Nationale Kontakt- und Informationsstelle
Albrecht-Achilles-Str. 65
1000 Berlin 31

Kontakt- und Informationsstelle
für Selbsthilfegruppen e.V. (KISS)
Barbara Sturm
Gaußstr. 21
2000 Hamburg 50
Tel. 040/395767

Fragebogen

Die nachfolgenden zwei Fragebogen werden Ihnen zum einen helfen, Ihre Ausgangsposition zu erkennen, und zum anderen, festzustellen, wie weit Sie mit Ihrem Ansatz gekommen sind. Darüber hinaus werden sie auch uns die Möglichkeit geben, Ihren Fortschritt zu verfolgen.

Füllen Sie den Fragebogen Nr. 1 bitte aus, *ehe* Sie anfangen, dieses Buch zu lesen, und senden Sie uns eine Kopie oder auch den Fragebogen selbst zu. (Fühlen Sie sich bei Ihren Antworten nicht an den vorgedruckten Platz gebunden; sofern Sie das Bedürfnis haben, ausführlicher zu antworten, dürfen Sie dies gern auf einem separaten Blatt tun.) Unsere Anschrift:

> Overcoming Overeating
> P.O. Box 1257
> Old Chelsea Station
> New York, NY 10011 / U.S.A.

Füllen Sie bitte Fragebogen Nr. 2 (auf Seite 273) drei Monate, nachdem Sie dieses Buch gelesen haben, aus, und lassen Sie uns eine entsprechende Kopie zukommen. Vielleicht machen Sie sich als Erinnerung einen entsprechenden Vermerk in Ihren Kalender. Wir danken Ihnen im voraus für Ihre Bereitschaft, an unseren Studien teilzunehmen.

Fragebogen Nr. 1

Um einerseits Ihre Anonymität zu wahren, es uns andererseits aber zu ermöglichen, Ihre beiden Fragebogen miteinander zu vergleichen, möchten wir Sie bitten, in den nachfolgenden Spalten Ihr Geburtsdatum und Ihre Initialen einzutragen. Ihre Antworten werden vertraulich behandelt.

Geburtsdatum: __ / __ / __   Initialen: _____ / _____
          Mo. Tag Jahr   Vor- / Zuname

Heutiges Datum: _____

---

1. *Persönliche Daten*
   Die nachfolgenden Informationen helfen uns, den Käuferkreis unseres Buches zu ermitteln.

   Geschlecht: M ○ W ○   Größe: _____
   Gewicht: _____ Alter: _____ Nationalität: _____
   Beruf: _____
   Höchster Schulabschluß: _____

   Mit wem leben Sie zusammen? (Zutreffendes ankreuzen)

Alleine	○	Ehemann/Ehefrau Lebenspartner/in	○	Kinder	○
Freund/in	○	Eltern	○	Anderen Verwandten	○

   Sonstige (nähere Angaben) _____

2. *Geschichte Ihres Eßlebens (JA oder NEIN ankreuzen)*
   a. Gab es in Ihrer Kindheit irgend jemanden in Ihrer Familie, der ein Eßproblem hatte? JA ○ NEIN ○
      Wenn ja, wer? _____
      Geben Sie eine kurze Beschreibung des Problems _____
      _____
   b. Gab es in Ihrer Kindheit irgend jemanden in Ihrer Familie, der Übergewicht hatte? JA ○ NEIN ○
      Wenn ja, wer? _____
   c. Gab es in Ihrer Familie irgend jemanden, der an Fettleibigkeit litt (20 % über dem Idealgewicht)? JA ○ NEIN ○
      Wenn ja, wer? _____
   d. Haben Sie irgendwelche medizinischen Probleme, die Ihr Eßverhalten oder Ihr Gewicht betreffen? JA ○ NEIN ○
      Wenn ja, welche? _____
   e. Betrachten Sie sich selbst als jemanden, der einen zwanghaften Drang zu essen verspürt, obwohl Sie physiologisch nicht hungrig sind?
      JA ○ NEIN ○
      Wenn ja, wie alt waren Sie, als dies begann? _____
   f. Versuchen Sie über die Geschichte Ihres Eßverhaltens und Ihres Gewichtes nachzudenken. Sehen Sie irgendeinen Zusammenhang zwischen diesen Problemen und anderen Ereignissen in Ihrem Leben? JA ○ NEIN ○
      Wenn ja, beschreiben Sie diese bitte kurz _____
      _____
      _____
      _____
      _____
      _____
      _____
      _____

3. Diese Frage betrifft Ihre Eßgewohnheiten und Ihre Körpergröße. Welche der nachfolgenden Aussagen trifft für Sie zu? (Bitte jeweils *sehr zutreffend, bedingt zutreffend* oder *falsch* ankreuzen.) Jedesmal, wenn Sie *zutreffend* ankreuzen, prüfen Sie das Ausmaß der jeweiligen Belastungen für Sie. Achten Sie nicht darauf, ob die einzelnen Aussagen miteinander vereinbar sind — kreuzen Sie spontan die Antwort an, die Ihnen als erstes in den Sinn kommt.

	Sehr zutreffend	Bedingt zutreffend	falsch	Es belastet mich Sehr	Bedingt	Überhaupt nicht
(a) Ich denke, daß ich Übergewicht habe.	O	O	O	O	O	O
(b) Mein Gewicht schwankt.	O	O	O	O	O	O
(c) Ich bin über meinen Körper aus Gründen unglücklich, die jenseits von Gewichtsproblemen liegen. Bitte näher erläutern: _____	O	O	O	O	O	O
(d) Ich schäme mich für mein Aussehen.	O	O	O	O	O	O
(e) Ich sorge mich um meine Gesundheit aufgrund meiner mangelhaften Eßmuster.	O	O	O	O	O	O
(f) Ein Großteil der Zeit denke ich an Essen.	O	O	O	O	O	O
(g) Ich esse die falschen Nahrungsmittel.	O	O	O	O	O	O
(h) Ich esse ohne Genuß.	O	O	O	O	O	O
(i) Ich fühle mich »durch das Essen kontrolliert«.	O	O	O	O	O	O
(j) Ich nehme Abführmittel oder erbreche mich, um das Gegessene wieder loszuwerden.	O	O	O	O	O	O
(k) Ich esse, wenn ich keinen Hunger habe.	O	O	O	O	O	O
(l) Ich esse weiter, auch wenn ich satt bin.	O	O	O	O	O	O
(m) Ich schäme mich meiner Eßgewohnheiten.	O	O	O	O	O	O
(n) Ich habe viele Diät- und Schlankheitskuren ausprobiert.	O	O	O	O	O	O
(o) Um mein Gewicht zu kontrollieren, erlaube ich mir bestimmte Nahrungsmittel nicht.	O	O	O	O	O	O

	Sehr zutreffend	Bedingt zutreffend	falsch	Es belastet mich Sehr	Bedingt	Überhaupt nicht
(p) Ich kritisiere mich, wenn ich esse, obwohl ich nicht hungrig bin.	O	O	O	O	O	O
(q) Wenn ich hungrig bin, kann ich nicht genau sagen, was ich essen möchte.	O	O	O	O	O	O
(r) Ich scheine immer Hunger zu haben.	O	O	O	O	O	O
(s) Meine Eßgewohnheiten lassen mich mit mir selbst unzufrieden sein.	O	O	O	O	O	O
(t) Mein Gewicht läßt mich mit mir unzufrieden sein.	O	O	O	O	O	O
(u) Meine Proportionen lassen mich mit mir unzufrieden sein.	O	O	O	O	O	O
(v) Das Bedürfnis zu essen, überkommt mich plötzlich.	O	O	O	O	O	O
(w) Ich habe Schuldgefühle, wenn ich bestimmte Nahrungsmittel esse.	O	O	O	O	O	O
(x) Ich habe Schuldgefühle, wenn ich überhaupt irgend etwas esse.	O	O	O	O	O	O
(y) Ich denke, daß ich eßsüchtig bin.	O	O	O	O	O	O
(z) Ich habe mit meinem Körper oder meiner Ernährung andere Probleme.	O	O	O	O	O	O

Bitte näher erläutern: _____

4. Wenn Sie nachfolgende Emotionen oder Stimmungen empfinden, wie häufig reagieren Sie in der Form, daß Sie essen?

	Sehr häufig	Manchmal	Selten/ nie	Weiß nicht
(a) Ängstlich	O	O	O	O
(b) Einsam	O	O	O	O
(c) Müde/erschöpft	O	O	O	O

	Sehr häufig	Manchmal	Selten/nie	Weiß nicht
(d) Depressiv	○	○	○	○
(e) Aufgeregt	○	○	○	○
(f) Wütend	○	○	○	○
(g) Neidisch	○	○	○	○
(h) Ungeliebt	○	○	○	○
(i) Froh/übermütig	○	○	○	○
(j) Enttäuscht	○	○	○	○
(k) Ruhelos	○	○	○	○
(l) Sexuell erregt	○	○	○	○
(m) Glücklich	○	○	○	○
(n) Körperlich unwohl	○	○	○	○
(o) Selbstmitleidig	○	○	○	○
(p) Besorgt	○	○	○	○
(q) Rebellisch	○	○	○	○
(r) Andere Gefühle, die mich zum Essen treiben	○	○	○	○

Bitte näher erläutern: _____
_____
_____

5. Was tun Sie, abgesehen von Essen, wenn Sie nachfolgende Gefühle oder Stimmungen empfinden? Machen Sie so viele Angaben wie möglich.

(a) Wenn ich ängstlich bin, _____
(b) Wenn ich einsam bin, _____
(c) Wenn ich müde/erschöpft bin, _____
(d) Wenn ich depressiv bin, _____
(e) Wenn ich aufgeregt bin, _____
(f) Wenn ich wütend bin, _____
(g) Wenn ich neidisch bin, _____
(h) Wenn ich mich ungeliebt fühle, _____
(i) Wenn ich froh/übermütig bin, _____
(j) Wenn ich enttäuscht bin, _____
(k) Wenn ich ruhelos bin, _____
(l) Wenn ich sexuell erregt bin, _____
(m) Wenn ich glücklich bin, _____
(n) Wenn ich mich körperlich unwohl fühle, _____

(o) Wenn ich selbstmitleidig bin, _____
(p) Wenn ich besorgt bin, _____
(q) Wenn ich rebellisch bin, _____

6. Wir möchten, daß Sie das Essen nun einmal aus einer anderen Perspektive sehen: Was tut es für Sie? Versuchen Sie festzustellen, wie häufig Sie Essen jeweils in der folgenden Art und Weise benutzen. Lassen Sie Ihrer Phantasie freien Lauf und entscheiden Sie, was jeweils für Sie zutrifft, selbst wenn Sie derartige Assoziationen nie zuvor hatten. Die Beantwortung dieser Frage mag Ihnen vielleicht nicht ganz leichtfallen, aber tun Sie Ihr Bestes.

Ich benutze Essen	Häufig	Manchmal	Selten/nie	Weiß nicht
(a) um mich zu belohnen.	○	○	○	○
(b) um mich zu bestrafen.	○	○	○	○
(c) als Gefährten.	○	○	○	○
(d) um mich abzulenken.	○	○	○	○
(e) um mich zu beruhigen.	○	○	○	○
(f) um mir seelisch Auftrieb zu geben.	○	○	○	○
(g) um mir körperlich Auftrieb zu geben.	○	○	○	○
(h) um mich zu trösten.	○	○	○	○
(i) als eine Feinschmecker-Erfahrung.	○	○	○	○
(j) als Ersatz für Sex.	○	○	○	○
(k) als Sicherheitspolster.	○	○	○	○
(l) um mich zu betäuben.	○	○	○	○
(m) um abends einzuschlafen.	○	○	○	○
(n) um mich in der Gesellschaft anderer abzuschirmen.	○	○	○	○
(o) um mit anderen zusammenzutreffen.	○	○	○	○
(p) Sonstiges (bitte näher erläutern)	○	○	○	○

_____
_____
_____
_____
_____

7. In welchem Maße sind Sie *befriedigt* durch

	Sehr	Etwas	Leicht/ gar nicht	Weiß nicht
(a) Ihre Arbeit?	O	O	O	O
(b) Ihre intimen Beziehungen?	O	O	O	O
(c) Ihre Freundschaften?	O	O	O	O
(d) Ihr Essen?	O	O	O	O
(e) Ihre Gesundheit	O	O	O	O
(f) Ihr Sexualleben?	O	O	O	O

8. Sagen Sie uns bitte möglichst offen, was Sie von diesem Buch erwarten.

(a) Meine Erwartungen, daß dieses Buch mir die Hilfe gibt, die ich suche, sind

         HOCH O   MÄSSIG O   GERING O

(b) Ich hoffe, dieses Buch wird mir bei folgenden Problemen helfen:

	Sehr	Etwas	Gar nicht	Nicht zutreffend
Meinem Gewicht	O	O	O	O
Meinem Eßverhalten	O	O	O	O
Meinem Selbst-Image	O	O	O	O
Sonstiges (bitte näher erläutern)	O	O	O	O

9. Wenn es jenseits dieser Fragen etwas gibt, das Sie uns wissen lassen möchten, würden wir uns freuen, wenn Sie uns dies auf einem separaten Blatt Papier mitteilen würden.

Sofern Sie gerne an einer Langzeitstudie teilnehmen möchten, teilen Sie uns bitte Ihren Namen und Ihre Anschrift mit, so daß wir Kontakt mit Ihnen aufnehmen können. Ihre Angaben werden streng vertraulich behandelt. Vielen Dank.

Name: _____

Anschrift: _____

Wir danken Ihnen, daß Sie Fragebogen Nr. 1 ausgefüllt haben. Bitte füllen Sie Fragebogen Nr. 2 drei Monate, nachdem Sie dieses Buch gelesen haben, aus und senden diesen bitte ebenfalls an folgende Anschrift:

     Overcoming Overeating
     P.O. Box 1257
     Old Chelsea Station
     New York, NY 10011 / U.S.A.

Wir danken Ihnen für Ihre Teilnahme an unserer Studie.

Fragebogen Nr. 2

Um einerseits Ihre Anonymität zu wahren, es uns andererseits aber zu ermöglichen, Ihre beiden Fragebogen miteinander zu vergleichen, möchten wir Sie bitten, in den nachfolgenden Spalten Ihr Geburtsdatum und Ihre Initialen einzutragen. Ihre Antworten werden vertraulich behandelt.

Geburtsdatum: __ / __ / __ Initialen: _____ / _____
              Mo. Tag Jahr   Vor- / Zuname

Heutiges Datum: _____

---

1. Essen Sie aufgrund von Magenhunger?
   - Häufig   - Manchmal   - Selten / nie

2. Essen Sie aufgrund von Mundhunger?
   - Häufig   - Manchmal   - Selten / nie

3. Betrachten Sie alle Nahrungsmittel als legal?
   - Häufig   - Manchmal   - Selten / nie

4. Falls selten, welche Nahrungsmittel betrachten Sie nicht als legal?
   - Kohlenhydrate   - Süßigkeiten   - Fette   - Proteine
   - Sostige _____

5. Hören Sie mit dem Essen auf, wenn Sie keinen Hunger mehr haben?
   - Häufig   - Manchmal   - Selten / nie

6. Sind Sie in der Lage, jeweils ein spezifisches Nahrungsmittel passend zu Ihrem Hunger zu finden?
   - Häufig   - Manchmal   - Selten / nie

7. Haben Sie mit Diät- und Schlankheitskuren aufgehört? JA ○   NEIN ○

8. Wie schwer ist Ihnen die Umstellung in folgenden Bereichen gefallen?

	Sehr schwer	Nicht allzu schwer	Leicht	Nicht erfolgt
(a) Legalisierung der Nahrungsmittel	○	○	○	○
(b) Beenden der Selbstvorwürfe	○	○	○	○
(c) Identifizieren des Hungers	○	○	○	○
(d) Identifizieren was Sie essen möchten, wenn Sie hungrig sind	○	○	○	○
(e) Aufhören bei Sattsein	○	○	○	○
(f) Akzeptieren Ihres Körpers, wie er jetzt ist	○	○	○	○

9. Denken Sie, daß einige Aspekte dieses Ansatzes noch eingehender erklärt werden sollten? Wenn ja, welche? _____
_____
_____

10. Diese Frage betrifft Ihre Eßgewohnheiten und Ihre Körpergröße. Welche der nachfolgenden Aussagen trifft für Sie zu? (Kreuzen Sie jeweils *sehr zutreffend, bedingt zutreffend* oder *falsch* an.) Jedesmal, wenn Sie *zutreffend* ankreuzen, prüfen Sie das Ausmaß der jeweiligen Belastungen für Sie. Achten Sie nicht darauf, ob die einzelnen Aussagen miteinander vereinbar sind — kreuzen Sie spontan die Antwort an, die Ihnen als erste in den Sinn kommt.

	Sehr zutreffend	Bedingt zutreffend	Falsch	Es belastet mich Sehr	Etwas	Überhaupt nicht
(a) Ich denke, daß ich Übergewicht habe.	○	○	○	○	○	○
(b) Mein Gewicht schwankt.	○	○	○	○	○	○
(c) Ich bin über meinen Körper aus Gründen unglücklich, die jenseits von Gewichtsproblemen liegen. Bitte näher erläutern: _____ _____	○	○	○	○	○	○
(d) Ich schäme mich für mein Aussehen.	○	○	○	○	○	○

	Sehr zutreffend	Bedingt zutreffend	Falsch	\<Es belastet mich\> Sehr	Etwas	Überhaupt nicht
(e) Ich sorge mich um meine Gesundheit aufgrund meiner mangelhaften Eßmuster.	○	○	○	○	○	○
(f) Ein Großteil der Zeit denke ich an Essen.	○	○	○	○	○	○
(g) Ich esse die falschen Nahrungsmittel.	○	○	○	○	○	○
(h) Ich esse ohne Genuß.	○	○	○	○	○	○
(i) Ich fühle mich »durch das Essen kontrolliert«.	○	○	○	○	○	○
(j) Ich nehme Abführmittel oder erbreche mich, um das Gegessene wieder loszuwerden.	○	○	○	○	○	○
(k) Ich esse, wenn ich keinen Hunger habe.	○	○	○	○	○	○
(l) Ich esse weiter, auch wenn ich satt bin.	○	○	○	○	○	○
(m) Ich schäme mich meiner Eßgewohnheiten.	○	○	○	○	○	○
(n) Ich habe viele Diät- und Schlankheitskuren ausprobiert.	○	○	○	○	○	○
(o) Um mein Gewicht zu kontrollieren, erlaube ich mir bestimmte Nahrungsmittel nicht.	○	○	○	○	○	○
(p) Ich kritisiere mich, wenn ich esse, obwohl ich nicht hungrig bin.	○	○	○	○	○	○
(q) Wenn ich hungrig bin, kann ich nicht genau sagen, was ich essen möchte.	○	○	○	○	○	○
(r) Ich scheine immer Hunger zu haben.	○	○	○	○	○	○
(s) Meine Eßgewohnheiten lassen mich mit mir selbst unzufrieden sein.	○	○	○	○	○	○
(t) Mein Gewicht läßt mich mit mir unzufrieden sein.	○	○	○	○	○	○

	Sehr zutreffend	Bedingt zutreffend	Falsch	Es belastet mich		
				Sehr	Etwas	Überhaupt nicht
(u) Meine Proportionen lassen mich mit mir unzufrieden sein.	O	O	O	O	O	O
(v) Das Bedürfnis zu essen, überkommt mich plötzlich.	O	O	O	O	O	O
(w) Ich habe Schuldgefühle, wenn ich bestimmte Nahrungsmittel esse.	O	O	O	O	O	O
(x) Ich habe Schuldgefühle, wenn ich überhaupt irgend etwas esse.	O	O	O	O	O	O
(y) Ich denke, daß ich eßsüchtig bin.	O	O	O	O	O	O
(z) Ich habe mit meinem Körper oder meiner Ernährung andere Probleme.	O	O	O	O	O	O

Bitte näher erläutern: _____

11. Wenn Sie folgende Emotionen oder Stimmungen empfinden, wie häufig reagieren Sie in der Form, daß Sie essen?

	Sehr häufig	Manchmal	Selten/nie	Weiß nicht
(a) Ängstlich	O	O	O	O
(b) Einsam	O	O	O	O
(c) Müde/erschöpft	O	O	O	O
(d) Depressiv	O	O	O	O
(e) Aufgeregt	O	O	O	O
(f) Wütend	O	O	O	O
(g) Neidisch	O	O	O	O
(h) Ungeliebt	O	O	O	O
(i) Froh/übermütig	O	O	O	O
(j) Enttäuscht	O	O	O	O
(k) Ruhelos	O	O	O	O
(l) Sexuell erregt	O	O	O	O
(m) Glücklich	O	O	O	O
(n) Körperlich unwohl	O	O	O	O

	Sehr häufig	Manch- mal	Selten/ nie	Weiß nicht
(o) Selbstmitleidig	O	O	O	O
(p) Besorgt	O	O	O	O
(q) Rebellisch	O	O	O	O
(r) Andere Gefühle, die mich zum Essen treiben.	O	O	O	O

Bitte näher erläutern: _____

_____

_____

12. Jenseits von Essen, was tun Sie, wenn Sie nachfolgende Emotionen oder Stimmungen empfinden? Machen Sie so viele Angaben wie möglich.

(a) Wenn ich ängstlich bin, _____
(b) Wenn ich einsam bin, _____
(c) Wenn ich müde/erschöpft bin, _____
(d) Wenn ich depressiv bin, _____
(e) Wenn ich aufgeregt bin, _____
(f) Wenn ich wütend bin, _____
(g) Wenn ich neidisch bin, _____
(h) Wenn ich mich ungeliebt fühle, _____
(i) Wenn ich froh/übermütig bin, _____
(j) Wenn ich enttäuscht bin, _____
(k) Wenn ich ruhelos bin, _____
(l) Wenn ich sexuell erregt bin, _____
(m) Wenn ich glücklich bin, _____
(n) Wenn ich mich körperlich unwohl fühle, _____
(o) Wenn ich selbstmitleidig bin, _____
(p) Wenn ich besorgt bin, _____
(q) Wenn ich rebellisch bin, _____

13. Wir möchten, daß Sie das Essen nun einmal aus einer anderen Perspektive sehen: Was tut es für Sie? Versuchen Sie festzustellen, wie häufig Sie Essen jeweils in der folgenden Art und Weise benutzen. Lassen Sie Ihrer Phantasie freien Lauf und entscheiden Sie, was jeweils für Sie zutrifft. Die Beantwortung dieser Fragen mag Ihnen vielleicht nicht ganz leichtfallen, aber tun Sie Ihr Bestes.

	Ich benutze Essen	Häufig	Manch- mal	Selten/ nie	Weiß nicht
(a)	um mich zu belohnen.	O	O	O	O
(b)	um mich zu bestrafen.	O	O	O	O
(c)	als Gefährten.	O	O	O	O
(d)	um mich abzulenken.	O	O	O	O
(e)	um mich zu beruhigen.	O	O	O	O
(f)	um mir seelisch Auftrieb zu geben.	O	O	O	O
(g)	um mir körperlich Auftrieb zu geben.	O	O	O	O
(h)	um mich zu trösten.	O	O	O	O
(i)	als Feinschmecker-Erfahrung.	O	O	O	O
(j)	als Ersatz für Sex.	O	O	O	O
(k)	als Sicherheitspolster.	O	O	O	O
(l)	um mich zu betäuben.	O	O	O	O
(m)	um abends einzuschlafen.	O	O	O	O
(n)	um mich in der Gesellschaft anderer abzuschirmen.	O	O	O	O
(o)	um mit anderen zusammenzutreffen.	O	O	O	O
(p)	Sonstiges (bitte näher erläutern)	O	O	O	O

_____

_____

14. In welchem Maße sind Sie *befriedigt* durch:

		Sehr	Etwas	Leicht/ gar nicht	Weiß nicht
(a)	Ihre Arbeit?	O	O	O	O
(b)	Ihre intimen Beziehungen?	O	O	O	O
(c)	Ihre Freundschaften?	O	O	O	O
(d)	Ihr Essen?	O	O	O	O
(e)	Ihre Gesundheit?	O	O	O	O
(f)	Ihr Sexualleben?	O	O	O	O

15. Sagen Sie uns bitte möglichst offen, ob dieses Buch Ihre Erwartungen erfüllt hat.

(a) Vor dem Hintergrund dessen, was ich mir erhofft hatte, denke ich, daß mir dieses Buch insgesamt

        SEHR O   MÄSSIG O   WENIG O

geholfen hat.

(b) Das Buch war mir bei folgenden Problemen hilfreich:

	Sehr viel	Etwas	Überhaupt nicht	Nicht zutreffend
Meinem Gewicht	○	○	○	○
Meinem Eßverhalten	○	○	○	○
Meinem Selbst-Image	○	○	○	○
Sonstiges (bitte näher erläutern	○	○	○	○

_____

_____

16. Wenn es jenseits dieser Fragen etwas gibt, das Sie uns wissen lassen möchten, würden wir uns freuen, wenn Sie uns dies auf einem separaten Blatt Papier mitteilen würden.

    Sofern Sie gerne an einer Langzeitstudie teilnehmen möchten, teilen Sie uns bitte Ihren Namen und Ihre Anschrift mit, so daß wir Kontakt mit Ihnen aufnehmen können. Ihre Angaben werden streng vertraulich behandelt. Vielen Dank.

    Name: _____

    Anschrift: _____

Wir danken Ihnen, daß Sie diesen Fragebogen ausgefüllt haben. Bitte senden Sie ihn an folgende Anschrift:

> Overcoming Overeating
> P.O. Box 1257
> Old Chelsea Station
> New York, NY 10011 / U.S.A.

Register

Allergien 199–200
Angst,
  Angst vor der 232–234
  beim Aufgeben von Diät-
    kuren 105
  Essen zur Bewältigung
    von 29–30, 31, 115, 232
  sich der Angst stellen
    219–220, 228
Appetit 163–164, 171–174
Arzt, Umgang mit dem
  244–245

Bedarfsorientierte Ernährung
  34, 114, 148, 162, 185
  Definition 15
  für Erwachsene 33, 138–141
  beim Essen mit Freunden
    190–192
  als Gegenmittel zur Eßsucht
    134, 152
  Grundlage für die 115
  und körperliche Bewegung
    198–199
  medizinische Voraussetzun-
    gen 199–200
  und Mundhunger 202–204
  und nichtzwanghafte Esser
    186–187
  bei Partys und Banketts
    192–193
  und Probleme der Ernährung
    der ganzen Familie
    193–197
  in Restaurants 187–190
  während der Schwanger-
    schaft 197–198
  und zwanghaftes contra für-
    sorgliches Denken 201–202

Beller, Anne Scott 37
Bennett, William 37, 53, 56
Beruhigungsproblem 31, 32
Bilich, Marion 19
Blackburn, George 243
Bloom, Carol 19
Bluthochdruck 199
Brody, Jane 244
Brownell, Kelley 37
Bruch, Hilde 25

Cafeteria Studien 165
Chernin, Kim 19, 59

Davis, Clara 165
Desserts, Drang nach 183–184
Diabetes 199, 244
Diätkuren-Spiel 47–49, 63–64
  Motivation zum Spielen
    50–52
  Regeln des 53
  Spieler im 52
Diätkuren aufgeben 103–104
  Angst 105–109
  Erleichterung 112–114
  Euphorie 104–105
  Traurigkeit 110–112
Dicksein,
  freundliche Phantasien
    252–257
  (fette) Gedanken 207–210,
    218, 221–222
  Haltung zum 53–55
  Teufelskreis durchbrechen
    225–231
  Verbindung zwischen Nah-
    rung und 250–252
Dünnsein,
  Angst vor dem 257–259

Haltung zum 57-60
Phantasien über das
 257-259
Dyrenforth, Sue P. 54

Erleichterung, mit dem Aufgeben von Diätkuren
 112-114
Eßanfälle 43-46, 149-152
Essen,
 Abschiednehmen vom
  180-182
 als Ausweg aus dem Eßproblem 75-76
 als Beruhigung 73-75
 Drang zu 134-136
 Ihr eigener Herr werden
  178-179
 Größe der Portionen beim
  178-179
 Kampf gegen das Besessensein
  von 115-117
 Kontrolle des 60-61
 Legalisierung von 115,
  117-119
 Mengen 176-178
 prophylaktisches 156
 als Reaktion auf Eßlüste
  163-164, 171-174
 als Rebellion 66-69
 Reservieren von 128-130
 sich mit weniger E. zufrieden
  geben 182-183
 die Sprache des 69-73
 symbolische Macht des
  215-218
 Zeit für das 153-154
Eßgelüste 163, 164, 165, 168,
 171, 184
 während der Schwangerschaft
  197-198
Eßsucht s. zwanghaftes Essen
Familie,
 bedarfsorientierte Ernährung
  in der 193-197
 Unterstützung durch die
  126-130
Fette Gedanken s. Dicksein
Fettleibigkeit 243-244
Frauenbewegung 18
Freeman, D.B. 54

Gedanken,
 Durchbrechen des Teufelskreises der 225-231
 fette 207-210, 218, 221-222
 negative G. stoppen 83-86
Gefühle, Umgang mit
 234-237
Gewicht,
 natürliches 169, 185, 261
 Veränderungen des
  169-170
 Verlust von 243-250
Gleichstellung von Nahrungsmitteln 119
Grasen 161-162
Gurin, Joel 37, 53, 56

Hall, Trish 167
Herman, Peter 56
Hirschmann, Jane 19
Hunger, s.a. Mundhunger,
 Magenhunger 155-157
 den H. lesen 163-164,
  171-175
 Signale 176, 179-180
 Verbindung zwischen H.
  und Essen 31-33, 137-138

Kaplan, Jane Rachel 54
Kleiderschrank, Aussortieren
 im 98-101
Kleidung, Einkaufen von
 100-101
Kontrolle
 des Essens 60-61
 Problem der 27-29
Kritik bewirkt Veränderungen,
 Mythos über 62-65

Kulturelle Verhaftungen 26, 53, 64
    bezüglich dicker Menschen 55–57
    bezüglich des Dickseins 53–55
    bezüglich des Dünnseins 57–60
    bezüglich des Essens 60–61

Legalisierung von Nahrungsmitteln 115, 117–119
    Kosten der 130–132

Magenhunger 136, 137, 138, 184
    Abstimmung mit einem spezifischen Nahrungsmittel 166–167
    Beziehung zwischen Mundhunger und M. 145
    Definition 135
    Erkennen von 141–145
    Reagieren auf 145–149
Magische Attribute 215–218
Mahlzeiten, Bedeutungslosigkeit von 154–155
Mantra 221
Medizinische Voraussetzungen, bedarfsorientierte Ernährung und 199–200
Mies van der Rohe, Ludwig 122
Mundhunger 33, 136, 137–138, 184
    und bedarfsorientierte Ernährung 202–203
    Beziehung zwischen Magenhunger und M. 145
    Definition 135
    als rote Warnlampe 235
    Selbstgespräch im Umgang mit 149
Munter, Carol 18

Nährwert 164–165

Orbach, Susie 18–19, 59, 60, 250

Partys, Umgang mit bedarfsorientierter Ernährung auf 192–193
Phantasien
    freundliche Ph. über das Dicksein 252–254
    Funktion der 260–261
    eines niemals sich verändernden Körpers 79–80
Polivy, Janet 36, 56
Positive Verstärkung 41
Prophylaktisches Essen 156
Provianttasche 157–161

Reaktion des Zurückschlagens 28, 36–38, 103
Restaurants, Problem der bedarfsorientierten Ernährung in 187–190
Roberts, Nancy 19, 101
Roth, Geneen 19

Sättigungsgefühl 179–180, 182
Schlanksein s. Dünnsein
Schokolade, Gier auf 167–169
Schwangerschaft, bedarfsorientierte Ernährung während der 197–198
Selbstannahme 80, 81–83
    Mechanismen der 83–90
    Worte der 86–90
Selbstfindung 228, 230–231
Selbstvorwürfe 221–225
    Ersatz für 239–240
    zwanghafte Beweggründe 221, 226–228
Spiegel 91–95
Sportliche Betätigung, bedarfsorientierter Ernährung und 198–199

Süßigkeiten, Drang nach
 183–184
Supermarkt 119–120,
 125–126
  Erstellen der Einkaufsliste
  120–121
  Frage der Mengen 121–125

Teddybär-Syndrom 215–216
Teufelskreis von Diätkuren/
 Eßanfällen 14, 24, 36–36,
 46, 105
  Ausweg aus dem 117
  Diät- und Schlankheitskuren
  42–43
  und der Drang zur Diät
  38–41
  Eßanfälle 43–46, 149–152
  und die Reaktion des Zurückschlagens 36–38
Tipp-Ex, Essen als T. benutzen
 216–218
Traurigkeit, beim Aufgeben
 von Diät- und Schlankheitskuren 110–112

Übergewicht, Definition 25
Übertragung, Prozeß der 207,
 208

Verdrängung, Methode der
 237

Waage 95–98
»Wenn-nur«-Syndrom 78–79
Winnicott, D.W. 216
Wooley, Susan C. 54, 55
Wooley, Wayne 55

Zaphiropoulos, Lela 19
Zwanghaftes Essen 15–19,
 206–207
  Erscheinungsbild 24–27
  dem Essen magische Kräfte
  beimessen durch 215–218
  fette Gedanken und
  207–210
  Gründe, nach Essen zu greifen und 210–214
  heilen 31–33
  identifizieren 21–27
  neue Perspektive für 27–30
  Problem der Kontrolle und
  27–29
  Selbsthilfe für 29–30
  Selbstporträt 25–26
  den Teufelskreis des Z.
  durchbrechen 232–241
Zwanghaftes Verhalten, Risiko
 des Ersatzsymptoms
 238–239

Knaur

Rüdiger Dahlke
Heilung für Körper und Seele

Rüdiger und Margit Dahlke
DIE PSYCHOLOGIE DES BLAUEN DUNSTES
Be-Deutung und Chance des Rauchens
(4214)

Rüdiger Dahlke
GEWICHTSPROBLEME
Be-Deutung und Chance von Übergewicht und Untergewicht
(4215)

Rüdiger Dahlke
HERZ(ENS)PROBLEME
Be-Deutung und Chance von Herz- und Kreislaufsymptomen
(4228)

Rüdiger Dahlke / Robert Höβl
VERDAUUNGSPROBLEME
Be-Deutung und Chance von Magen- und Darmsymptomen
(4237)

Knaur®

Gesundheit!

Ulrich Rückert
Alles über NATURMEDIZIN
Originalausgabe
(7749)

Vernon Coleman
Denk dich gesund
Die Macht des Geistes über den Körper
(7844)

GESUND MIT DER NATUR
Rainer Wallbaum
Ohne Erkältung durch das Jahr
Vorbeugen mit **Naturmedizin** Originalausgabe
(7798)

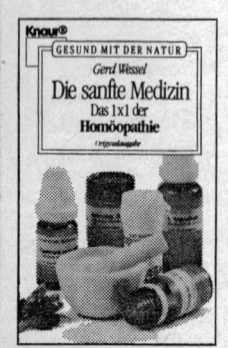

GESUND MIT DER NATUR
Gerd Wessel
Die sanfte Medizin
Das 1x1 der **Homöopathie**
Originalausgabe
(7760)

Dr. Marcela Ullmann
Knaurs große Hausapotheke: Heilpflanzen
Originalausgabe
(7732)

DAS GROSSE KNEIPP HAUSBUCH
Handbuch der naturgemäßen Lebens- und Heilweise
Dr. med. Josef H. Kaiser (Hrsg.)
Mit 140 Abbildungen
(4306)

Knaur.

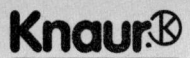

Praxis Leben Lernen

Kim da Silva
Richtig essen zur richtigen Zeit
Ernährung und Kinesiologie
(6014)

Machaelle Small Wright
Die Perelandra-Blütenessenzen
(6015)

Kim da Silva
Gesundheit in unseren Händen
Mudras – die Kommunikation mit unserer Lebenskraft durch Anregung der Finger-Reflexzonen
(6018)

Roman Kess
Mit den Sternen zur richtigen Therapie
Ein astrologischer Therapie-Ratgeber
(6019)

David Eisenberg / Thomas Lee Wright
Chinesische Medizin
*Begegnung mit QI
Ein Erfahrungsbericht*
(6005)

Brigitte Gillessen
Blockaden sanft lösen
Die Kunst der Hara-Massage
(6013)

Wer hat Angst vorm »Wilden Mann«?

Was verstehen wir heutzutage eigentlich unter einem »richtigen« Mann? Die alten Definitionen greifen nicht mehr, die traditionellen Vorstellungen von Männlichkeit sind schon lange unter Beschuß geraten. Männer bekommen vorwiegend Vorwürfe zu hören, sie fühlen sich angeklagt, herabgesetzt und angegriffen. Keiner weiß, wie Männer eigentlich sein sollen, was aus ihnen werden soll.
Sam Keen untersucht die politischen, wirtschaftlichen und mythischen Ursachen der männlichen Unrast, gibt einen historischen Rückblick auf die Geschichte des Mannes und hilft dabei, sinnvolle Antworten und neue Vorbilder zu finden. Sein Buch ist die Geschichte einer Erfahrung: Was es heißt, heute ein Mann zu sein.

Sam Keen
Feuer im Bauch
Über das Mann-Sein
368 Seiten, Broschur, DM 29,80

ERNST KABEL VERLAG